ARNOLD ZWEIG, geboren 1887 in Groß-Glogau (Schlesien), gestorben 1968 in Berlin; Studium der Germanistik, Philosophie und Psychologie u. a. in Breslau, München, Berlin; Armierungssoldat in Serbien und vor Verdun, seit 1917 Schreiber und Zensor in der Presseabteilung Ober-Ost, 1919–1924 als freier Schriftsteller am Sternberger See, danach in Berlin, bis 1925 Redaktionsmitglied der »Jüdischen Rundschau«; 1938–1948 Exil in Palästina, Mitbegründer der Emigrantenzeitschrift »Orient«, 1948 Rückkehr nach Berlin (Ost), dort Präsident der Akademie der Künste (bis 1953).

Novellistik, Dramatik, Romane: Novellen um Claudia, Der Streit um den Sergeanten Grischa, Junge Frau von 1914, Erziehung vor Verdun, Einsetzung eines Königs, Die Feuerpause, Das Beil von Wandsbek, Traum ist teuer.

Arnold Zweig beteiligte sich seit der Weimarer Republik lebhaft an den Debatten über Judentum und Antisemitismus, Nationalismus und Sozialismus. Die vor 1933 veröffentlichte politische Publizistik des großen Romanciers verschwand mit den Zeitungen, die sie druckten. Seine glänzenden Analysen des Nationalsozialismus in der Exilpresse konnten nur von einem kleinen Publikum gelesen werden. Diese Sammlung macht einen Teil der Zweigschen Essayistik erstmals wieder zugänglich. In den Texten spiegeln sich Erfahrungen einer deutsch-jüdischen Odyssee im 20. Jahrhundert. Sie helfen, die Zwiespältigkeit des Neubeginns in Deutschland nach 1945 und des Anfangs in Israel nach 1948 besser zu verstehen.

DETLEV CLAUSSEN, geboren 1948 in Hamburg; lebt als freier Autor in Frankfurt a. M.; 1966–1971 Studium der Philosophie, Soziologie, Politik- und Literaturwissenschaften in Frankfurt a. M.; Lehrtätigkeit an Universitäten (u. a. in Hannover und Göttingen); Habilitation 1985.

Wichtigste Publikationen: List der Gewalt (1982), Grenzen der Aufklärung (1987), Vom Judenhaß zum Antisemitismus (1987), Blick zurück auf Lenin (1990).

Arnold Zweig

Jüdischer Ausdruckswille
Publizistik aus vier Jahrzehnten

Aufbau Taschenbuch Verlag

Auswahl und Nachwort: Detlev Claussen

ISBN 3-7466-0069-3

1. Auflage 1991
© Aufbau Taschenbuch Verlag Berlin
Reihengestaltung Sabine Müller, FAB Verlag, Berlin
Einbandgestaltung Sabine Müller, FAB Verlag, Berlin,
unter Verwendung der Identity Card für Arnold Zweig
aus dem Jahr 1938
Satz LVD GmbH, Berlin
Druck Elsnerdruck, Berlin
Printed in Germany

Inhalt

Porträts und Präsentationen

Anhang

Der Autor über sich

Lebensabriß

Vor dem Einbruch des Regimes Hitler, Rosenberg und Goebbels in die deutsche Kultur hätte ich eine Notiz wie diese mit dem 10. November 1887 beginnen können, dem Datum meiner Geburt. Heute setze ich die Bemerkung voran, daß meine Ahnen zwischen 1740 und 1756 der preußischen Monarchie einverleibt wurden und also aufhörten, Untertanen der jungen Maria Theresia zu sein, als Friedrich II. auch die Kreise Lublinitz und Rosenberg annektierte, ihren kulturellen Zusammenhang mit der mährischen Landschaft beendend. Mein Vater, Handwerker wie seine Brüder, war der erste unserer Reihe, der sich in einer Stadt niederließ, der Festung Glogau in Niederschlesien; dort kam ich zur Welt. Meine Mutter, Bianca Spandow, besaß noch Visitenkarten ihres Vaters, die »Arnold van Spandow« lauteten; nach ihm wurde ich genannt. Er war ein Mann, der das Herumschweifen, das Angeln und Träumen an dem Fluß Oder mehr liebte als nützliche Beschäftigung, die er seiner Frau überließ; sie ihrerseits entstammte einer alteingesessenen Familie jener Glogauer Judenschaft, welche von sich zu rühmen pflegte, daß sie aus ihrer Stadt niemals ausgetrieben worden war, und die inzwischen zugrunde gegangen ist – fünf Jahre vor der völligen Vernichtung, mit der die kleine Festung ihre Verteidigung durch die längst besiegte Hitlerwehrmacht bezahlen mußte.

Der zweite Teil meiner Jugend vollzog sich in Oberschlesien, der von Vaters Seite her angestammten Industrielandschaft, wo ich zehn Jahre lang die ausgezeichnete Kattowitzer Oberrealschule besuchte und Lehrer hatte, freiheitliche Deutsche, an die ich heute noch dankbar denke; vor allem an meinen Direktor Jacob Hacks, gestorben als Schulrat in Breslau. An ihm erlebte ich das Vorbild eines freien Geistes und Mathematikers, der uns denken lehrte, sogar philosophieren. Mein Deutschlehrer Gustav Eisenreich zwang meine Phantasie zu Zucht und Ordnung. Mein Englischlehrer Bruno Arndt schrieb unter dem Pseudonym Karl Bittermann solide erzählte Romane, die bei S. Fischer erschienen, und gab so mehr durch sein Beispiel als im Unterricht Ausblicke ins Reich des Dichterischen und Einblicke in menschliche Charaktere, wie Shakespeare sie gestaltete. Das wirkliche Leben ohne nennenswerten materiellen Hintergrund vollzog sich im Kreise von Jugendfreunden und -freundinnen; von den ersteren sind einige bekannt geworden: der Maler Ludwig Meidner, der Dichter Arnold Ulitz, der bei Langemarck verschollene Philologe Rudolf Clemens. Wir waren eine ganze Gruppe junger Menschen voller Erwartungen, wir kritisierten einander, wir liebten, litten, arbeiteten. Ich nenne diese Namen, um einen geringen Hauch des geistigen und musikalischen Lebens jener Stadt Kattowitz anzudeuten, die in Professor Oskar Meister und seinen Nachfolgern Organisatoren eines echten Musiklebens besaß und einen wirklichen Kritiker von Geschmack, Urteil und Können fand in dem Geiger und Weinhändler Paul Rappaport, Freund vieler Musiker, Kenner moderner Literaturen. Damals eröffnete mir die große Musik von Bach bis Mahler das Tor zu einer der wesentlichsten Freuden des Lebens.

Sieben Jahre lang suchte ich auf deutschen Universitäten ein Fundament, von dem aus sicher zu denken war. Nach dem radikalen Einsturz aller meiner Beziehungen zu Religion und Offenbarung, zum Glauben an Gott und seine gesammelten Werke, die Bibel nebst ihren Kommentaren, der schon um mein fünfzehntes Lebensjahr eingetreten war, quälte mich in immer stärkerem Maß die Frage, was unser Leben auf diesem Stern Erde für einen Sinn habe, woher es gekommen sei, wie wir als Menschen unserer Existenz, Tätigkeit und Vergesellschaftung gerecht werden könnten und welche Aufgaben ein ausgebildeter Intellekt sich stellen könne, der von früh an mit ruheloser Phantasie begabt war, die nach sprachlich- rhythmischem Ausdruck suchte. Zugleich durchdrang mich immer tiefer die Überzeugung, daß gedankliche Klärung und Formung des Lebens stufenweise erfolgen müsse. Hatte ich mein Ich in Ordnung gebracht, meine Stellung in der Familie bereinigt, deren Absicht, mich zum Oberlehrer zu machen, ich schließlich akzeptierte, so bedurfte meine Beziehung zu meiner jüdischen Abstammung ihrer tätigen Ausprägung außerhalb jeder religiösen Bindung. Erst dann konnte ich mich überall dort einreihen, wo Deutsche im Reiche der Hohenzollern demokratische Freiheit und soziale Gerechtigkeit als wirklichen gesellschaftlichen Aufbau fundamentieren wollten. Diese organische Gliederung zog ich den Lehrern vor, die damals, wie schon lange vorher, vom Ich direkt zum Dienst an der Menschheit hinüberspringen wollten. Für mich war die Menschheit ein Schollenfeld von Völkern und Klassen, und mein Ort, an ihr mitzuarbeiten, meine Eigenschaft als Deutscher, Intellektueller und bürgerlicher Sohn des 20. Jahrhunderts und seiner Staatsformen. Ich glaubte dieses Fundament endlich 1912 im Göttingen Edmund Husserls und Adolf Reinachs und ihrer Interpretation Immanuel Kants gefunden zu haben; als Gast schloß sich ihnen Max Scheler an und 1913 in München Moritz Geiger. Wie mancher junge Mann meines Schlages, so zum Beispiel mein späterer Freund Lion Feuchtwanger, ging ich von der Germanistik aus, der neueren Philologie; von Friedrich Nietzsche empfingen wir den großen Begriff des Philologen, der mir während meiner Studienzeit nur in Hermann Paul begegnete, dem Münchener Germanisten. Da ich schon lange von Stipendien und eigener Arbeit lebte, ließ ich mir Zeit, meinen wahren Beruf zu entdecken; 1909, mit »Aufzeichnungen über eine Familie Klopfer«, brach mein wirkliches Talent durch, nämlich zu erzählen und Deutsch zu schreiben – ein Durchbruch, den ich der Stadt und Landschaft Münchens verdankte. Als der Krieg ausbrach, hatte ich bereits »Novellen um Claudia« und meine Dramen »Abigail und Nabal« und »Die Sendung Semaels« veröffentlicht; dem letzteren prophezeite man nach dem Wegfall der Zensur starke Wirkung. Man bedauerte nur, daß ich mich darin mit einer so altmodischen und abgelebten Angelegenheit befaßte wie dem Antisemitismus.

Ich befaßte mich seit 1921 noch einmal mit ihm in dem umfangreichen Essay »Caliban oder Politik und Leidenschaft«, den ich kurzerhand dem Wiener Tiefenpsychologen Sigmund Freud widmete, dessen geniale Seelendurchleuchtung mir inzwischen aufgegangen war. Dazwischen lag der erste Weltkrieg. Ich hatte ihn als gemeiner Armierungssoldat erst aus der Ferne gesehen, dann immer näher und näher; im April 1915 eingezogen, leisteten wir harte und undankbare Arbeit bis zum Oktober 1915 vor Lille, bis zum Dezember in Südungarn, der Donau gegenüber, bis zum April 1916 in Serbien zwischen Semendria und Üsküb, nachher noch dreizehn Monate vor Verdun. Dies war die schwerste Zeit meines Lebens; ich brauchte meine ganze Kraft und Zähigkeit, um zu widerstehen. Dann wurde ich durch die Hilfe von Männern, die zum großen Teil verstorben sind, nach Ober-Ost gerettet und sah in der Presse-Abteilung aus der Perspektive des obersten Stabes, was ich vorher von ganz unten durchgestanden hatte. Als Kämpfer für die Rechte des Menschen und für einen besseren Aufbau der Gesellschaft verließ ich Ende November 1918 das Gebiet von Ober-Ost, das meiner schlesischen Heimat so verwandt war, und zog den Waffenrock aus.

Ich hatte im Kriege geheiratet; jetzt suchten meine Frau und ich Ruhe, Besinnung, Lebensfreude in der liebenswürdigen Landschaft des Starnberger Sees. Aus der Idylle vertrieb uns ein erstes Mal der Hitlerputsch von 1923, nachdem uns die Inflation ganz ausgeplündert. Ich hatte Dramen geschrieben, die niemand spielte, eines davon handelte von einem gewissen Sergeanten Paprotkin, genannt Bjuschew. Ich war krank vom Unheil, das ich über die Republik kommen sah und gegen das ich in Siegfried Jacobsohns »Weltbühne« seit 1918 kämpfte. Besorgte Leute hielten mein Talent für erloschen, trotz des Erfolges, mit dem die »Die Sendung Semaels« seit 1919 gespielt wurde. Ich legte vom Gegenteil Zeugnis ab, erst im »Ostjüdischen Antlitz«, dann 1927, »im Streit um den Sergeanten Grischa«. Als er im Frühsommer in der »Frankfurter Zeitung« unter dem Titel »Alle gegen Einen« zu erscheinen begann, bemerkte Deutschland und bald danach die lesende Welt, daß sie ihren ersten großen Kriegsroman empfangen hatte. Viele Elemente mußten zusammentreten, um diesem Buch, das eine ganze Literatur hervorgebracht hat, seinen stoßartigen Erfolg zu sichern; hier ist nicht der Ort, sie zu analysieren. Grundsätzlich aber bemerke ich gewissen Irrtümern gegenüber, daß der Unterschied zwischen meiner und anderer Art, den Krieg anzuschauen, ganz einfach ist: mir erschien der Krieg als die schärfste Form menschlichen Zusammenlebens, nicht aber als eine Unterbrechung dieses Zusammenlebens. Krieg und gegenseitiges Verlangen nacheinander: das vertrug sich innerhalb der menschlichen Natur, es stellte die beiden Pole dar, zwischen denen unser Leben pendelte. Daher offenbarte der Krieg, nur nackter und stärker, krasser und tierischer, was an Kräften und Vorgängen schon im Frieden unsere Gesellschaft kennzeichnete, im Guten wie im Schlimmen, und darum mußte ich noch einige Zeit fortfahren, gesellschaftliches Zusammenleben in der Kriegsform zu gestalten.

Ich diktierte diese Sätze auf dem Berge Carmel in einem sonnigen und morgenfrischen Dezemberbeginn, angesichts des schimmernden Meeres und in einer Wohnung, vor der wildgekrümmte Pinien im Kampf mit Meerwind und Carmelfels Schatten gaben und Lichterspiel in den immergrünen Nadeln. Wie ich dazu kam, gerade dort Obdach zu suchen, möchte ich kurz beschreiben. Schon als Schüler schien mir beschämend und schädlich der Versuch vieler Juden, deutscher und anderer, aus der Tatsache ihres Judentums keine kämpferischen Folgerungen zu ziehen. Ohne jemals der Krankheit des Nationalismus zu erliegen, war ich der Meinung, daß man erst seine Stube aufräumen solle, bevor man anfing, im Haus und auf der Straße Ordnung zu machen. Nun schien mir die Stube dadurch nicht ordentlicher, daß man behauptete, sie sei in Ordnung, während in allen Ecken Wirrwarr herrschte. Ohne Bild: die westlichen Juden begingen meiner Überzeugung nach schwere Fehler dadurch, daß sie innerhalb ihrer Staaten und Vaterländer ihre jüdische Besonderheit als Quantité négligeable vernachlässigten und ihre Emanzipation und Eingliederung in die europäische Kultur sich diktieren ließen, anstatt an ihrer Formung selbst mitzuarbeiten und eine Forderung durchzusetzen, die auf Gleichstellung und menschenrechtliche Anerkennung nicht trotz ihres Judentums, sondern angesichts ihres Judentums ging. Hätten Juden das neunzehnte Jahrhundert hindurch die Völker mit dem Problem der gemeinsamen Existenz vertraut gemacht, so wäre wahrscheinlich jene Literatur von pestartiger Dummheit und Fälschung erfolgloser geblieben, als sie sich nach einem verlorenen Kriege in Mitteleuropa erwies. Ich entschuldige damit niemanden, der sich von den »Weisen von Zion« verführen ließ, denn kaum ist jemand gegen seinen Willen verführt worden. Ich erkläre nur, daß und warum ich mich zwischen 1909 und 1933 häufig und gründlich mit Darstellung jüdischer Erlebnisse beschäftigte. Und als ich 1931 erkannte, daß die Kanzlerschaft des Herrn Brüning unter der Präsidentschaft des Herrn von Hindenburg notwendig in die Herrschaft von Kreisen münden müßte, denen meine aufklärende Gestaltung ihres Weltkrieges nicht genehm war, beschloß ich im Einverständnis mit meiner Frau, für den Fall, daß der Roman »Erziehung vor Verdun« in Deutschland nicht ohne Gefahr für den Verfasser erscheinen konnte, für einige Jahre im Aufbau Palästinas mitzuleben, unter den Juden, zu denen ich mich ebenso zählte wie zu den Deutschen, in der Nachbarschaft mit der arabischen Welt und der englischen Verwaltung, die mich beide an Erkenntnissen und Maßstäben bereichern würden. Als dann Hitler kam, war diese Marschroute vorgeschrieben; ich gestehe gern, die darauffolgende Entwicklung der Dinge nur zögernd für möglich gehalten zu haben.

Meine Auseinandersetzung mit dem Dritten Reich soll

hier nicht weiter ausgeführt werden. Daß der hitlerische Staat mich meiner Produktionsbedingungen berauben mußte, lag in seinem Wesen. Daß er einen absurden Steuersteckbrief hinter jemandem herschickte, den er zunächst ausgeraubt und ausgetrieben, dann schriftlich mit Konzentrationslager bedroht hatte, gehörte gleichfalls zu jenen Äußerungen, für die er ebensowenig konnte wie die Katze fürs Mausen. Ich bedaure den Verlust vieler Manuskripte, einer Mappe voll Aquarellen meiner Frau, einer zweiten voll Fotografien, die sie darstellten, seit wir uns kennen, einer dritten voll Malereien meines damals siebenjährigen Sohnes, die so schön und einmalig waren wie die Musik des kleinen Felix Mendelssohn. Daß meine Bibliothek, seit Schülerzeiten gesammelt, in Hände fiel, die mit all den schönen und oft sehr wertvollen Büchern nichts anfangen konnten, bedaure ich auch. Da ich aber nach einer ersten Netzhautblutung in Serbien 1916 auch später wieder und wieder den Bruch von Adern in beiden Augen zu beklagen hatte, so daß ich allmählich im Sehen und gar im Lesen bis zur völligen Unbehilflichkeit behindert war, entbehrte ich Bücher immer weniger. Was ich wirklich brauchte, konnte ich mir neu beschaffen oder schenken lassen. Im übrigen: diese geliebten Bücher waren der Niederschlag einer geistigen Entwicklung; wenn ich an ihren Regalen vorüberging, konnte ich, wie an Jahresringen, die Stationen einer deutschen Bildungsgeschichte ablesen. Sie hat sich im hohen Maße als Schein erwiesen, diese Bildung, nicht an mir, sondern an unserem großen und begabten Volke.

Blickte ich als emigrierter Deutscher in der faschistischen Ära vor dem zweiten Weltkrieg auf meinen Werdegang, so konnte ich mir ein Kopfschütteln nicht ersparen, noch weniger ein leises Lächeln wegen der Überschätzung der Wichtigkeit und Einmaligkeit meiner Selbsterziehung. Ich war 1915 als kulturkonservativer Idealist und Individualist in den ersten Weltkrieg verstrickt worden. In ihm hatte ich am eigenen Leibe gelernt, was Kameradschaft wert ist, die unsereinen mit den verschiedensten Vertretern der werktätigen Bevölkerung in täglicher Not und Gefahr zusammenwarf. Daß in den Massen aus Großstädten wie vom platten Lande alle Fähigkeiten schlummern, die zum Aufbau einer besseren Gesellschaft, vor allem zur Überwindung von Krieg und Klassenkampf führen konnten, prägte sich mir von Monat zu Monat deutlicher ein. Mich beherrschte aber noch immer der Satz, der etwa von Schiller stammen konnte: »Es ist der Geist, der sich den Körper baut.« Ich durfte mich also einen religiösen Sozialisten nennen; dabei wurde die Frage, ob Jude oder Christ, immer wesenloser. Nach 1934, von Emigrantenfamilien aller Art umgeben, die aus dem deutschen Bürgertum jüdischer Prägung hervorgegangen waren, erkannte ich und erhielt ununterbrochen zu Gemüte geführt, daß das gesellschaftliche Sein es war, welches das Bewußtsein dieser Menschen formte und den Sachlagen entsprechend veränderte. Mich hatte bis dahin mein Bildungsgang ferngehalten von den Werken jener materialistischen Sozialisten Karl Marx und Friedrich Engels, von denen mir die Professoren auf deutschen Universitäten versicherten, ihre dialektische Methode stamme von Hegel und habe für unsere Gegenwart keine größere Bedeutung als Hegel selbst. Jetzt sah ich im Gewirk von Alltagen, die mir alle Lektüre reichlich aufwogen und überboten, daß es nicht der Geist war, der den Körper baute, sondern daß unsere zionistische Geistigkeit eine imperialistische Kolonialgründung auf der Basis der Ausbeutung errichtete, die freilich die Ausbeutung eingewanderter Emigranten mit derjenigen arabischer Fellachen und Pächter vereinigte. Als Ausbeuter fungierten sowohl gewisse Kreise israelischer Organisationen wie die Mandatarmacht, die immerhin auch für das arabische Dorf auf väterliche Weise sorgte, das Land mit Straßen und Eisenbahnen versah und es zwar nicht bewässerte, aber immerhin den Fellachen gefallene Esel ersetzte und sich bei den massenhaften Autounfällen, die sie verursachte, mit einem Viertel der Heilungskosten »per graciam« beteiligte.

Als ich aus Moskau deutschgedruckte Traktate und Abhandlungen von Marx, Engels und Lenin erhielt, konnte ich sie mir vorlesen lassen, da sie nur kleinere Werke dieser drei Klassiker brachten. Die Entwicklung des Leninschen Staatswesens im Kampfe gegen den Faschismus tat das übrige. Sie festigte meine Überzeugung, daß erst durch diese neue Wendung die Spirale meines Lebens ihre eigentliche Höhe erhalten habe, von der aus ein Überblick mir bewies, trotz aller Umwege sei ich nicht fehlgegangen. Daher konnte meine Rückkehr aus Palästina nur nach Deutschland erfolgen und nur in jenen Teil, der damals sowjetische Zone und sowjetischer Sektor von Berlin hieß, bald aber die Deutsche Demokratische Republik. Ihr Kampf für die Ausrottung des Krieges als eines Mittels zur Schlichtung von Streitigkeiten zwischen Völkern und Staaten war von Anfang an meine eigenste Angelegenheit, und ihr Aufbau eines von Ausbeutung freien, zum Sozialismus führenden gesellschaftlichen Lebens zeigte mir, daß ich für den Rest meiner Jahre hier gut am Platze sei. Eine große neue Leserschaft wartete auf meine Bücher und erhielt sie; sie nahm alles mit Freuden auf, was ich vor und während der Emigration geschrieben und gedacht hatte. In den Schwierigkeiten, die ein Staat überstehen muß, der sich von allen faschistischen Resten innerhalb seiner Gesellschaft und aller Einzelnen zu befreien sucht, haben wir niemals unterlassen, auf die Vereinigung des vom Hitlerkrieg zerfetzten Deutschland hinzudrängen. Für jeden historisch Gebildeten war es klar, daß die Tendenzen erfolglos bleiben mußten, aus den Trümmern des zweiten Weltkrieges mit Hilfe eines dritten, atombedienten, herauszukommen; daß der latente Kriegszustand zehn Jahre lang auf uns lasten würde, konnte denjenigen nicht überraschen, den die tiefe Aufgewühltheit unserer Nachkriegszeit mit der unschwächbaren Hoffnung erfüllt hatte, die Mitte unseres zwanzigsten Jahrhunderts werde zum Aufstieg aller Juden nicht nur in Deutschland, nicht nur in Europa führen. Zum ersten Mal in der Geschichte durften wir, unserem weltweiten Friedenskampf entsprechend, an die schöpferische Befreiung und Befriedung anderer Erdteile denken – nicht als Geschenk der Götter, sondern als Frucht jahrzehntelanger Mühsal und unermüdlicher Aufklärungsarbeit. Sie verspricht auch ihnen Anteil an dem sittlichen Gut, das Menschenrecht und Menschenwürde heißt, gerechtere gesellschaftliche Ordnung ohne ausbeuterische Arbeit und jenes Glück der Erdenkinder, das in der freiheitlichen Entfaltung aller Volks- und Ichpersonen besteht, die unsere Erdkultur aufbauen. So könnte eine Zeit anbrechen, in der auch Frauen und Kinder, Menschen aller Hautfarben sich Ulrich Huttens Wort zu eigen machen möchten: »Es ist eine Lust zu leben.«

Das Jüdische in meinem Wesen und Schaffen

Wir hatten uns an eine Anzahl hervorragender Vertreter der deutschen Literatur, die zugleich Bekenner des Judentums sind, mit der Frage gewandt, was sie in ihrem Wesen und Schaffen als aus jüdischer Wurzel stammend empfänden. Dies die Antworten:

Arnold Zweig:

Als ich Ihre Frage in mich hineinfallen ließ, selber neugierig, wann und wie lautend die Antwort heraufdringen werden, wußte ich mich besten Wissens, auf eine Frage auch eine Auskunft zu geben; besprechbar erschien sie mir durchaus. Erst glaubte ich, mit einigen präzisen Sätzen zum Zentrum des Falles vordringen zu können; dann schienen mir ein paar kurze Abschnitte zur Lösung zu führen; dann stand ich kurze Zeit ratlos, denn einen solchen Seinskomplex theoretisierend zu umreißen hatte ich mir ja wohl noch nie vorgenommen. Und mit diesem Worte »Seinskomplex« endlich, ward für mich Licht. Einen Seinskomplex kann ich, da ich wesentlich Gestalter bin, nur gestalthaft abbilden und transparent machen; ja, lösbar, auflösbar, dem Verständnis und der inneren Anschauung erschlossen, sehe ich solche Fragwürdigkeiten nur durch Gestaltung. Die Kunst nämlich hat unter anderem auch eine Aufgabe innerhalb des menschlichen Erkenntniskreises; sie schafft Erkenntnis durch Gestalt, Anschauung, durchleuchtete Abbildung, und zwar in Wesensfällen. Nun, das ist ein weites Feld.

Die Bedeutung des Jüdischen in meinem Wesen und Schaffen? Aber das heißt ja, die Frage nach mir selber stellen, nach dem geistigen deutschen Juden! Eine Romanthematik anschlagen, die, wie ich gut weiß, auf mich wartet und noch einige Zeit wird warten dürfen. So wie meine ganze Person bis in die Schriftzüge dieses Manuskripts hinein, da mein Denken in deutscher Sprache geschieht, durchädert ist von deutschem Element – worüber ich mir einige Rechenschaft legte, als ich »Lessing, Kleist, Büchner« schrieb –, so, nur noch unterhalb dieser hell beleuchteten appollinischen Schicht, durchwaltet mich das Jüdische: grandios und entstellt, dionysisch tief und mit der vollen Realität und auch Gewöhnlichkeit des Wirklichen, ein Reichtum der Beheimatung, eine Zugehörigkeit zum mediterranen Klima und zum nordischen; kurz, eine Fülle und Aufgabe, die unverständlich ist, auch mir selber, bis ich sie gelöst habe: durch Gestalt. Es fehlt noch einiges bis zum Stadium der Vorreife solchen Unternehmens, es fehlen vor allem noch alle Vorbedingungen künstlerischer Kristallisation; aber eines Tages wird dieses Werk, wenn ich und Sie es erleben, da sein, und wenn es gelungen sein sollte, werden Sie es erkennen an der Abwesenheit aller Elemente, die an diese Ihre Umfrage und meine antwortlose Antwort erinnern.

Der Autor über sich selbst

Wie lange es her ist, daß ich gewohnt war, über mich nachzudenken, auf die Frage über den Tatbestand Arnold Zweig eine gut begründete Antwort zu wissen, merke ich erst heute, wo ich für die »Frankfurter Zeitung« eine solche bereithalten soll. Fern liegt mir die künstliche Objektivität, mit der meine jüngeren Kollegen sich schamhaft hinter den Initialen ihres Monogramms verstecken, vielleicht um breit und in voller Figur dahinter vorzuquellen. Ich betrachte mit abmessendem Blick, was ich früher von mir glaubte und zu erkennen versuchte, und gestehe ruhig, daß alles falsch war. Ich sah nur das wache Ich, die bewußtseinsfähigen Zonen meiner Person, und sie waren keineswegs das Maßgebende. Von allen Irrtümern über mich selbst wurden die ersten und entscheidenden von mir selber begangen; warum sollte ich dann ungeduldig werden, wenn eine Menge anderer Schriftsteller sich gleichfalls über mich in irrigen Urteilen erging? Auch ich genoß die Lust der Masken, und während es mir gerade in Wohnungsdingen so schlecht ging, daß ich kein Arbeitszimmer besaß, erschien in einer Sammlung von Aufsätzen einer, der mir eine Villa in Starnberg andichtete. Warum sollte ich dann nicht mit demselben Rechte für einen Österreicher gelten oder für einen Ästheten, bloß weil niemand von Büchern so viel verstand, um aus »Novellen um Claudia« den Zentralsatz, den Schlußsatz herauszuhören: »Man kommt allzu leicht und fortwährend auseinander, man muß sich ansehen und sich finden wollen und einander allezeit die Hände hinhalten.« 1912 stand an der entscheidenden Stelle von »Abigail und Nabal«: »Ich wollte Gerechtigkeit im Lande aufrichten wie einen Turm, benachbart den Sternen und den Wolken... Kein Land ist groß, es geschehe denn allen ihr Recht.« Freilich war ich niemals Dilettant genug, um die Dinge, auf die es mir ankam und, wie mir schien, nicht nur mir, der Gestaltung vorzuziehen, die sie in lebendige Wesen einkleidete.

Habe ich mich also sehr geändert? Es ist, was früher nur in der Bewußtseinsfähigkeit meiner Werke lag, in mein eigenes Bewußtsein eingetreten. Mit vierzig Jahren hat man nicht mehr das Recht, sich Irrtümern über irgend etwas hinzugeben, zum Beispiel auch nicht über sich selbst, die eigenen Kräfte und die an diese Kräfte mit notwendiger Folge gebundenen Arbeiten. Als junger Mensch das Leben liebhaben und leben für wichtiger halten als arbeiten war und bleibt eine anständige und richtige Haltung. Mit vierzig Jahren, nachdem man sich im engeren Bezirke geübt hat, mit vollem Einsatz aller Kräfte ins Breite zu rücken ist ebenfalls eine gut begründete Lebensweise. Ich habe viel erleben müssen, ich wurde nicht gefragt. Es reicht für zehn Romane vom Umfang und Charakter des »Sergeanten Grischa«, über den in dieser Zeitung nicht geschrieben zu werden braucht und nach dem Willen der Redaktion auch nicht geschrieben wird, weil ihn die Leser miterlebt haben. Ich habe damit einen schönen Erfolg, und ich freue mich dessen; den Kopf verdrehen und meine Arbeit schlechter machen wird er mir ebensowenig wie die früheren. Ich liebe den menschlichen Verstand und seine Anwendungen; ich habe ein Buch geschrieben, das dem Irrationalen, den Affekten, den Gruppentrieben ein Stück Land abgewonnen hat. Ich stehe auf der linken Seite der Welt, soweit links als ein freies, leidenschaftlich auf Gerechtigkeit angewiesenes Lebewesen nur stehen kann. Als einer der wenigen meiner Generation und Gegenwart weiß ich, warum ich gegen jede Diktatur bin – gegen *jede*, also auch gegen die proletarische, also auch gegen die faschistische, also auch gegen die Beamtendiktatur, die sehr geheim und sehr tüchtig Deutschland zu erobern versucht. Die Gründe dafür stehen in eben dem Buche, auf das ich gerade anspiele, im »Caliban«. Aber hiermit verlasse ich, wie es scheint, das Gebiet der Autobiographie und schreibe über Bücher, wenn auch über meine eigenen, und das war nicht verabredet. Aber wer sehr nach außen gerichtet lebt, also auf eine Sache hin, zum Beispiel auf künftige Werke, kann nur einen sehr flüchtigen Blick auf sich selbst werfen. Man sieht dabei wohl eine Silhouette, vielleicht eine wirklich typische und charakteristische Ausdrucksgebärde, viel Unbestimmtes.

Meine Unfälle

Ich erlitt in meinem Leben mehrere Unfälle, von denen aber nur einige Folgen hatten; den ersten dadurch, daß ich geboren wurde. Es war mir keineswegs recht, am zehnten November 1887 mittags 12 Uhr den behaglich überwölbten Kinderteich mit der Festung Glogau zu vertauschen, mitten im Winter, wie man sagen kann, wenn man das damalige schlesische Klima in Betracht zieht. Mein Leben begann also damit, daß ich zu Festung verurteilt wurde. Für meine damaligen Körpermaße mag Glogau an der Oder mit seinen Wällen, Schanzen und tiefen Gräben zu gigantisch ausgefallen sein. Ich merkte nicht, daß ich gefangen war, außer in den Wickelungen, die man uns Säuglingen damals noch gemeinerweise antat. In den Straßen jener Stadt begegnete mein Kinderwagen sehr vielen Soldaten, die auf dem Umweg über unsere Dienstmädchen wahrscheinlich unauslöschlichen Anteil an meiner Erziehung hatten. Anläßlich der Aufführung meines Stückes »Der Streit um den Sergeanten Grischa« entdeckten besonders linke Journalisten mit Bedauern die Spuren dieses Unfalls in meinem Werke.

Mein zweiter Unfall bald danach war heiklerer Natur, und ich weiß nicht, ob ich überhaupt davon sprechen darf. Man beraubte mich nämlich eines Teilchens meiner Haut, anstatt mich, was ja einfacher gewesen wäre, in ein Becken mit lauwarmem Wasser zu stippen. Infolge dieser Erschwerung wurde ich lebenslängliches Mitglied der jüdischen Gemeinschaft und hatte in den nächsten Jahrzehnten alle Hände voll zu tun, diesen Unfall, gegen den es noch keine Versicherung gibt, leidlich auszugleichen. Ich bedurfte dazu unter anderem der Bekanntschaft mit der Lebensarbeit eines Wiener Unfallsgenossen, des großen Doktors Sigmund Freud, und eines Buches namens »Caliban«, welches ich selber schrieb, um es ihm zu widmen.

Mein dritter Unfall machte mich zum Revolutionär. Auf dem buckligen Steinpflaster der Hospitalstraße Glogau, friedlich mit Roßäpfeln spielend, überfuhr mich noch vor dem schulpflichtigen Alter ein mit zwei Pferden bespannter gelber Jagdwagen, ein sogenannter Sandschneider, in welchem ein Gutsbesitzer saß. Dieser brave Mann war völlig unschuldig an der Tatsache, daß seine beiden Grauschimmel die Entweihung rächen wollten, die ich an den stolzen Erzeugnissen ihrer hochgehobenen Schweife leichtsinnig vornahm, indem ich sie auf ein Schaufelchen aus Zigarrenkistendeckel lud und in Papier gepackt als Pfannkuchen am Straßenrande aufbaute. Und obwohl die Vorsehung dies ausdrücklich darlegte, indem sie ihm zu Hilfe kam und, wie der gerufene Arzt oder sonst ein Anwesender meinte, ihre Hand zwischen mich und die Räder gehalten hatte, so daß sie mir nur eine leichte rote Spur über Brust und Rippen drückten, muß sich noch eine sanfte Abneigung gegen jene Sandschneider fahrende Kaste in mir gebildet haben. Ich gebe diesen Hinweis für die Entstehung meiner linksgerichteten und sozialistischen Gesinnung besonders denjenigen unter den künftigen Literarhistorikern, die die alte psychologische Erklärungsmethode ausbauen und vertiefen wollen.

Mein vierter Unfall führte mich in eine preußische Schule. Daran noch nicht genug, veranlaßte er, daß ich daselbst lesen und schreiben lernte, als hätte es nicht genügt, mir beizubringen, daß ich die Hände zu falten hatte und aufzustehen, wenn ein Vorgesetzter mich anredete. Zum Ausgleich dafür gönnte man mir stillschweigend und ohne daß meine Eltern viel davon wußten in diesen ersten drei Jahren den Besuch des christlichen Religionsunterrichts. Unter der schönen Überschrift »Geschichten erzählen« wurde ich in jene Mysterien eingeweiht, die sich zwischen dem Auftreten Alexanders des Großen und dem Constantins des nicht minder Großen um die Person des Welterlösers (Christos, Soter, Maschiach) gebildet hatten. Fünfhundert Jahre menschlicher Mythenschöpfung wurde mir damals auf faßliche Weise nach dem kleinen Katechismus eingeprägt, so daß ich einen hinreichenden Abscheu vor den Juden bekam, von welchen es in jenem Buche hieß: »Da kamen sie mit Fackeln und Stangen und nahmen den Herrn Jesus gefangen.« Der Sinn für Reime scheint sich schon damals in mir gemeldet zu haben. Als ich später entdeckte, daß ich selber zu jenen Juden gehörte oder von ihnen abstammen sollte, fand ich dies von Gott ungerecht und mich bedauernswert.

Der fünfte Unfall weihte mich in die soziale Frage ein. Er verbannte uns aus der hellen, mit so viel bunten Uniformen geschmückten Stadt Glogau nach Kattowitz, Oberschlesien, einem Ort, der damals noch durch keinerlei politische Reize aus der rauchigen und schmutzigen Öde oberschlesischer Vorstadtlandschaft herausgehoben war. Immerhin fuhren wir nach Kattowitz vierter Klasse, was mich früh und gründlich gewöhnte, in Transportfragen entsagungsvoll zu denken. In späteren Jahren sollte ich aus dieser Jugenderfahrung Nutzen ziehn.

Mein sechster Unfall hatte fürchterliche Folgen. Ich fiel aus jeder geordneten Lebensbahn heraus – ich wurde Schriftsteller. Meine Eltern hätten mich gern zum Geistlichen, meine Lehrer noch lieber zum Oberlehrer, ein kurzes Zwischenspiel wohl auch zum Buchhändler gemacht, alles Berufe, die imstande sein sollten, ihren Mann zu ernähren. Aber ich war damals gar kein Mann, sondern ein Junge, Abiturient und Student, und ich kann beschwören, daß mich nicht die leiseste Absicht beseelte, als ich fahrlässigerweise in die Laufbahn eines deutschen Schriftstellers hineinglitt. Daß mit diesem Verhängnis eine Kette anderer, genannt Verlagsbeziehungen, verbunden war, wage ich nur anzudeuten. Es ist unzart, Geburtstagskinder an die kleinen Schwächen zu erinnern, die ihnen anhaften, die man aber taktvoll übersieht, wenn man kommt, um ihnen zu gratulieren.

Der letzte Unfall krönte alle übrigen, und wenn ich die Herren von der D.A.Z. recht verstehe, trifft er mehr noch als mich das Deutsche Reich: man gab mir Gelegenheit, in guten Jahren und trotz hochgradiger Kurzsichtigkeit jenes kleine Abenteuer zu sehen, gründlich und von größter Nähe, das in den höheren Schulen als der große Krieg von 1914 bis 1918 behandelt wird. Ich lernte in ihm eine Fülle wertvoller Kenntnisse, die hier aufzuzählen zu weit führen würde, und ich wurde von ganz unten und von ganz oben Zeuge dessen, was wirklich vorging. Davon Zeugnis abzulegen bin ich jetzt beschäftigt, und der Verlagskatalog jenes Mannes, dem einige andere und ich hiermit zu dem Unfall seiner Geburt tröstlich Glück wünschen, hat begonnen, diese meine Zeugnisse zu verzeichnen und wird vermutlich noch einige Jahre damit fortfahren müssen.

Dieses sind die sieben großen Unfälle, welche ich bis zu meinem 42. Jahre erlitt, ungeachtet zweier Premieren, zweier zur Zeit unbrauchbarer Augen und einer Leidenschaft für das Verzehren von Obst, welche mich noch einmal ins Grab begleiten wird.

Judentum zwischen Utopie
und Pogrom

Zum Problem des jüdischen Dichters
in Deutschland

Ich setze voran, daß ich weiß: das Problem des jüdischen Dichters in Deutschland ist völlig und mit gültiger Wahrheit zu lösen erst, nachdem erstens in phänomenologischer Schauung das Wesen des Dichtertums evident erfaßt ist, nachdem zweitens der Einfluß alles dessen erkannt ist, was mit den Ausdrücken »Rasse« oder »Blut« gemeint ist, jenen allzuhäufig genannten dunklen Worten, hinter denen sich ein vielfältiger, dumpfer, noch ganz ungeklärter, aber bestimmt umgrenzter Bezirk des Erfaßbaren verbirgt; und nachdem uns drittens bewußt ist, was gerufen wird, wenn der Philosoph vom »Geiste« eines Volkes spricht, vom »deutschen Geist«, vom »jüdischen Geist«, und ferner, wie sich dieser Geist, wenn er sich im Dichter ausspricht, zu der Sprache verhält, in der er sich verlautbart, zur eigenen oder zur fremden (der Fall des jüdischen Geistes, wenn er deutsch dichtet). Daß diese Erkenntnisse, die dem Prinzip nach zeitlose Gültigkeit haben, noch eine Weile auf sich warten lassen werden, ist nicht verwunderlich, denn die Phänomenologie ist die jüngste aller philosophischen Bestrebungen; daß diese Weile nicht sehr lang sein wird, folgert sich aus der Wichtigkeit der Probleme und den großartigen Leistungen der von Husserl vor nicht mehr als zehn Jahren geschaffenen Wissenschaft. Damit ist angedeutet, was mich von Bab scheidet wie von Strauß: weder ist mir Kunst (Judentum, Nationalität und dergleichen) eine Kategorie des Denkens noch etwas Benanntes, vom subjektiven Willen bestimmt, sondern ein sehr weiter, aber in gewisser Weise eigentümlich charakterisierter Bezirk des Erkennbaren, der erkannt ist, sobal ein ähnlich begabter Denker seinen schauenden Geist darauf richtet, wie die ethischen Tatsachen vom Geiste Schelers oder die logischen von dem Husserls gesehen worden sind; oder die jüdischen von Bubers Geist.

Es bleibt mir also nur übrig, einige Gefühle und Meinungen beizutragen, die der sicherlich anregende und auf so noblem Niveau geführte Streit der beiden Schriftsteller in mir erweckt. Und so sage ich zuerst mein Erstaunen, daß ein Streit dieser Art überhaupt geführt werden konnte...

Woher kommt denn das Argument, den Juden das Schöpferische abzusprechen? Von denen, die Judentum am wenigsten kennen, von Antisemiten, von den Chamberlain (Wagner), Bartels, Weininger – von Leuten insgesamt, denen man weder geistige Sauberkeit noch Willen zur Wahrheit zubilligen wird. Der Parteimensch fälscht immer, noch ehe er schreibt. Ob man uns nun partiell Schöpfung zubilligt oder nicht, nimmt nichts von der Tatsache fort, daß man diesen Maßstab überhaupt anlegt. Und wer sieht nun nicht, daß die Quelle gerade solchen Messens der Haß ist, dem daran liegt, das Gehaßte in seinem innersten Kern als negativ wertig, hassenswert zu erweisen? In der Rangordnung der Völker steht ihnen jenes am niedrigsten, das keinerlei Wert aus sich gebiert, das nur vermittelt, sich aneignet, umformt, weitergibt. Dies billigt man den Juden zu; mögen sie immerhin in allen Wissenschaften Großes leisten, so bauen doch alle Wissenschaftler nur fort an dem, was andere begonnen haben. Aber das, was aus dem Geiste des Volkes quillt, Kunst, Philosophie, Religion, geht ihnen ab. Ihre Religion ist tot, ihre Philosophie springt aus negativwertigen Gründen (man kennt das Verschen Nietzsches über Spinoza), und einen großen Künstler sucht man bei ihnen vergeblich – also ist dieses Volk von Dieben wertlos, und man schlägt es am besten tot. Dies sind die grotesk gemalten Konsequenzen einer Einstellung, unter der heute die Juden und nur die Juden gesehen werden: und solange man ihnen abspricht, daß sie überhaupt fähig sind, einen genialen Dichter zu erzeugen, leugnet man ihrem Volkstum den zentralsten Wert, denn der Dichter ist, weil er zunächst nur zu seinem Volke und von ihm redet – und erst durch das Volk hindurch zur Menschheit –, für Volkswert der echteste Repräsentant. Philosophen sind übersetzbar, und der Religionsstifter meint nur die Seele; der Dichter aber, der unübersetzbare, steht für das Volk, aus dem er kommt.

Es gibt nämlich noch eine andere Art, die Tatsache, daß die Juden geniale Künstler nicht aufweisen können, in einen Denkfluß einzustellen. Man könnte z. B. in das echte, tiefe Sichwundern geraten angesichts der Tatsache, daß es überhaupt jüdische Dichter in Deutschland gibt. Wir haben deutsch denkende Juden seit längstens 150 Jahren. In dieser Zeit haben sie es fertiggebracht, die deutsche Welt mit all ihren Wandlungen so in sich aufzunehmen, daß sie neue Inhalte in diese Welt einfügen können. Man begreife aber, was das heißt; niemand kann dichten, der noch damit beschäftigt ist, zu verarbeiten, zu lernen, die Grundlinien und – Farben des kulturellen Seins erstmalig vor der staunenden Seele zu erleben. Erst das Gewohnte wie ein Neues sehen heißt Begabung; dazu aber muß Gewohntes vorhanden sein, ja, die ganze Existenz muß erst einmal Gewohnheit im wahren Sinne geworden sein: der Geist der Sprache muß vertraut sein, der Umfang der Kultur in seiner ganzen Breite und Erfülltheit selbstverständlich; die Seele des einzelnen muß schaltend und verfügend sich wieder regen wollen, damit überhaupt die Erscheinung des Dichters sich einstellen kann. Nun denn: das erste Talent der Deutschen in diesem Sinne war Wolfram – oder, damit wir in näherer Zeit verweilen, das erste seit Sachs war Klopstock. Von Anfang des 17. bis zur Mitte des 18. Jahrhunderts fehlte den Deutschen nicht nur ein originales Talent, sondern jede originale Literatur; man weiß das. Was aber sagten diejenigen, denen dieser Mangel schmerzlich ins Herz drang, die Gottsched, Bodener [Bodmer], Friedrich II.? Sie sagten nicht einmal: wir werden große Dichter haben, sondern sie versuchten sofort, an ihrer Heraufbringung zu arbeiten. Dies Grundgefühl: wir werden große Dichter haben, dereinst, bald – dieses Grundgefühl war ihnen eine selbstverständliche Voraussetzung, von der aus sie ihre – vielleicht irrigen – Maßregeln trafen, während die Talente, die <die> [sie] zu dieser Prognose ermutigten, Weiße hießen und König und Kyra und bestenfalls Uz oder Günther. Nur ein Jude, nur Juden von heute vermögen zu gestehen, daß ihr Volkstum unmännlich und ohne Mark ist – während Talente am Werk sind, die man den eben genannten vermutlich nicht unterordnen wird – jene fünf oder sechs Dichter, deren Namen jeder weiß. (Ich höre schon, daß man mir entgegnet, nicht Talente vermisse man, sondern das Genie. Man macht jenen Schnitt zwischen Talent und Genie, der das eine ins Gebiet des Vernünftigen, das andere in das der Offenbarung verweist. Nun halte ich weder Raum noch Gelegenheit für günstig, hier zur Theorie des Genies auszuschreiten. Man lese, wenn man sich vor den Schlingen der wildernden Mediziner Lombrososcher wie Freudscher Richtung hüten will, den grundlegenden Vortrag Franz Brentanos[1] und denke weiter, um zur Erkenntnis zu gelangen, daß zwar Genie nie von rechnender Klugheit ersetzt werden kann, wie Bab will, daß aber das echte Talent alle jene Elemente enthält, die auch, nur in anderer Synthese, Genialität konstituieren, und daß daher kein Mensch das Recht hat, dort, wo Talente (nicht nachempfinden, sondern) quellend gebären, die Möglichkeit des genialen Schöpfers von vornherein absprechend auszuschließen. Wenn ich mich aber frage, warum Bab, der doch ganz dasselbe Tatsachenmaterial bearbeitet, auf das auch ich mich, um überhaupt etwas sagen zu können, hier beschränke, zu so ganz anderem Ergebnis kommt, so glaube ich zu sehen: nicht auf das *wahrhaft* erfahrene Leben gründet er sich, sondern auf das Erfahrene schlechthin. Wahrhaft erfahren ist für mich: das Wesentliche, das Gesetzliche zu sehen, das Zufällige aber auszulassen und auf seine Bedingtheit zurückzuführen; während er – darin guter Kritiker – mit der Achtung, die er dem Wirklichen spendet, auch das nur Gelegentliche überschätzt. Jeder-

---

1 Franz Brentano, Das Genie. Leipzig 1892. Im einzelnen überholt, aber für die Methode grundlegend.

zeit war es so, daß im Anfang einer Literatur der Produktive das richtunggebende Erlebnis nicht vom Leben selbst empfing, sondern von schon geformtem und verarbeitetem Leben, von einem Kulturmaterial, das fertig vorlag und dem tastenden Material so sehr viel näher und leichter zu bewältigen war als das wilde Dasein: vor Wolfram, der selbst auf einem Dichter fußt, steht Gottfried und Hartmann; vor Lessing-Schiller übersetzt und kopiert man Corneille-Racine; der Sturm und Drang liest erst Shakespeare, ehe er zu erleben beginnt, und wieviel Übersetzung steht grundlegend vor der heutigen Dichtung der Deutschen! Daß aber der Jude länger in solcher Haltung verharrt, sehe ich völlig erklärt von seinem Städtertum. Der Jude ist *Stadtmensch*, nicht von Geburt, aber historisch erzwungen; ja er ist, aus jenem rührenden und tiefen Drange heraus, irgendwie eine breite Gemeinschaft zu haben, mit vielen seiner Art zusammenzusein, der *Mensch der Großstadt*. Die Großstadt wird ihm zum Surrogat für die verlorene Gemeinschaft des Volkes im eigenen Staat. Niemand aber ist so preisgegeben an die Kultur als der, dem statt Gras Asphalt die Wege bezeichnet, und dessen Horizont von Häusern umgürtet ist statt von Bäumen und der weithin schwingenden Ebene. Das Leben, das er erfährt, ist das Leben, gesiebt durch die Kultur; er erwächst unter der stets wechselnden Bestrahlung der verschiedensten »Bildung« – und man müßte Wunder sehen, wenn die Juden heute andere Dichter hätten, als sie haben.

In diesem Städtersein sehe ich den Grund auch für das Mangelnde, das nicht allein Bab, sondern auch Strauß in ein konstitutives Moment des Juden verwandeln und das der letztere in die biblische Lyrik rückwärts projiziert, wobei er übersieht, daß es neben der an Bildlichkeit orientierten Lyrik eine andere gibt, die sich dem Musikalischen nähert. Dem Juden soll eine gewisse naive Sinnlichkeit fehlen; er müsse alles durch die Reflexion treiben; darin finden sich die beiden Gegner – nur folgert der erste: darum sind sie keine Dichter, und der andere: aber sie sind trotzdem Dichter. Mit dieser »Sinnlichkeit« sind in der Debattte sehr verschiedene Bedeutungen verbunden worden, die das Verständnis sehr erschwert haben; anstatt sie zu zergliedern, wende ich mich an den Gegenstand selbst und frage: Welchen Ort kann die »Unschuld der Sinne« in der Theorie der Kunst haben? Soweit ich sehe, einen zweifachen: sie wirkt mit beim Erleben der Welt, das dem Werke vorangeht, und beim Formen dessen, was nach außen drängt, beim Gestalten. Für das antike Judentum ist beides bewiesen durch eine der größten epischen Dichtungen, die es gibt, durch die grandiose und ebenso schlichte Dichtung der Urgeschichte des Volkes Israel von den Urvätern bis zum Horeb; hier, bei der Epik, wird man anzufragen haben, wenn man über erlebende und gestaltende Naivität Auskunft haben will. Für das neuere Judentum spaltet sich das Problem wieder in seine beiden Teile. Ich sage zunächst, daß ich allerdings mit Bab überein bin: ohne Sinnlichkeit keine Kunst; in folgendem Sinne nämlich: wenn Kunst dadurch charakterisiert wird, daß sie Werte (ästhetischer, ethischer, nationaler oder anderer Art) zum gefühlsmäßigen Erleben bringt, so ist sie für Menschen an Sinnlichkeit des Ausdrucks, d. i. Gestaltung, gebunden; denn nur das gleichsam menschlich Lebende ist dem Menschengefühl zugänglich; nur in derartig Geformtes kann der Aufnehmende sich hineinwandeln; anderes, das ihm unzugänglich bleibt, kann er bestenfalls glaubend hinnehmen. Diese Sinnlichkeit des Gestaltens nun hat jeder jüdische *Dichter*, sofern ihm lebende Menschen gelingen, in hinreichendem Maße, und ein Mehr ist nicht vonnöten. (Lyrik bedarf einer eigenen Betrachtung, für die man mir den Raum verweigern muß, wie für drei oder vier ins einzelne gehende Anmerkungen auch; z. B. hätte beim unsinnlichen Poeten die von Strauß Heft 1, Seite 15 zitierte Stelle der hohen Lieder lauten müssen: »Sein Haupt ist ein Licht Gottes« — »feinste Gold« ist ja gerade eminent sinnlich.) Denn weder darf Gottfried Keller noch George für den Typus des sinnlichen Dichters gehalten werden. Die Unschuld der Sinne aber des Erlebenden muß dahin eingeschränkt werden, daß die heutige differentielle Psychologie (William Stern) die Menschen nach ihrer sinnlichen Anlage in Typen einteilt gemäß der Art, wie sie sich erlebend verhalten: in motorische, sensorische, in akustische oder optische und derartig scheidend. Keine Art ist unfähig, von einem Künstler vertreten zu sein; jede kann einen Dichter eben in ihrer Art erzeugen, dessen Werk dann wieder Menschen desselben Typs besonders rein anspricht. Nun hat Buber längst gesehen, wohin der Jude gehört (Drei Reden, S. 75, 79, 90); und wenn nun Menschen dieser Typs, in Städten erwachsen, vor die Natur treten, mit der ganzen Erschütterung dessen, der nicht in ihr erwachsen ist, der zudem, in Geschäftigkeit eingespannt, allzuselten Zeit und Feiertag für sie hatte: so soll er »Unschuld« der Sinne haben? Er ist viel zu sinnlich dafür! Er reißt sie mit Leidenschaft an sich, und mag noch beim Gestalten von seinem Erlebnis zittern (man lese, man lese den Anfang des Kaspar Hauser!). Aber die Selbstverständlichkeit des Erlebens kommt, sobald man vertraut wird mit dem Leben, und sehr bald könnten wir eine Generation naiver Juden haben, selbst solcher, die nicht in Palästina erwachsen sind... Aber man läßt uns keine Zeit, man bricht über uns den Stab. Die Deutschen haben von Wolfram bis Klopstock 500 Jahre gebraucht (über den 30jährigen Krieg orientiere man sich bei Gundolf), und in ihrer Gegenwart sehe ich außer Rilke kein Talent, das wesentlich runder, weiter, größer wäre als Buber oder Wassermann; wir leben in der Zeit der Einseitigen. Die Norweger haben, ja der ganze germanische Norden hat nicht *einen* Musiker von Rang erzeugt (man verschone mich mit Grieg, Sinding und derartigem), haben vor Strindberg und Hamsun, vor Ibsen und Jacobsen kein Talent von einiger Weite und Tragkraft gehabt – aber wer hätte wagen wollen, sich zu erdreisten, ihnen in alle Zukunft die Möglichkeit dafür zu versagen? »Die Juden sind – bei allen reichen Gaben nie Dichter im großen, elementaren Sinne des Wortes.« Nie.

Bin ich ein Apologet der Gegenwart? Aber man erlaube

mir, für den Fall, daß man das findet, auf den Essai zu verweisen, den ich im Sammelbuche des Bar-Kochba habe drucken lassen, das unterdes erschienen ist. Ich verstehe Babs Stellung, ich habe Sinn und Achtung für die gramvoll ehrliche und schonungslose Selbstverurteilung, die dieser Kritiker und Dichter an sich übt, indem er sie an den Juden übt. Ich weiß, daß hier eine Generation *vor* der unseren spricht und daß von Strauß zu Bab darum keine Brücken führen. Denn die Idee des liberalen Menschen – sie ist nicht die unsere. Wir wissen, daß eine Birke um so völliger Baum ist, je mehr sie Birke ist, eine Eiche aber, je stärker sie das Eichenhafte ausdrückt; und daß, wenn man mittels Abstraktion zu dem Baum an sich zu kommen gedächte, nicht Baum-, sondern Besenhaftigkeit das Ergebnis wäre. Ja, dieses Wissen geht so weit, daß ich der Aufforderung des Herausgebers nicht gefolgt wäre, wenn erstens die Diskussion nicht unter Juden erfolgt wäre – ich habe an der sogenannten Kunstwartdebatte nicht einmal lesend teilgenommen, weder aus Trägheit noch aus Ostentation, sondern einfach, weil ich weiß, daß es hoffnungslos ist, ehe das Judentum zur Selbstbesinnung gekommen ist, Nichtjuden jüdische Probleme auch nur begreiflich zu machen – und wenn es zweitens nicht sehr wohltätig wäre, einmal zu sagen, wo man sich befindet, ehe man seinen Weg guten Mutes weitergeht.

Die Internationalität der Juden

Ein preußischer Landstürmer, polnischer Edelmann, sagte mir eines Tages am Ende eines langen Gesprächs im Sommer 1917 überzeugten und resignierten Tones: »Der Friede wird nicht kommen, wenn nicht die Juden ihn herbeiführen! Das ist ihre Aufgabe!« Ich antwortete: »Wenn sie sich auf ihr Judentum besännen. Ich glaube nicht daran!« Der Kamerad schwieg, nachdenklich blickend. Er war ein von innen her frommer Katholik, der jeden Morgen die Messe hörte.

Die Internationalität der Juden, in jenen Tagen ein Verbrechen vor allen eng, kalt und wild Nationalen, bestand damals nicht [in] anders als in einer tiefen Erschütterung gegenüber dem Sturz Europas in unfaßliche Roheit und in eine von Lüge, Haß, Verachtung und Gewaltsanbetung gesättigte Atmosphäre. Je tiefer jüdisch ein Jude fühlte, um so erschütterter verstummte er vor dieser vormenschlichen Gesinnung einer Erde, auf der seit zweitausend Jahren die christliche Form jüdischer Gesinnung vergeblich Gesittung, Seele zu werden sich gequält hatte. Und während in allen Armeen täglich Juden fielen, in allen Armeen Feldrabbiner um Sieg und Frieden beteten, in allen Ländern wollend oder widerwillig die materielle und wirtschaftliche Kraft der Juden sich in Kriegskraft umsetzte, während das jüdische Individuum wollend oder widerstrebend in den Krieg verwurzelt war, blieb das Judentum eine geistige Substanz, neutral, fremd, fassungslos und erschüttert. Die geistige Substanz des Deutschen war ganz Angriff und Verteidigung, die des Franzosen ganz Verteidigung und Angriff, die des Belgiers ganz Verteidigung, die des Engländers und Amerikaners ganz richterlicher und herrschaftswollender Zorn; die Seele des Juden mußte neutral sein, unverstrickbar in ein Chaos, das aus einer ganz wilden fremden Ordnung ausgebrochen war.

In diesem Gefühl der Erschütterung, der verstummenden Trauer, mußten sich Juden aus feindlichen Ländern, wahre Juden, nicht halb oder zu neun Zehnteln entjudete Atome, auf neutralem Boden treffen, erkennen und verstehen, wenn der Zufall sie zusammenbrachte und sie ihr Judentum aneinander empfunden und beglaubigt hatten. Mochten ihre Söhne gegeneinander kämpfen: zwischen den Vätern mußte sich Waffenstillstand, Stille, trauernder Friede einstellen. Sie glaubten einander und witterten keine Lüge, sie sprachen miteinander, und es gab kein Mißverständnis. Wären sie nicht zu schwach, vereinzelt, ganz allein gewesen: der Friede hätte von ihnen ausgehen können wie ein Glanz, der sich auf Ätherwellen verbreitet, wie ein Ruf an Alle. Das war es, woran mein nachdenklicher Kamerad dachte. Aber nicht so, nur in wenigen, ausgesprochen jüdischen Angelegenheiten bewährte sich die jüdische Solidarität: die zionistische Organisation blieb bestehen, dies Ziel des Judentums hielt stand, und amerikanische Juden vereinten sich mit holländischen, englischen und deutschen, um die jüdischen Massen in Litauen und Polen vor der tödlichsten Not zu bewahren. Die Träger dieses menschlichen Werks waren strenggläubige Juden wie freier lebende.

Heute, wo der Krieg zusammengebrochen ist, Haß, Mißtrauen und Feindschaft aber noch ungemindert die Luft der Erde unatembar machen, sollte sich diese jüdische Internationalität des Fühlens, des menschlich gebliebenen Herzens, ermannen und laut sprechen. Es sollte von einem Weltkongreß echter, jüdischer Juden wie von der Konferenz einander achtender Frauen oder Sozialisten eine Versammlung von Menschen geschaffen werden, in der Vertrauen herrscht: erste Bedingung der Verständigung und der neuen Menschheit. Indem sie die Beratung rein jüdischer Probleme als Gegenstand hätte, wäre die Furcht ausgeschaltet, daß Propaganda irgendwelcher Staatsinteressen Absicht, Fälschung und Täuschung in die Beziehungen von Menschen brächten, die aus noch feindlich gesonnenen Ländern gekommen waren, um miteinander zu reden. Aber wenn dann Vertrauen herrschte, jene von innen her, aus dem sich öffnenden Inneren der Seele her quellende Empfindung vom Werte und der Würdigkeit desjenigen, zu welchem man redet und den man anhört, jene im ganzen Menschen sich ausbreitende Überzeugung, daß der Anwesende und Unterredner mit seiner ganzen sittlichen Person die Wahrheit dessen verbürgt, was er sagt, daß das Mitgeteilte von der Überzeugtheit eines wahrhaftigen Menschen durchleuchtet und von innen her bezeugt wird – wenn dann Vertrauen diese Versammlung verbände, würden diese Juden einander die wahren Gesinnungen und Ziele der Völker und Staaten offenbaren können, von denen her sie kamen und zu denen sie zurückkehren werden, um ihrerseits dann der allgemeinen Öffentlichkeit durch vertrauenswürdigen Mund mitteilen zu können, wie in Wahrheit die Gesinnung der Völker sei. Ohne daß man die unmittelbare Wirkung solcher Berichte überschätzt, darf man die Überzeugung ausdrücken, daß nur so, nur durch direktes Zeugnis, die Atmosphäre des Erdgeists entgiftet wird. Wie sich im Kriege Herde der Lüge, der Spionage und des Hasses bildeten, müssen sich Herde der Wahrheit, des Vertrauens und der gegenseitigen Aufrichtigkeit bilden, von denen das Gefühl sich wieder ausbreiten kann, daß die Erde doch immer noch, trotz allem, von Menschen bewohnt wird – von verschiedenartigen, aber doch von Menschen.

Je ferner sich die Tagesordnung dieses jüdischen Weltkongresses von allen europäisch-politischen Fragen hält, je reiner sich nur jüdische Probleme und Aufgaben als sein Gegenstand erweisen, um so reiner wird sich diese Nebenwirkung, diese so eminent wichtige menschliche Wirkung, einstellen können. Diese jüdischen Probleme, Probleme des jüdischen Volkstums auf der ganzen Erde, sind in Fülle da: Palästina, der Völkerbund, die Gleichberechtigung in allen Ländern und die Festsetzung der jüdischen autonomen Rechte in den Ländern der Massensiedlung geben Gebiete, zu denen das jüdische Volk selbst sprechen muß, damit sie geklärt werden können. Daß dieser Kongreß in einigen Ländern und von einigen Organisationen der Juden vorbereitet wird, dürfte bekannt sein. Rein technisch schon sind für ihn Sonderkongresse der Juden jedes einzelnen Landes nötig, und auch sie werden teils vorbereitet, teils haben sie (Amerika) schon stattgefunden. Daß sich die deutschen Juden von dieser Vorarbeit wie von der Endmission nicht zurückhalten, ist selbstverständlich; auch in Deutschland beginnt von allen jüdisch empfindenden Juden, inauguriert wie überall von den nationalen und zionistischen Juden, die Vorbereitung des gewählten jüdischen Kongresses. Es wäre nur zu hoffen, daß er schnell zusammentrete, denn je eher die Juden der Erde zeigen, daß zwischen Bewohnern Rußlands und Österreichs, des tschechischen und des deutschen Reiches, Litauens und Englands, Polens, Ungarns und Frankreichs Ehrlichkeit, Vertrauen, Glauben und Einmütigkeit möglich ist, um so eher wird sich dieses Contagium sittlicher Einheit wiederherstellen. Es ist lächerlich, auch nur zu denken, daß die Gesittung und die Arbeit der Erde vor sich gehen könnte unter Ausschaltung ganzer Völker, des russischen etwa oder des deutschen; aber es ist wahr, daß die Solidarität der Menschen auch auf Sondergebieten wie der Wissenschaft, der Technik, des Verkehrs nicht mehr von den Vertretern derjenigen Körperschaften den Ausgang nehmen wird, die vor dem Kriege solche Solidarität trugen. Die Gelehrten und die Ingenieure haben mehr gehaßt und giftiger gescholten als die Soldaten nach den Kämpfen; die Geistlichkeiten der großen christlichen Kirchen haben, außer einzelnen und Sekten, den Krieg und den Haß unmittelbar und mittelbar gestärkt; und noch ist, trotz der Berner Konferenz, die wahre Internationalität aller arbeitenden Massen nirgendwo wiederhergestellt — überall müssen erst die Träger der Gifte des Kriegs und des Hasses ausgeschaltet und ihre Wirkungen verwunden sein. Das Judentum aber als solches, als Geist, als religiöse Gesinnung wie als nationale Aufgabe war wahrhaft neutral; es hat nirgendwo Partei ergriffen, seine Haltung konnte nur abgekehrt, nur erschüttert, nur trauernd sein, weil das Faktum des Krieges und der so beschaffenen entgötterten Erde ihm nur die Partei des Friedens, der Verbindung, der sittlichen, auf Solidarität gegründeten Welt übrig ließ. Nun tritt es, schwach an Zahl gegenüber den Völkern der Erde, in seine neu wirkende Phase; aber diese Wirkung kann, da sie dem Geiste entspricht, welcher der Menschheit der westlichen Erdhälfte das Gesetz des sittlichen Lebens verkündet und vorgelebt hat, tiefer sein, als man heute zu hoffen wagt – dem Geiste, aus dem solche Worte kamen: »So spricht der Gott der Herr, der die Himmel schaffet und ausbreitet, der die Erde machet und ihre Gewächse, der dem Volk den Odem gibt, so darauf ist, und den Geist denen, die darauf gehen. Ich, der Herr, habe dich gerufen mit Gerechtigkeit, und habe dich bei deiner Hand gefasset, und habe dich behütet, und habe dich zum Bund unter die Menschen gegeben, zum Licht der Völker; daß du sollst öffnen die Augen der Blinden, und die Gefangenen aus dem Gefängnis führen, und die da sitzen in Finsternis, aus dem Kerker.«

Daß, wie die gebrechliche Natur des Menschen nun einmal ist, auch dies verbindende und klärende Werk dem Widerstand von Juden begegnen wird, scheint klar und kann nicht überraschen. Denn eine Art von Juden, die nur Geburt und sonst nichts mit ihrem Stamme verbindet, wird wie einst versuchen, die Aufmerksamkeit der allgemeinen Öffentlichkeit von der Tatsache abzulenken, daß überhaupt jüdische Probleme bestehen, weil sie fürchtet, dann, bei so breiter Diskussion, auch auf sich unbehaglich empfundene Blicke zu spüren; eine zweite Art wird der Meinung sein, daß es zwischen ihr, der strengsten Hüterin traditionell-religiöser Ghettowelt und -sitte, und all den anderen Juden, keine gemeinsame Plattform gebe, weil es nur eine einzige gibt, die ihre; und eine dritte wird einwenden, daß in der allgemeinen Lösung des menschlichen Problems, des Problems, wie Menschen ohne Ungerechtigkeit auf der Erde leben sollen, auch alle jüdischen Probleme gelöst sein werden, so daß es jüdischer Sonderlösungen nicht bedürfe, weil es nur »die Mensch-

heit« gibt und Völker Vorurteile sind. Unter den deutschen Juden wissen wir viele der ersten Art und richtige
Vertreter der beiden anderen; aber wir antworten ihnen
hier nicht; weder aus Hochmut, noch weil wir's nicht
vermöchten, sondern weil wir den Widerspruch erwarten
wollen, wenn er kommen will. Wir legen ihnen nur nahe,
einzusehen, daß, wie sie auch selber wollen und denken,
es eine Tatsache ist, daß eine große, ja die größte Zahl
von Juden den Drang hat, die jüdische Besonderheit zu
erhalten, und von ihr Früchte der Zukunft erhoffen, die
der Vergangenheit würdig sein sollen; und, daß ein solches
verbindendes und reinigendes Werk auf jeden Fall ein
Gutes wirkendes Werk ist, das nicht zu hemmen auch sie
sich genötigt sehen müssen. Denn die Wege zum Ziel
sind verschieden, und gut ist jeder Weg, der reinen und
erfüllten Herzens gegangen wird.

Außenpolitik und Ostjudenfrage

1. Am 17. August 1898 berichtet der alte Fontane in einem Briefe, aus Karlsbad beiläufig, von einer Bemerkung Professor Lassons, der ihm »mal zwischen Berlin und Steglitz sagte: ›Ein wirkliches Interesse für deutsche Literatur hat nur die Karl-Emil-Franzos-Gegend.‹ Ach, er hatte recht«, setzt der Dichter der fritzischen Helden und märkischen Edelleute hinzu; und als ich vor kurzem im Dezemberheft der »Neuen Rundschau« diese Stelle las, fielen mir rasch hintereinander die zwei kleinen Fakta ein, die ich, der Leser suche sich den Zusammenhang, hierher zu setzen gelaunt bin. Einer der begabtesten Dichter neuhebräischer Prosa erzählte mir einmal, bis zu seinem 12. Jahre habe er in seinem galizischen Städtchen geglaubt, es werde auf der ganzen Erde nur deutsch geschrieben – gesprochen wurden allerhand Sprachen, geschrieben und gedruckt aber werde von Nichtjuden nur deutsch, und es bereitete ihm keine geringe Erschütterung, als er erfuhr, es gebe einen jüdischen Schriftsteller namens *Zangwill,* der schreibe englisch. Dies das eine Geschichtchen. Das andere spielte in einer süddeutschen Universität. Dort fragte ich einen jungen ostjüdischen Studenten, ob er wisse, daß auf einem Friedhof der Stadt sich das Grab *Hölderlins* befinden müsse, und ob er mit mir kommen wolle, es aufzusuchen; der Friedhof sei verwildert und das Grab nicht gekennzeichnet und ungepflegt. Der junge Mann aber meinte, es sei jetzt leicht zu finden, zwei seiner Freunde, die ich wohl kannte, arme Galizier gleich ihm, hätten es vom Wächter des Friedhofs sich zeigen lassen und unter Aufwendung einigen Geldes dafür gesorgt, daß es instand gebracht und gehalten werde, wie es dem tragischen Genius angemessen sei, der darin ruhe. Als ich ihn nach den beiden fragte, lächelte er ein bißchen und meinte, sie seien, als vom nächsten Semester an ausgewiesen, bereits

abgereist. Da nun das wohlerhaltene Geburtshaus Hölderlins, den wir für den einzigen Goethe ebenbürtigen deutschen Genius halten, in diesem Jahre von seinem Besitzer, einem schwäbischen Weingärtner, praktischerweise abgebrochen worden war, um einer Kelter Platz zu machen, freute sich mein sentimentales Gemüt, daß nun wenigstens dieses Grab, dank der Liebe zweier Galizianer, bemerkbar bleiben wird.

2. Es erscheint klug, den gemütlichen Tonfall der Anekdote aufzugeben und stramm zum Thema zu schreiben, mit einleuchtender Deutlichkeit und ohne doppelten Boden – zu einem Thema, welches der deutschen Politik angehört – der äußeren wie der inneren. Der äußeren? Sprechen wir von ihr. Alle Akte eines Volkstums, die über seine politischen Grenzen hinauswirken, sind Akte der äußeren Politik. Sie beeinflussen entscheidend das Bild, das ein Volk von außen gesehen bietet und auf das allein sich das Werturteil der Mitvölker gründet – dieses moralische Phänomen, über das die »Realpolitiker« sich so lange mokierten, als es sie nicht erschlagen hatte. Die Gesinnung der Abendländer gegen ein Volk ihrer Gemeinschaft ist eine Wirklichkeit ersten Ranges; so fällt jedes symptomatische Geschehen innerhalb eines Staates zugleich mit Notwendigkeit, als dem europäischen Urteil unterbreitet, in jene außenpolitische Sphäre. Wehe, wenn man nun daraus sofort eine »praktisch-politische Maxime« ableiten, das heißt seine inneren Akte nach dem Eindruck einrichten wollte, den sie nach außen machen. Denn jede mit dem Schielen nach jener Öffentlichkeit gefälschte Handlung ist sofort eine vergebens getane Handlung.

Europa ist nicht dumm genug, sich etwas vormachen zu lassen, ohne kühl zu registrieren, daß jemand Eindruck schinden wolle; was den Eindruck bekanntlich ins Gegenteil wendet. Es kommt alles darauf an, frei und aus der Gesinnung des nationalen Wesens heraus zu handeln und das Urteil der Welt als Folge zu tragen – Urteil und praktische Folgerung daraus, die eine Einheit sind. Auf jede Äußerung der Deutschen Republik, die eine Gesinnung des jungen Staates ausspricht, wie auf jede seiner Teilstaaten ist die europäische Öffentlichkeit heute aufmerksam, denn von dieser Gesinnung hängt die Haltung ab, die sie gegen uns einzunehmen gewillt ist, und von dieser Haltung der Weg, den wir durch diese fürchterliche Gegenwart gehen.

Die Ostjuden sind eine in jedem Sinne praktische, schwächere Gemeinschaft als die Deutsche Republik. An der Haltung eines Schwachen gegen den Schwächeren erkennt man untrüglich seine geistige Struktur: ob er der Gerechtigkeit selber fähig sei, die er beständig anrufen muß, hier entscheidet es sich. Ob er die innere Wandlung wirklich erlebt hat, die er von sich bezeugt, hieran erkennt man es, und man richtet sich in Vertrauen und Mißtrauen danach ein mit vollem Recht. Nichts hat dem neuen polnischen Staate mehr geschadet als die Judenmetzeleien, mit denen er seine neue Freiheit einleitete und befleckte: die Probe an dem Schwächeren ist untrüglich. Dies ist ein Beispiel und kein Vergleich, denn schon das Vertrauen in die sittliche Kraft des gemeinen Mannes, das sich in dreieinhalbjähriger Kameradschaft aufbauen und erproben konnte, würde ihn nicht für erlaubt halten, von allem anderen abgesehen. Da politisch ein Ausdruck öffentlicher Sittlichkeit ist, müßte hier an diese Wahrheiten – Binsenwahrheiten wie bekannt – erinnert werden, damit man sich jetzt um so unabgelenkter der Gegenüberstellung widmen könne, die in der Niederschrift ausgedrückt ist.

3. Hat man den begeisterten und leidenschaftlich frohen Empfang schon vergessen, den die ostjüdischen Städte und Städtchen den deutschen Eroberern im Jahre 1914 und 1915 bereiteten? Er galt nicht den »Befreiern von russischem Joch«, sondern der deutschen Kultur. Die zarische Politik der Bülowschen Ära hatte nicht vermocht, dem ostjüdischen Volke die Gleichsetzung: deutscher Geist gleich Schillers Geist, auszutreiben. Mit der erschütternden und erhabenen Unverdorbenheit, mit der diese Menschenart die Führerschaft des Dichters in seinem Sprachbezirk – die Repräsentation des deutschen Volkes

durch seine klassischen Dichter – anschaut, mit der strengen und gesicherten Tradition, mit der sie Anschauungen über Generationen hin vererbt, mit der tiefen, dankbaren Treue, die sie mit allem verbindet, was an Güte und Gerechtigkeit zu ihr hinüberscholl: in dieser Haltung empfing der ostjüdische Geist den deutschen Geist – empfing in Gestalt des Weltkriegssoldaten das repräsentative deutsche Jahrhundert von »Lessing bis Nietzsche«. Niemals sind besetzte Gebiete argloser und vertrauender einem Besetzer entgegengekommen: vertrauend in seine sanitären Maßnahmen, seine Rechtspflege seine Umgangszivilisation, seine wirtschaftlichen Anordnungen, sein Verständnis für Fremdes, seine Achtung davor. Niemals war die Gelegenheit besser, durch ein Quentchen Menschlichkeit und Menschenkenntnis die Brücke, die durch die sprachliche Verwandtschaft des Neuhochdeutschen und des Jüdischen [Jiddischen] in der mündlichen Verständigung geschlagen war, ins Seelische zu verlegen. Moralische Eroberungen – hier waren sie nicht zu machen, nur zu sehen, nur zu wollen. Ich kenne viele nichtjüdische Soldaten, Männer aller Bildungsstufen, vom Leutnant bis hinauf zum bejahrten Landsturmmann, die mir dies alles bezeugen werden, die im Umgang mit den Ostjuden wieder das Staunen vor dem Menschen gelernt haben, das sie im Graben und in der Feuerzone vorher zu verlernen Gelegenheit hatten.

Und nun ermesse man, was geschehen mußte, um diese Bevölkerung innerhalb dreier Wochen zu ernüchtern, zu enttäuschen, zu verstören und bis zur Resignation durch alle Stadien der Empörung zu jagen. Trotz des redlichen Versuches der Verwaltung, die Bevölkerung zu gewinnen und zu behandeln, trotz einer gewissen Anzahl wohlwollender und einsichtiger Funktionäre ging durch die Ausführung aller Maßnahmen im besetzten Gebiet ein so stupider und brutaler Antisemitismus, daß selbst Exzellenzen bekennen mußten: »Gegen den Feldwebel bin ich machtlos und gegen den Leutnant auch.« Dieser Antisemitismus, man höre zu, der es den einzelnen Deutschen unmöglich machte, die Tatsachen um ihn herum auch nur zu sehen, ohne sie sofort, schon im Aufnehmen, gehässig zu entstellen und mauschelnd zu verdrehen, war die Folge einer jahrzehntelangen Propaganda, die die *Ost*juden verleumdete und die *deutschen* Juden meinte – einer Propaganda für Grenzschluß und Ausweisungen, für Ausnahmegesetze und Schikanen, für Verachtung und Mißhandlung, einer Propaganda, die von flegelhafter, tückischer und feiger Dummheit platzte. Daß in der Angst um ihre angezweifelte »völkische Gesinnung« auch deutsch-jüdische Bürger dieser Propaganda erlagen, ist ihre schmachvollste Folge: daß aber noch heute in der deutschen Politik diese Propaganda nachwirkt – das ist ihre allerdümmste. Denn fest steht doch eines: jeder politischen Regung, der das ehemalige Deutsche Reich irgendwie Auswirkung lieh, gründlich zu mißtrauen sollte der Anfang einer Staatskunst derjenigen Parteien sein, die es heute übernommen haben, den rekonvaleszenten Körper der Republik zu tragen und zu stützen; sie sollte sich davor hüten, diese alten, verseuchenden Mittel: Sachunkenntnis größten Stils und Feldwebelpfoten weiter arbeiten zu lassen. In dem Augenblick aber, wo man die Dinge studiert, ehe man sie regelt, mußte man doch den Versuch einer umfassenden und objektiven Überlegung machen, deren Resultat, summarisch formuliert, auf folgende Sätze hinauslaufen mußte, als deren Sprecher man sich irgendeinen christlichen Politiker denken möge.

4. »Meine Herren, ich habe nur materialistisch zu Ihnen zu reden. Die deutsche Wirtschaft wird früher, als Sie meinen, mit dem Osten wieder in Austausch kommen müssen. Es wird von hinreichender Bedeutung sein, in den östlichen Ländern Kontrahenten zu finden, die mit uns arbeiten wollen. Wollen: auf den Willen kommt es an; erregt man durch seine pure politische Zugehörigkeit Antipathie, so ist an Beziehungen nicht zu denken. Ich denke, daß der Krieg, in dessen Schatten alle heutigen Ereignisse sich vollziehen, uns die unvergleichliche Wichtigkeit der Sympathie gelehrt haben wird, und der augen-

blickliche Zustand wird die uns noch besser begreifen lehren. Die Sympathie der östlichen Gebiete gehörte vor dem Friedensschluß der Entente; jetzt stehen die Chancen nicht mehr ganz so ungleich, aber an sich unscheinbare Entschlüsse, etwa solche, die sich auf die in Deutschland lebenden Ostjuden beziehen, können uns jetzt empfindlich und auf langhin schaden. Es steht zu erwarten, daß die endgültige Regelung der palästinisch-zionistischen Pläne Englands die ostjüdische Auswanderung nach den neuen jüdisch-arabischen Gemeinwesen lenken wird, und was die ostjüdisch radikalen Sozialisten anlangt, so bekenne ich, daß man mir wenigstens mit dem Bolschewistenalp keine Bange machen kann, denn ich weiß, daß der deutsche Arbeiter von Methode Demokrat ist, auch wenn er das Rätesystem als seinen Parlamentarismus anstreben sollte. Was aber die wirtschaftliche Unmoral angeht, die man den Ostjuden nachsagt, so weiß ich, daß man uns Deutschen einen schlechten Dienst tut, wenn man dadurch unsere Augen von der eigenen Bresthaftigkeit fortlocken möchte; und das will man damit ganz offenbar, denn« – mit erhobener Stimme – »man verhindert uns dadurch, selber wieder zu gesunden; man möchte uns einlullen und uns die beschämende Tatsache vergessen machen, die bei uns während dem Kriege offenkundig wurde und die der Dichter und Psychologe *Heinrich Mann* in seinem Buche ›Macht und Mensch‹ sehr prägnant formuliert wie folgt: ›Auf Frechheit der neuen Reichen, die prassen im Angesicht der bleichenden Not, antwortet von unten der Diebstahl und erhebt sich zum anerkannten Volksbrauch.‹ Nur indem wir uns die eigene Krankheit eingestehen, vermögen wir ihr beizukommen und nicht, indem wir andere Gesamtheiten als ihre Träger denunzieren; das ist unpatriotisch im echten Sinne des Wortes und unmoralisch außerdem. Den wenigen Ostjuden, denen wir Schiebertum und Diebstahl an unserer Wirtschaft nachreden können, stehen, selbst von den in Deutschland lebenden, immer fünfzig redliche und nützlich Arbeitende gegenüber, und wir werden uns nicht zu beschweren haben, wenn unsere eigenen Auswanderer in der leidigen Fremde mit dem Maße gemessen werden, das wir selbst an Einwanderer legen, wenn wir sie summarisch mit Hemmungen aller Art belegen. Wir bedürfen des Entgegenkommens, selbst der Ostjuden, meine Herren, die Waage hat sich ein wenig zu unseren Gunsten gehoben; und ich wenigstens lehne die Verantwortung ab für so dumme Eingriffe ins Werden neuer Lebensbeziehungen unserer kranken empfindlichen Wirtschaft.«

5. Würde man einen Politiker anhören, der so spräche? Würde man ihm beipflichten und glauben? Ich weiß es nicht. Ich aber, der ich die Ostjuden kenne und der ich an anderem Orte von ihnen reden werde, sage zum Schlusse: Abgezogen die Anbetung der Gewalt, die unter ihnen vereinzelter ist als anderswo und ganz neu, sind es Menschen wie andere, uns bewährter, unverfälschter, zu allem Guten hinreißbar und verführbar zu weniger Schlechtem als die Menschen im Westen. Was man gegen sie auch unternehme, man wisse nur, daß wir es gegen uns getan fühlen und daß wir, nicht nur als Juden, sondern als Deutsche vor allem, uns dagegen nach Kräften wehren werden. Die Liebe zum deutschen Wesen und Geiste, von der am Anfange die Rede war, hat viele von diesen jungen und alten Ostjuden noch heute nicht verlassen, und wenn die deutsche Politik sich nicht den besten Seiten oder den durchschnittlichen irgendeines Volkstums anpaßt, sondern in böswilliger und gehässiger Ausbeutung augenblicklicher deutscher Notlage (Universitäten sind vorangegangen!) den schlechten und verurteilenswerten Instinkten derer folgt, die sich, um jenes Volkstum zu kennzeichnen, an den niedrigsten Typus halten, den es aufweist, so schadet sie zwar im Augenblick einigen tausend Ostjuden, aber auf die Dauer und ganz tief vor allem dem deutschen Wesen. Die Lüge, der man diese vier Kriegsjahre verdankt und all ihre üblen Folgen, wären nicht so gut geglaubt worden, wenn nicht den Deutschen von der chauvinistischen Schule an bis hinauf in die Parlamente und Zeitungen von allen Nachbarvölkern blöde Zerrbilder

geboten worden wären, wenn sie nicht auf Frankreich mit »décadence«, auf England mit »business«, auf Amerika mit »humbug« und auf Serbien mit »Läusen« zu reagieren wohl dressiert worden wären. Nun wohl, auf Ostjuden reagiert man heute mit »Wucher«, und dann wundert man sich, wenn Europa, sachlich unterrichtet, mit tiefem Mißtrauen den Deutschen ansieht, der als ewiger Schuljunge, von keiner Katastrophe belehrbar, statt der Dinge selber Schlagworte seiner verderblichsten und gehässigsten Schulmeister nachschwatzt und befolgt. Politik geht nach Ideen; Gerechtigkeit und Anstand sind auf die Dauer stärkere Realitäten als Rohstoffe und Hunger, und darum wehe dem Volke, das sich, ohne die große Achtung vor sich selbst, die man Selbstbeherrschung nennt, unter dem Schein einer sachlichen Maßregel von der Wut und Verachtung hinreißen ließe, die man ihm einem Schwächeren und im übrigen Unbekannten gegenüber eingeflößt hat. So wird immer nach dem Maßstab gemessen werden, den man selbst anlegt, und all die hohen Tugenden des deutschen Wesens, die wir hinter einer häßlichen anarchischen Oberfläche umbildend am Werke wissen, werden ihm nichts helfen. Der Fremde urteilt nach den Taten, die er sieht und die ihm das Unsichtbare verdecken – der Fremde, der heute für Deutschland Europa heißt und der Herr der Politik ist. Die Politik aber ist das Schicksal.

Nochmals zur »Tragik des deutschen Juden«

Starnberg, 30. Juni 1921

Sehr geehrter Herr Professor Muth! Unsere flüchtige persönliche Bekanntschaft ermutigt mich zu einem Briefe, den ich ungeschrieben ließe, wenn ich nicht wüßte, daß es niemandem peinlicher ist, Irrtum verbreiten zu helfen, als Ihnen und der Redaktion des »Hochlands«. Dr. Wohlfarths Aufsatz »Die Tragik des deutschen Juden« enthält solche Irrtümer; nur auf sie, nicht auf diesen Aufsatz, den gebracht zu haben dem »Hochland« gleichwohl dankbar angerechnet werden muß, gehe ich ein, da ich, obwohl deutscher Jude, in ganz anders gelagerter Wirklichkeit lebe und mit der von Wohlfarth empfundenen Problematik recht wenig zu schaffen habe. Dagegen möchte ich das Wort nehmen, um einige Sachirrtümer seines Aufsatzes beseitigen zu helfen, soweit sie das bestverleumdete der europäischen Völker zum Gegenstand haben, das Ostjudenvolk.

Wohlfahrt behauptet (S. 329 unten): »Der östliche Jude, sonst von allen Berufen ausgeschlossen, ist genötigt, Trödelhandel, Geldgeschäfte, Branntweinhandel zu treiben oder Bordelle zu unterhalten, will er nicht Rabbi oder Lehrer an den geistlichen Schulen werden.« Man muß eine große Anstrengung machen, um in ruhigen Sätzen dagegen zu sagen, daß »nach der russischen Volkszählung vom Jahre 1897 mehr als dreiundfünfzig Prozent aller selbständigen Juden zu den *arbeitenden Elementen* gehörten, wogegen nur einunddreißig Prozent *Handel und Vermittlung* trieben«. (M. Buber, »Die Jüdische Bewegung«, II, S. 83, Jüdischer Verlag.) Diese Zahlen, 53 Prozent Arbeitende, 31 Prozent Händler, gelten für das ganze Gebiet, welches den russischen Ansiedlungsrayon ausmachte, die Tscherta, in der auf engstem Raume an sechs

Millionen Ostjuden, auf die Städte durch Staatsgesetz beschränkt, in wahrhaft erstickender Enge aneinandergepreßt lebten – Gebiete, die heute Lettland, Litauen, Polen und die Ukraine[1] ausmachen, das ganze Ostjudengebiet mit Ausschluß Galiziens und Rumäniens. Was aber wird aus diesen Ostjuden, sobald sie, der gedrängten Engsiedelung entwichen, die Wahl des Berufs freier haben? »Nach dem Zensus von 1900 waren 38,04 Prozent der gesamten männlichen erwachsenen beschäftigten Bevölkerung New Yorks in Handwerk und Fabrikation tätig, aber 61,08 Prozent der eingewanderten ostjüdischen; 36,07 der gesamten weiblichen, aber 71,30 der eingewanderten ostjüdischen.« (Ebenda.) Diese Zahlen der russischen und amerikanischen Regierungsstatistik aber waren durch die wachsende Gesundung, der dank eigener Kraftanstrengung die ostjüdischen Gebiete entgegengingen, bis zum Kriege bereits von der Wirklichkeit im günstigen Sinne überboten worden; in Lodz und Warschau, Bialystok und Wilna gab es überall, wo Industrie sich ausbreitete, ein großes, straff organisiertes ostjüdisches Proletariat, Heimindustrie und jüdische Kleinbetriebe; fast das ganze Handwerk in den kleinen Städten, die bis zu 90 Prozent von Juden bewohnt waren, lag in jüdischen Händen; Juden waren die Kutscher, Gepäckträger, zahllose Gelegenheitsarbeiter; Belege hierfür findet, wer sie sucht, in den Zeitschriften »Die Freistatt« (Berlin 1912–14) und »Der Jude« (Berlin 1915–21); daß der Krieg dann durch russische Evakuierung und Fabrikverpflanzung, deutsche Fabrikschließung und Rohstoffbeschlagnahme, durch Zerstörung großer Gebiete, auf denen die Schlachten geschlagen wurden, und durch Bewirtschaftung der Lebensmittel das Chaos und eine

---

1 Heute gibt es kein ukrainisches Judentum mehr: über 600 jüdische Städte und Dörfer wurden durch die Banden besonders Denikins und Petljuras völlig vernichtet, an zweihunderttausend ermordete, verhungerte und erfrorene Juden stellte im vorigen Jahre die Karlsbader Hilfskonferenz fest, und seither sind weitere Opfer dargebracht worden – sorgfältig von Europa ignoriert ...

grenzenlose Not über die Tscherta brachte, weiß wiederum jeder deutsche Soldat, der den guten Willen und die geistigen Mittel hatte, fremde Verhältnisse kennenzulernen. Bordelle unterhaltende Ostjuden sollen sich in Galizien (dem seit Jahrhunderten der polnischen Schlachta ausgelieferten Gebiete) finden, auch in Warschau und andern Orten Kongreßpolens; prinzipiell aber und im ganzen gesehen muß man doch wohl zugeben, daß sie unter Ostjuden ebenso häufig sind wie z.B. unter den Soldaten des deutschen Heeres: da ja auch die Heeresleitungen sich dazu herbeiließen, in allen größeren Städten, in Lille wie in Kowno, in Warschau wie in Wilna, Bordelle – getrennt nach Offizieren, Unteroffizieren und Mannschaften – zu unterhalten, ohne daß man wagen wird, diese Betätigung zu den ökonomischen Hauptmerkmalen des deutschen Heeres oder des deutschen Soldaten zu rechnen. Vielleicht gibt Wohlfarth zu, daß er sich hier von unkontrollierten, d.h. antisemitisch gespeisten Quellen hat informieren lassen? Über deutsche Dinge hätte er im Krieg ja auch nicht unbezweifelt angenommen, was »Matin« oder »Daily Mail« darüber verbreiteten; diese aber, europäische Zeitungen, stehen turmhoch über dem schmutzigen Gewäsch, das über Ostjuden verbreitet und geglaubt wird – verbreitet von antisemitisch-tendenziöser Winkelliteratur, geglaubt von – nun, fast von jedermann ...

Wohlfarth fährt fort: »In jedem Falle ist er (der Ostjude) von der Teilnahme an den höheren Werten des Wirtsvolks ausgeschlossen, und zwar so vollkommen, daß er im allgemeinen diese Werte gar nicht kennen wird.« Nun, meinetwegen. Wer aber, frage ich staunend, liest dann die Übersetzungen Tolstois, Dostojewskis, Gorkis ins Jüdische [Jiddische]? Wer den jüdisch übersetzten Schiller, Goethe, Marx, Nietzsche, Kant, Lessing? Wer gar die Übersetzungen des »Faust« und anderer Werke der Weltliteratur ins Hebräische? Wer die russischen Originalausgaben der russischen Literatur in den jüdischen Bibliotheken, von denen ich als Stichprobe die Bialystoker gut kenne? Was tun die jungen Ostjuden mit diesen Schriften, die sie zu lieben vorgeben, sie, bei denen man bessere Bibliotheken fand als bei vielen, vielen deutschen Studenten? Und wie nennt man dann die brennende Hingabe fast der ganzen ostjüdischen Jugend an die Sache des russischen Proletariats, die von 1830 bis zum heutigen Tage ohne die ostjüdischen Gymnasiasten und Studenten, Jünglinge wie Mädchen, undenkbar ist?[1]

Aber noch weit mehr gefragt: Wer hat dann eigentlich die jüdische und die hebräische Dichtung der Ostjuden geschaffen? Nämlich: verglichen mit der Beteiligung der Ostjuden an der russischen Wissenschaft und Kunst ist ihr Anteil an den Schaffenden der russischen (Ossip Dymow) oder polnischen Dichtung sehr gering – aber warum? Weil sie ihre eigene Dichtung geschaffen haben, die sich, in jüdischer wie hebräischer Sprache, neben jeder westeuropäischen getrosten Mutes sehen lassen kann; weil sie ihre literarischen Zeitschriften und politischen Tageszeitungen haben wie jedes Volk – weil sie ein Volk mit den Attributen eigner Volkheit geblieben sind: mit zwei Sprachen gar und einer großen Dichtung in beiden. »Das verachtete Jiddisch« – aber wer verachtet es eigentlich außer den Ignoranten? Professor Strack (Jüdisches Lesebuch) gewiß nicht, und der Verlag Hartleben, Wien, auch nicht, der die treffliche Jüdische Grammatik von Salomo Birnbaum jüngst ediert hat – und die östlichen Juden, deren Sprache es ist, auch nicht, denn sie leben in dieser Sprache, die zwar vom Mittelhochdeutschen abgezweigt ist, aber eine legitime Sprache darstellt, dem Holländischen in mehr als einem Sinne parallel. Nur deutsche Juden, denen diese Welt verschlossen blieb und die das Jüdische [Jiddische] mit dem Jargon übler Cafés identifizieren, vermögen zu verachten, wo sie sich unterrichten sollten. Den Lesern des »Hochlands« aber sei mitgeteilt, daß es eine weite ostjüdische Literatur gibt, die große und lesenswerte Dichter zeugte: Lyriker wie Chaïm

1 In dem Buche »Das Ostjüdische Antlitz« (Weltverlag, Berlin) habe ich über diese wie andere Zusammenhänge Ausführliches geschrieben. A. Z.

Nachman Bialik[1], Schnëur und viele Jüngere, Erzähler wie Mendale Mocher Sforim[2], Scholem Aleïchem[2], Jizchok Leïb Perez[3,4,5], J. S. Agnon[3], David Frischmann, Dramatiker wie abermals Perez[7], Pinski, Asch[6], Perez Hirschbein; Essayisten vom Range Achad Haams und Matthias Achers, Kritiker wie der eben ermordete Ch. Brenner; daß die Ostjuden Volkslieder haben, deren Schönheit jedermann zur Prüfung offenliegt, seit J. M. Kaufmann, der tragisch gestorbene Verfasser der ausgezeichneten »Vier Essays über ostjüdische Dichtung und Kultur«, die schönsten davon mit Melodien herausgab und Ludwig Strauß die »Ostjüdischen Liebeslieder« meisterhaft übersetzte; daß die im 18. Jahrhundert entstandene, heute noch aktive religiöse Neuschöpfung des Chassidismus eine Fülle herrlicher, mystischer Legenden und Geschichten schuf, von denen Martin Buber die schönsten in der »Legende des Baalschem« und den »Geschichten des Rabbi Nachman« (beide Rütten & Loening, Frankfurt a. M.) nacherzählte; daß das Wilnaer jüdische Theater in Kowno, Grodno, Bialystok und Warschau während des Krieges dramatische Vorstellungen gab, deren Geschlossenheit und Stilreinheit, realistische Kraft und Schulung an große Vorbilder der deutschen naturalistischen Bühne nicht unwürdig erinnerte, und daß das geistige Leben der Ostjuden in Sammelbüchern und Zeitschriften weder an Bergson noch an Cohen vorüberging: an jüdischen Philosophen der Gegenwart in erster Linie also, denn eine jüdische Kultur ist es, die sich im Osten so auswirkte und darstellte. Nur selbstverständlich ist, daß das geistliche Leben der jüdischen Orthodoxie in Deutschland (vgl. die Zeitschrift »Jeschurun«, Berlin) mit dem der ostjüdischen in regem Austausch, ja in breitflächig sich berüh-

---

1 Deutsch im Weltverlag, Berlin.
2 Deutsch bei Georg Müller.
3 Deutsch im Jüdischen Verlag, Berlin.
4 Deutsch im Inselverlag.
5 Deutsch bei Kiepenheuer.
6 Deutsch bei S. Fischer Verlag.
7 Deutsch bei Loewit, Verlag, Wien.

render Gemeinsamkeit verläuft – aber davon hier zu reden verbietet sich, wo nicht einmal die inhaltlich so viel zugänglichere weltliche Geistigkeit als bekannt vorausgesetzt werden darf – selbstverständlich wie die Gemeinsamkeit westlicher mit östlichen Zionisten.

Nichts also für deutsche Leser? Es gab einmal den deutschen Begriff der Weltliteratur und Universalität, den Goethe ins deutsche Wesen hineinzubilden nicht abließ. Vieles davon lebt noch heute in den Deutschen, die nach der Pflege des eignen Wesens sich den Zugang zu Fremdem offenhalten wollen. Für sie habe ich diese Nachrichten gegeben. Denn dank der Tätigkeit treuer Vermittler findet sich von fast allem, was ich nannte, eine Übersetzungsprobe im Deutschen vor; Georg Müller, Kiepenheuer, der Inselverlag, S. Fischer, der Jüdische Verlag und der Weltverlag haben solche Zeugnisse der deutschen Sprache zugeführt, und sogar haben Ostjuden sich dieser deutschen Sprache selbst bedient, um in aller Offenheit, freimütig und vor aller Welt, das jüdische Problem zu diskutieren: am nachhaltigsten Dr. Jakob Klatzkin in seinem Buche »Krisis und Entscheidung« (Jüdischer Verlag), in dem der Schüler Cohens (von Antisemiten aufs lächerlichste angepöbelt) die reinlichen Methoden logischen Denkens auf das Dasein des jüdischen Volkes mit überraschenden Resultaten anwendet.

Eine Fülle von Dokumenten, offen daliegend für jeden, der, guten oder bösen Willens, sich über Ostjuden unterrichten will, nicht wahr? und sicher den Lesern Ihrer Zeitschrift, sehr geehrter Herr Professor Muth, nicht unbekannter als den meisten deutschen Juden. Aber während ich vermute, daß es deutsch-jüdische »liberale« Blätter gibt, die eine solche »Berichtigung« geistiger Inhalte nicht brächten, aus Furcht vor antisemitischer Späherschaft, glaube ich zu wissen, daß Sie sie drucken werden; und so darf ich mit dem Ausdruck des lebhaft empfundenen, aufrichtigen Dankes schließen.

Ihr sehr ergebener
Arnold Zweig

Arbeit und Glaube

Am Donnerstag, den 19. April, sprach Arnold Zweig, der zeitgenössische jüdische Dichter, in Leipzig im Kammermusiksaal des Zentraltheaters vor einer stattlichen jüdischen Hörerschaft über »Arbeit und Glaube« als das Problem des Fortbestandes der Juden als Volk. Seinen tief durchdachten Ausführungen ward ein von Herzen kommender Beifall zuteil. Um das Gedächtnis dieses Abends dauernd festzuhalten, skizzieren wir in folgendem den wesentlichen Inhalt des Zweigschen Vortrages.

Was ist das, Arbeit und Glaube? Aus der täglichen Erfahrung können wir feststellen, daß keine Arbeit begonnen wird, wenn nicht der Glaube an irgendeinen guten zuversichtlichen Ausgang vorhanden ist. Vor einer jeden Arbeit steht die *Hoffnung des Gelingens*. Es würde sich sonst die Möglichkeit, Ideen in der wirklichen Welt praktisch zu realisieren, überhaupt nicht bilden können. Solcher Glaube ist zunächst nur ein dumpfes Gefühl, ein Lebensgefühl, daß die Welt so eingerichtet ist, daß das Unternehmen des Menschen bestimmt zu gutem Ziele führen müsse. Dies ist der Anfang von allem menschlichen Tun.

Heinrich von Kleist hat eine sehr hübsche Paradoxe geschrieben, wie falsch es sei, wenn Menschen verlangen, die Überlegung vor der Tat anzustellen. Vielmehr handle, wer im lebendigen Geschehen des Lebens stehe, aus einem völlig dunklen Gefühl der Erfolgsgewißheit heraus, wenn die Sache gut ausgehen solle; erst nach der Tat sei dann die Überlegung über die Ursache des Erfolgs am Platze. Die wahre Art des Menschen, zu reagieren, die seiner Einwirkung auf die Welt gemäß ist, ist die *intuitive Haltung* aus unmittelbar lebendigem Gefühl heraus, nicht aber die kritisch gestimmte Art.

Dieser Glaube, der ein Lebensgefühl ist, hat das *religiöse*

Leben der Juden in ganz bestimmter Art geformt. Der Begriff, den er von Gott hat, wird dem Juden das Element eines gewissen Zutrauens zum Leben. Es ist der Glaube an die unbedingte Güte des Schöpfers, der die Welt eingerichtet hat. Charakteristisch ist das jüdische Wort beim Empfang schlimmer Botschaften: »*Gam su letauwo*«, auch das ist zum Guten.

Schopenhauer sprach vom »verruchten Optimismus«. Jener jüdische Glaube ist aber weder verrucht noch Optimismus. Diesem Glauben ist nicht – nach Leibniz – diese Welt von vornherein die beste aller Welten, sondern er sieht auch im Bösen, das im Leben existiert, etwas, was irgendwie bejahenswert ist, was der Passivität entgegenwirkt, was den Menschen anreizt, es dem Leben an Energie, an Tatkraft gleichzutun. Niemals würde sich der Mensch seiner Gabe bewußt werden, selbst etwas geschehen lassen, ins Treiben der Welt eingreifen zu können, wäre nicht der Glaube da, daß eine jede Tat des Menschen irgendwie zum Guten ausschlüge. Hier zeigt sich uns die erste Brücke vom Glauben zur Arbeit.

Glaube, Arbeit, Leben sind im Grunde Synonyma, Worte für dieselbe Sache, keine flachen Reliefs, sondern plastische Gebilde, wie die verschiedenen Seiten einer Bildsäule, lebendig, vielfältig, fruchtbar wie Bäume.

Der Beweis für die *Vielfältigkeit* dieses Glaubens liegt darin, daß er neben der *Aktivität* auch ein Element gefährlichen *Nichtstuns* enthält: Wenn die Sache schon von selbst gut geht, warum soll ich mich dann noch anstrengen? – Sieht sich ein ganzes Volk vor eine Aufgabe gestellt, dann werden unter dem Einfluß solchen Glaubens neun Zehntel sagen: Warum soll ich mittun? Werden sich nicht schon andere finden, die es für mich tun?

Dieser Optimismus, der wirklich verrucht ist, indem er an die Stelle der Tat die jeder Wirkung feindliche Trägheit setzt, dieser Glaube, der als »*Fatalismus*« nach vieler Meinung die Ursache des Zurückbleibens der orientalischen Welt gegenüber dem Abendlande darstellt, dieser Glaube muß ausgeschaltet werden, wo vom Glauben die

Rede ist, der sich mit der Arbeit des Juden verbinden soll.

Wenn der Einzelne sich als *Glied des ganzen Volkes*, als Teil eines lebendigen Ganzen, nicht als ein im Weltall verlorenes Atom, empfindet, tritt die Realität der *sozialen Verbindung* ein. Die Gemeinschaft trägt die Verantwortung für das, was allen auferlegt ist. Die einzelnen handeln als Organe der Gemeinschaft. So verstanden die *Propheten*, die das jüdische Volk emporgeführt haben, ihre Stellung. Erst auf dem Umweg über die Allgemeinheit kommt die Aufgabe an den Einzelnen heran. Gott spricht zum ganzen Volke, und erst in Vertretung des Volkes zum Einzelnen, der das Organ der Gemeinschaft für die Aufnahme der Impulse aus dem Göttlichen ist.

Die Grundlage des gesamten jüdischen Wesens ist der unmittelbare Verkehr des göttlichen Willens mit dem gesamten Volk. Dies erklärt uns den jüdischen Geist, dessen geschichtliche Aufgabe durch die *Offenbarung auf dem Sinai* der Gemeinschaft selbst gestellt wurde.

Hier nun tritt neben dem Glauben die Arbeit ein. In dem Augenblick, wo das Werkzeug Gottes vor die Gemeinschaft hingestellt wird, um ihr den Auftrag, auf gottgewollte Weise zu leben, zu verkünden, muß das Werkzeug, *Prophet oder König*, auf alle äußeren Machtmittel verzichten, wodurch sich bei anderen Völkern Führer Gefolgschaft und Glauben erzwangen. Der Prophet *Amos* aus Tokea sagt: »Durch mich Werkzeug spricht der Mund des Ewigen zu euch.« Der göttliche Auftrag allein muß in dem jüdischen Führer so stark wirken, daß er sein Volk, das widerspenstigste, halsstarrigste, zäheste, das die alte Geschichte kennt, überzeugt. In der neuesten Geschichte zeigt uns das Beispiel *Theodor Herzls* das geistige Ringen des Führers um die Gefolgschaft seines Volkes, des Führers, dem es leichter fiel, einen europäischen Herrscher für sich zu gewinnen als irgendeinen einflußreichen Juden. Nirgendwo ergibt sich der Kontakt zwischen Führer und Volk so schwer wie bei den Juden.

Dieser Mangel an Glauben dem Führer gegenüber

scheint eine Art von *Widerspruch* im Wesen des jüdischen Volkes zu sein. Der Glaube, der als Grundgefühl im Einzelnen als Gewißheit des guten Ausgangs der Taten wirkt, scheint Hemmungen im Gemeinschaftsleben aufzurichten.

Indessen, ein Volk ist ein Lebewesen, und Lebewesen sind keine Logismen, sondern erfüllt von Widersprüchen, von Anti-logischem. Der Glaube, der sonst vorwärts hilft, erweist sich hier als hemmend, und in den Kontakt zwischen Glauben und Arbeit tritt daher das Moment der *Erziehung* ein, der Harmonisierung der Impulse, so daß die Hemmungen nicht mehr die Tatfreude lähmen.

Das kritische Verhalten des jüdischen Volkes gegenüber seinen Führern findet dort seine Grenze, wo der Führer dem Juden zuruft: Setze dich selbst an meine Stelle, um den Auftrag auszuführen!

Dies weiß der Jude auch, und gerade dann, wenn seine Kritik den Höhepunkt erreicht, kommt er zu solcher Einsicht: sein Kritizismus wendet sich gegen sich selbst; in seiner bis zum Ende gehenden Kritik gelangt der Jude doch zum Glauben an den Führer und folgt ihm schließlich, liebt ihn und hängt ihm an. So erging es den Propheten, so erging es schon Moses.

Während das *Abendland* seine Führer, die es schnell auf den Schild erhob, in der Regel wieder gewaltsam beseitigte, so daß in der europäischen Geschichte fortwährend die Tradition abreißt, die Struktur sich ändert, kommt es bei den *Juden* trotz aller Schwankungen doch niemals zum Bruch, weder im Verhältnis des Volkes zum Führer noch des Volkes zu sich selbst. So war es von Moses bis auf Herzl und den heutigen Tag.

Die Antwort, die das Volk schließlich dem Führer gibt, erklärt sich nur aus dem zur Tat drängenden Grundwillen des Glaubens. Der Führer, der selbst von der Realisierbarkeit seiner Aufgabe überzeugt ist, bringt die vitale *Kraft des Glaubens* in seiner ganzen Fülle zur Erscheinung. Die Impulse, die vom jüdischen Führer ausgehen, beruhen nicht auf bewaffneter Macht, sondern sind geistiger Art, sind *rein menschlich*. Der Arbeit am Volke, wie sie der Führer leistet, seiner beständigen Erziehungstätigkeit, steht die Masse in merkwürdiger Relation gegenüber, tätig und träg zugleich. Sie hat ihre Vorbehalte, und es ist schwer und bedarf der ganzen Kraft des Führers, sie zu bewegen.

Die Trägheit des Volkes, die der Führer überwinden muß, erscheint in der *Vereinzelung*, die der gegenwärtige Zustand unseres ohne eigenen Boden lebenden Volkes ist, als reiner Widerstand. Einst war dies anders, in der Zeit, da das jüdische Volk noch in seinem Lande saß, in der normalen biologischen Existenz. Damals war das Beharrliche, Konservative ein wohltätiges Element im Leben des Volkes, war die dumpfe Animalität ein Gegengewicht zum hemmungslosen, vorwärtsdrängenden Prophetengeist.

Heute indessen, wo das Volk nicht mehr auf *eigenem Boden* lebt, wo es in jedem Augenblick seine Existenz bedroht sieht und von allen Seiten gefährdet ist, stellt die hemmende, schwächende Wirkung dieser Art von Glauben von vornherein seinen Bestand in Frage.

Bisher noch hatten wir einen gewissen Ersatz für den eigenen Boden, teils im Ghetto, teils im Ansiedlungsrayon des Ostens. Dort war der Jude gezwungen, beim Juden zu leben, ein Umstand, der eine Garantie für das jüdische Leben des Volkes bot. Die Umwälzung nach dem Kriege hat diese Bindung aufgelöst, die Juden noch weiter über die ganze Welt verstreut und unsere Assimilationsfläche vergrößert. Dazu wirkt noch auf uns der ungeheuer merkantile, materielle Geist der Zeit. Seit dem Krieg hat eine *Radikalität der Assimilation* eingesetzt, wie sie die Geschichte des jüdischen Volkes bisher überhaupt noch nicht gekannt hat. Da wird jener Glaube der Trägen, »es wird auch schon ohne mich gehen«, zu einem lebensgefährlichen Faktor für das Volk als solches.

Die spezielle jüdische Begabung, seine *Genialität* besteht in der Fähigkeit zu einer bestimmten *Lebensordnung*, in dem jüdischen sozialen Geist. Künder dieses

Geistes ist der große Gesetzgeber, der Prophet, der große Arzt. Soll aber dieser Genius zutage treten, so bedarf der Führer eines Gegenübers, eines nationalen Substrates, eines Volkes, an dem sich seine Ideen verwirklichen können, einer Gemeinschaft, der er zurufen kann: »*So sollt ihr leben!*«, ein Gedanke, der als Grundcharakter durch die ganze jüdische Geschichte geht.

Als Volk untergehen kann das jüdische Volk sehr wohl, so zugrunde gehen, daß es nicht mehr möglich sein wird, nach jüdischen Impulsen eine Lebensgemeinschaft zu führen.

In solcher Zeit wird die Passivität zum Selbstmord des Volkes. Haben wir heute nicht deutlich das Gefühl, wie an unsere Grundexistenz die Axt gelegt ist?

Als Großbritannien 1917 in der *Balfour-Deklaration* die zionistische Lösung für Palästina annahm, geschah dies in der Erwartung, daß das jüdische Volk hierin einen »Start« für seine Arbeit zum Aufbau-Erfolg in Palästina erblicken werde. Wie steht es aber heute? Wenn der *Keren Hajessod*, wie soeben, einmal einen guten Monat gehabt hat, so registrieren wir das freudig, ohne zu fragen, ob überhaupt das vom Kongreß vorgezeichnete Minimum erreicht worden ist, ohne daran zu denken, daß infolge des allzu geringen Geldeinganges jüdische Lehrer in Palästina seit Monaten ohne Gehalt sind.

Scheint es nicht so, als ob unser Volk die ihm von der ganzen Welt im Palästina-Mandat gebotene *letzte Chance*, in seinem Lande ein seiner Aufgabe würdiges Leben zu führen, gar nicht einmal ausnützen will?

Seit Jahrtausenden träumt unser Volk den *Traum der Heimkehr*, und jetzt sollte es den Augenblick vorübergehen lassen, wo es erwachen müßte, um ihn zur *Wirklichkeit* zu machen? In Jahrhunderten würden die Völker noch davon sprechen, wie wir Juden unsere Chance versäumten, und wir würden vor uns selbst entwertet sein, durch diese schlimmste Katastrophe, die noch durchaus nicht abgewendet ist.

Heute stehen wir vor der letzten Möglichkeit, ein Volk

zu sein und zu bleiben, durch den *Wiederaufbau der Heimstätte* auf unserem Boden, in Palästina, diesem Stückchen Land, das der jüdischen Seele erst Wirklichkeit, dann Sehnsucht war.

Die *Kräfte des Glaubens*, einst im Lande *Verwurzelung* im Boden, dann in der Verstreuung *Religiösität*, sollen uns helfen, durch *Arbeit* die Hemmnisse zu überwinden. Das Land Palästina, das unserem Volke als letzte Stätte seines Seins noch offensteht, fordert von uns den leidenschaftlichen Glauben und die positive Arbeit, um dort ein neues jüdisches Leben zu schaffen.

Wir haben als jüdisches Volk, als Volk mit der Aufgabe der großen sozialen Lebensordnung, nur noch diese Chance, diesen Weg. Die Kräfte aller fordert diese Arbeit, und keiner darf sagen: Es geht vielleicht auch ohne mich.

Ist dies Zionismus, dann ist er höchste Hingebung, Überwindung der individuellen Hemmungen im Dienste vornehmster Aufgaben der jüdischen Gesamtheit, der Aufgaben, deren Verwirklichung eins ist mit dem Fortbestande des jüdischen Volkes durch Erez Israel.

Der Jude als Schöpfer

1. Das Volk ohne Genie

Zu jenen fernen Zeiten, als der Kampf um die Stellung des Juden innerhalb der modernen europäischen Kulturgemeinschaft noch als geistiger Kampf geführt wurde, paradierte unter den Waffen unserer Gegner besonders blank das Argument, wir seien das Volk ohne genial-originäre Schöpfer; mit Genugtuung oder Bedauern deutete man die Reihe der europäischen Genies entlang, unter denen sich de facto kein Jude zeigte. Talente, das gab man zu, hätten wir die Menge, von den mächtigen Kerlen aber, die Europens Ruhm vor der Geschichte der Menschheit einmal vertreten werden, noch wenn die Hegemonie der Erde längst an andere Erdteile abgetreten sei, stehe nicht einer da, für uns zu zeugen. Die großen Philosophen besonders, die Dichter und die Künstler, die, sind sie erst einmal lange genug tot, den Stolz der Nationen ausmachen, die sich um sie zu kümmern leider keine Zeit fanden, solange dieses Kümmern den Herben noch lange [hätte] zugute kommen können, die Shakespeare und Rembrandt, Cervantes und Bach, Dante und Mozart, Calderón und Schubert, die Stendhal, Tolstoi, Strindberg, Goethe – sie und ihresgleichen wiesen keinen Pair jüdischen Blutes auf, der dessen zeugende Gewalt erhärtet und unsere nationale Ehre im Geistigen repräsentiert hätte. Die Bestwilligen gaben zu, das Leben der Juden im Mittelalter sei am Ende der Zeugung von Genies nicht sehr günstig gewesen; auch habe der Jude damals in einer so abgeschlossenen Geistigkeit gelebt, daß man ohne Kenntnis der so schwer zugänglichen rabbinischen und spanisch-jüdischen Kultur ein Urteil sich nicht bilden dürfe; aber jetzt, nach der allgemeinen Assimilation und Emanzipation, sei außer der doch immerhin isolierten und veralteten Person des edlen und reinen Spinoza in den Ring der führenden Geister

kein Jude mehr getreten, obwohl er ihm doch stets offen-
gestanden habe. Der so beschriebene Sachverhalt war so
offenkundig, daß viele und wertvolle Juden traurigen Herzens sich ihm ergeben zu müssen meinten, indem sie (wie
Weininger) am Judentume, das heißt an sich, verzweifel-
ten oder (wie Mombert) sich ganz einem anderen Volkstum zuwandten oder (wie Jakob Wassermann) vom Juden
als *Orientalen* eine Zeugungskraft erhofften, die dem
westlichen Juden nun einmal verwehrt schien.

Einigen jungen Juden um 1910 erschien der Fall noch
nicht spruchreif; aus ihrem frohen Lebensgefühl her zogen
sie eine heitere Zuversicht, die objektiv zwar nicht be-
gründbar schien, ihnen aber zuflüsterte: datiere man die
Emanzipation selbst ab 1750, so daure sie erst fünf Generationen – keine nennenswerte Weile für die Verarbei-
tung eines so ungemein vielfältigen Geistesrohstoffs, die
ja, wie sie schon wußten, der Produktion vorhergehen
müsse; und sie fanden guten Mut in der Tatsache, daß,
was zum Beispiel die deutsche Dichtung anlangte, in der
weiten Epoche zwischen Wolfram und Klopstock – beide
von fremden Vorbildern sehr abhängig – vom deutschen
Volke nur Talente zweiten und dritten Ranges gezeugt
wurden, einem Volke, dem man Dichtertum doch nicht
wohl absprechen könne, welche man aber im Glauben
an seine Produktivität so irre gemacht hatte, daß kurz vor
Lessings und Wielands Auftreten noch ein Wohlmeinen-
der in einer sehr bemerkten Broschüre beweisen zu müssen glaubte, die deutsche Sprache sei zu dichterischen
Hervorbringungen ebenso geeignet wie die französische,
um der herrschenden Meinung entgegenzutreten, Deutsche und Moskowiter könnten es nur bis zu einer Über-
setzungsliteratur bringen. Zehn Jahre später war der Glaube dieser Jungen nicht zuschanden geworden: mit Albert
Einstein und Gustav Mahler hatten sie zwei Schöpfer als
Zeugen, deren Genialität von der ganzen nichtantisemi-
tischen Erde konstatiert werden konnte, in Bergson, Cohen, Husserl und Freud Männer, die dem Denken der
Epoche neue Richtung wiesen, und in der Lasker-Schüler

eine dichtende Kraft von unbedingter Ursprünglichkeit, Notwendigkeit und so charakteristisch jüdischer Eigenart, daß ganze Stellen aus Herders herrlicher Abhandlung »Vom Geiste der hebräischen Poesie« auf ihre Verse unverändert anwendbar sind.

Aber wir hätten gar nicht auf diese Bestätigung unseres Blutes zu warten brauchen, wie wir ja auch nicht darauf warteten. Wir wußten nämlich zwei Tatsachen, die allgemein übersehen wurden, wo man das jüdische Problem diskutierte. Die erste verlangte einen Blick in die Biologie des Geistes, auf die Vorbedingungen hin, unter denen Genies entstehen. Von diesen Dingen weiß man natürlich nichts Exaktes, wie überhaupt das Entstehen von Begabungen ja allgemein als Gnade angesehen wird. Nun hat die gewiß höchst dilettantische »Rassenforschung« behauptet, in allen Genies der Welt germanisches Blut nachgewiesen zu haben, während Nietzsche wieder den Satz aufstellte, es sei die romanische Beimischung, die den Künstler hervorbringe. Beide Sätze, unbewiesen und unbeweisbar, deuten aber auf eine sichere Beobachtung hin: nur in Gegenden entstanden geniale Schöpfer, in denen sich Blut gemischt hatte. Ob es das Blut verschiedener Rassen, Völker oder nur von hinreichend verschiedenen Stämmen des gleichen Volkes sei, das so produktiv wirkt, bleibe dahingestellt: sicher ist, daß in Italien, Spanien, England, Frankreich, besonders in Deutschland in großem Maße Blutmischungen vor sich gingen, die anscheinend so lange, bis ein stationärer Typ erreicht war, aus dem beunruhigenden Tumulte neuer Möglichkeiten auch das Geniale entstehen ließen: immer treten Genies zugleich mit einer Schar gleichgerichteter Talente auf. Im Italien der Renaissance, im Barock Spaniens und Deutschlands (Musik), im England der Elisabeth, die niederländischen Maler des 17., die deutschen Musiker und Dichter des 18., die französischen Maler und die schweizerischen und russischen Dichter des 19. Jahrhunderts – stets entstehen epidemisch gleichsam zu gleicher Zeit und unter identischen biologischen und kulturellen Umständen die großen Talente, und einsam unter ihnen das Genie. Die Völker blühen gleichsam und tragen Frucht, nachdem sich die Elemente ihrer Mischung in ein bestimmtes Verhältnis gesetzt haben. Ungemischte Völker aber blühen nicht ins Geistige, sondern ins Vitale hinein. Es gibt nämlich zwei überaus lehrreiche Gegenbeispiele, die dem Gesagten Wahrscheinlichkeit geben – und mehr als das darf niemand bis auf weiteres erwarten –: das erste sind die Isländer, das zweite die Sephardim. Beide haben sehr lange Zeit hindurch auf Zufuhr neuen Blutes verzichten müssen, die einen dank ihrer geographischen, die anderen dank kultureller Isolierung, beiden rühmt man die <die> körperliche Schönheit und den Adel ihres Typus nach, beide lebten in dauerndem Umgang mit den geistigen Gütern – die Isländer besonders sind wahrscheinlich das gebildetste und geistig interessierteste Volk Europas, der langen Winter wegen, in denen man, besonders die Bauern, zum Lesen Zeit hat – und als wollten sie ausdrücklich die Germanomanen widerlegen, haben sie der Kultur nicht einen führenden Geist gegeben; denn, nicht wahr, wenn es der germanische Bestandteil wäre, der die anderen Völker schöpferisch macht, müßten die reinsten Germanen Europas ein Volk von Halbgöttern sein. Dies auf die Juden angewendet, ergibt, daß bei der relativen Konstanz des jüdischen Blutes während langer Zeiträume auch die biologischen Vorbedingungen der Entstehung von genialen Einzelnen ungünstig lagen. Erst als innerhalb der Judenheit lange voneinander getrennte Glieder, die sich gleichsam zu eigenen Stämmen entwickelt hatten, wieder in Mischung traten, erfrischte sich das zu beständige Blut und begann zu treiben.

3. Die spezifische Begabung

Die Weite jener bereits erwähnten tröstenden Beobachtungen führt, und damit verlassen wir den Boden vager Möglichkeiten, unmittelbar ins Problem der spezifischen Gerichtetheit eines Volksgeistes hinein. Wir sind unter den Völkern das unbedingt ethisch aktiv eingestellteste. Das heißt: wo unser Genius je rein wirken konnte, im eigenen Gemeinwesen als Kollektivum wie in verstreuten Individuen unter den Völkern, empfing er seine Antriebe vom Drang zu unmittelbarer, tätiger, versittlichender Lebensgestaltung. Alle sonstigen Fähigkeiten des Juden werden von diesem Imperativ eingefangen: seine dichterischen, gestaltenden, philosophischen Tendenzen müssen sich ihm unterordnen. Wie dem Griechen alle seine Gaben schließlich ins Ästhetische münden, der religiöse wie der ethische, ja in Platon auch der philosophische Antrieb zugunsten des Kunstwerks eingespannt und verbraucht werden, so mauert der Jude die seinen, in der Antike wie bis zum gestrigen Tage allezeit, in die Vergeistigung, Vergöttlichung, Durchseelung des Lebens auf der Erde mit hinein. Der Grieche, um bei dieser Parallele zu bleiben, wie der Jude *gestalten* das Leben: der eine in unsterblichen Werken, der andere in zu Gott führenden Taten; aber indes die Werke des einen in Museen ein, wenn auch abstrakt gewordenes, Leben behalten, bedürfen die Taten des anderen, um sichtbar zu bleiben, des lebendigen Volkskörpers, an dem sie geschehen können. Die religiöse Durchdringung des Daseins, »nach dem Willen des Herrn zu leben«, wird nach außen um so unsichtbarer, je kleiner die anschauliche Einheit ist, in der sie gilt, und seit dem Falle Jerusalems ist bis heute diese Einheit die Gemeinde – eine zu kleine, weil fast private Einheit, um den jüdischen Genius sichtbar zu machen. Darum war die Schöpfung des Chassidismus die letzte Tat, seine Urheber und Träger waren die letzten genialen Geister des Judentums – diese erschütternden und beglückenden Gestalten, die Martin Buber dem Westen sichtbar gemacht hat: nach dem Legendenbuch vom Baalschem und dem Geschichtenbuch des Nachman von Bratzlav nun das reichste von allen, das Anekdotenbuch vom »Großen Maggid und seinen Schülern« vor uns niederlegend. Noch einmal sieht man den Juden *schaffen:* dann zerbricht die Gegenwart auch unsere letzte Einheit, die lebendige Volksgemeinde; und bevor sich in Palästina nicht der eben keimende Same eine lebendig-organische Gestalt gegeben hat, ist die erneute Fleischwerdung des echten jüdischen Genius, man ist versucht zu sagen a priori, vertagt.

4. Versetzte Begabungen

Aber die triebmächtige Substanz eines lebendigen Volkes fragt nicht nach den Bedingungen, in welche sie ihre Keime wirft; gleich der Natur, die über jeden Boden, in Sand und auf Fels Samen streut, weckt sie überall die spezifisch jüdische Begabung der Daseinsgestaltung, ohne ihr zugleich das zur reinen Entfaltung nötige Milieu zu gewähren. Dann differenziert sich die Begabung, indem sie sich zugleich verzerrt und schwächt, nach einem in ihr vorwiegenden Talent: aus dem Gesetzgeber des Lebendigen wird der große Arrangeur des Möglichen – der Politiker großen Stils (Disraeli) – aus dem prophetischen Seher entweder der diktierende Verkünder wirtschaftlicher (Lebens-) Gesetzmäßigkeit (Marx) oder der geißelnde und spottende Wortführer des Notwendigen, der geniale Publizist (Heine, K. Kraus); aus dem versittlichenden Träger der gestaltenden Tat entweder der machtvolle Zusammenfasser von Menschen dumpf-gleichgerichteter Tendenz (Lassalle, Herzl) oder der Träger und Künder verbindender Gesinnung, der wahre »Sozialist« (Gustav Landauer); der religiöse Mensch aber, indem er sich auf tragische Art von seiner Basis, dem schlichten Darleben des gestaltenden Impulses, entfernt fühlt, wird zum dienenden und erfahrenen weisen Wiederaufdecker der urreligiösen Haltung und zum Dolmetsch ihrer letzten Verkörperer (Buber). Ihnen allen ist eigen die Richtung zum Leben hin und die Tendenz zur unmittelbaren Wirkung auf Menschen und mit ihnen und jene gewisse Abgeleitetheit, um nicht zu sagen Gebrochenheit der Ausstrahlung, das Kennzeichen jeder »versetzten Begabung« – einen Ausdruck Nietzsches anzuwenden, der sich auf sie gut verstand, weil er selbst eine war: zum Dichter geboren, aber mit dem überwiegenden Zwang zum unmittelbaren Aussprechen analytischer Erkenntnisse und unfähig zur Gestaltung des Anschaulichen (um diesen Ausdruck gleich zu erläutern).

5. Paradoxie unserer Lage

Unter solchem Winkel gesehen, bekommt das Auftreten wahrhaft genialer Künstler und Wissenschaftler unter den Juden etwas fast Beunruhigendes. Wir sind als Volk gar nicht soweit, sie bei uns halten zu können; sie werden mit Notwendigkeit aus der Peripherie unseres nationalen Lebens hinausgeschleudert zu Völkern und Kulturen, die ihnen nicht gleichgeartet sind und auf die sie doch angewiesen bleiben, um die Voraussetzungen ihres Wirkens zu finden; es erhöht sich ihnen dadurch der »Widerstand der stumpfen Welt«, auf den zu treffen das Genie unbedingt gefaßt sein muß, um ebenso Überflüssiges wie Schmerzhaftes, uns aber gehen diese Großen, mit ihrem Willen oder gegen ihn, in gewissem Sinne verloren: sie werden nicht uns, sondern dem Volke zugerechnet, in dessen Kultur sie stehen – oder zweifelt jemand daran, daß in dreißig Jahren Mahler oder Einstein der Stolz des deutschen Volkes sein werden? daß man unsere Ansprüche auf sie alsdann belächeln wird? Wie, wenn jetzt, wo wir das nationale Zentrum noch nicht haben, eine Blütezeit unseres Blutes anfinge? wenn unser Schöpfertum sich in »versetzten Begabungen« und in großen Einzelnen sich auswirkte, die uns nicht eindeutig zuzurechnen wären? Das gäbe der tragischen Situation, in der der Jude sich heute wiederfindet, eine Zuspitzung, die ins Groteske umschlüge, ohne an Schmerz und Bitterkeit auch nur ein Gran zu verlieren: erst fehlte uns der Brei, dann der Löffel.

Der Jude in der deutschen Gegenwart

1.

Es handelt sich darum, einige Selbstverständlichkeiten ausgiebig vorzutragen. Leidenschaft bei so klarer und unphantastischer Sachlage wird sich leider kaum einstellen. Lebten wir nicht in einer Zeit, in der die primitivsten Leitsätze paradox geworden sind, z. B., daß Recht vor Macht geht, daß Lügen (vom Dolchstoß z. B.) kurze Beine haben, daß insonderheit Staatsbeamte sich den Staatsverfassungen einordnen müssen oder daß Theater dazu da sind, um Dramen von Mimen spielen zu lassen – nicht von Mimen, »Stars« genannt, lackierte Theaterstücke aufzublähen –, lebten wir, also, nicht in einer umgekehrt hamletischen Epoche (»Ehedem war es banal, aber nun paradoxiert es die Zeit«), so könnte mancher Schriftsteller diesen Abend besser als mit dem Verfassen gerade dieses Aufsatzes hinbringen.

2.

Nicht erörtern kann man jüdische Sachverhalte, Seinsverhalte zunächst mit wirklichen Antisemiten. Die allgemeine Menschheit sieht, neben den Werten, die an anderen Menscharten sichtbar sind, auch die vom Juden vertretenen Werte. Der Antisemit ist vor diesen gleichen Werten wertblind, er sieht sie nicht, sie sind für ihn nicht da, wie für den wirklich Unmusikalischen die Werte – Schönheit, Erhabenheit, Zauberkraft, befeuernde Rhythmik, seelenerschließende Ausdrucksfülle – der Musik, z.B. der deutschen, nicht da sind. Nur daß die Unmusikalischen daraus nicht den Schluß ziehen, sie, die Minderheit, sei darum auch schon Elite und die allgemeine Welt sei, nach dem falsch gedachten Demetriuswort, der Unsinn. Mit demjenigen, der alle Übel, an denen er die Gegenwart leiden sieht, auf den Juden zurückführt, der sie verschuldet habe, mit einer Denkart, die am Juden schlechterdings nur Unwert haften sieht und die jüdische Vergangenheit (Bibel und Talmud) wie die jüdische Gegenwart – Einstein und Marx, Freud und Bergson, Mahler und Trotzki, Heine und Landauer – unter ein Spülicht von Entwertungen setzt: mit allen vom Affektdenken Befallenen gibt es keine Erörterungen, nur schweigendes Abwarten. Denn das ist die heimliche Niederlage in den affektiven Menschen: sie können ihren Zustand nicht halten. Sie fühlen, wie er von Jahr zu Jahr abnimmt; wie die Beweiskraft ihrer eigenen Überzeugungen schrumpft und schimmelt, und es bleibt ihnen, wenn sie sich in diesen Naturvorgang nicht fügen, ihren Antisemitismus nicht in seine allgemeinsten und blassesten Formen verfallen sehn wollen – worüber hier nicht zu reden ist –, nur der verzweifelte Mut immer übersteigerterer Schminke: woran schließlich jederzeit eine Entlarvung manischen Verhaltens gebunden ist. Da die Juden ein Volk langer Zeiträume sind, haben sie hier den Vorrang: *sie* haben warten gelernt.

3.

Nicht erörtern ferner kann man diese Frage mit denjenigen Judengruppen, die sich den verfänglichen Namen der »nationaldeutschen« beigelegt haben. Ihnen lege man, ehe man sich mit ihnen über Juden oder gar Zionisten in der nichtjüdischen Welt, z. B. also in der deutschen, auf einige Distanz unterhält – Distanz, weil sie leicht ins Sprudeln und Blasenwerfen kommen, bleibt geboten –, die Frage vor: wie sie sich eigentlich zu so grunddeutschen Gestalten stellen wie Friedrich Wilhelm Förster, wie Gustav Wyneken, wie Hellmut v. Gerlach, wie Heinrich Vogeler-Worpswede, wie Windhorst und Bebel, Heinrich Mann oder Wedekind, wie Clara Zetkin, den Kardinal Faulhaber, Joseph Wirth – wie, um das ganz große Kaliber der Wegweiser zu nennen, Georg Büchner oder Friedrich Nietzsche; und man wird seine Freude haben. Es wird sich nämlich herausstellen, daß sie zu jedem dieser Namen das entzückende Beiwort »der sattsam bekannte« fügen werden, womit alles gesagt ist. Sie sind weder national noch deutsch, wenn man nicht »natio« mit Schwerindustrie und Deutschtum mit Junkertum gleichsetzen will, sie sammeln unter den Juden Almosen in Gestalt von Mitläufern für eine sehr zeitgemäße, durchaus nicht etwa konservative Weltanschauung, die nichts als bourgeois ist – sie sind ein wilhelminischer Anachronismus und denken über Judentum und Deutsches Reich genau wie Herr v. Treitschke, der bestwiderlegte, von Nietzsche abgestempelte »königlich-preußische Hofhistoriograph«. Man lasse sie gehen, überall, wo gedacht und erkannt wird, fühlen sie sich fehl am Ort, und nur wenn sie sich in Erörterungen mischen, mache man sie baff vor Verwunderung, indem man menschenfreundlich ihnen rät, erst einmal in ihre Begriffe einige windelnwaschende Reinlichkeit zu bringen. Wo sie allerdings denunzieren, dort gehe man mit ihnen um wie mit Denunzianten: man hänge sie niedriger.

4.

Ein Sonderfall des Juden ist der Zionist; nämlich derjenige, der in dem Mischprodukt »moderner Jude« die jüdische Komponente erhalten und stärken will, indem er (wie ich an derem Orte[1] auszuführen versuchte) in Palästina eine Konzentration solcher Juden anstrebt – und sich selbst zu ihnen zählt –, die überzeugt sind, daß neben allen anderen Typen des Geistes auch der jüdische, als schöpferischer Faktor hohen Ranges und gerade jetzt, etwa fünf Generationen nach der Emanzipation, in hoher Blüte, um seiner selbst und der Menschheit willen gepflegt werden, erneuert werden, in Aktion und Gemeinschaft verwandelt werden müsse. Ich legte dar, daß mit biologischer Notwendigkeit, nach den Gesetzen der Durchdringung einer Minderheit mit dem Geiste der Mehrheit, im Deutschjuden, Gallojuden, Anglojuden, Russojuden das Nichtjüdische von Generation zu Generation wachse, wenn nicht Rückschläge durch selbstbewahrende Einkapselung ein-

1 Die »Weltbühne«, 1925, Heft 4.

träten. Und ich erwartete (in einer Schrift »Das Neue Kanaan«[1]) von der Re-mediterranisierung, von der Rückkehr des Juden in sein ursprüngliches Mittelmeerklima, eine grundsätzliche Rückverwandlung des bedrohten geistigen Typs zu seiner eigentlichen Gestalt.

In diesem Sinne ist der Zionist Träger einer nationalen Idee, und nur in diesem. Sein Nationalismus hat mit dem modernen imperialistischen, durch die Vorsilbe »All«- und ein Hauptwort, das einen Volksnamen nennt, gekennzeichneten, nur das Wort gemein. Er ist ein bewahrender Nationalismus, der die unabweisbaren Mittel der Bewahrung, die alle anderen Völker auf Erden haben, nämlich das freie Siedeln auf geschlossen-autonomem Landstrich, auch für die Juden anstrebt und so diese Judenfrage für die Juden zu lösen gedenkt. Er hat die strenge Pflicht, an die Nichtjuden auf der Erde dabei nur zu denken, wie jeder wohlgesonnene Mensch an seine Mitmenschen denkt, rücksichtsvoll zu sein überall, wo nicht die Seele zu Schaden kommt, und seine eigene Sache so zu lösen, daß ihre Lösung in die allgemeine Bewegung zur Ordnung der irdischen Probleme und Angelegenheiten mit eingeht.

5.

Indem ich hier »der Jude« und »der Zionist« sage, lege ich den Ton auf das Konkrete und gegen die Abstraktion, blicke ich auf das Lebendige gegen jeden Ismus, weigere ich mich, dort zu theoretisieren, wo das wirklich Seiende allein gesehn zu werden fordert und fordern darf. Hart nämlich in den Köpfen stoßen sich in dieser affektvollen, hysterischen Zeit die sogenannten Ideen, diese puren Überbauten der vom Krieg und Klassenumbau aufgerührten Leidenschaften; eng beieinander aber wohnen heut die Sachen, sofern sie sachlich betrachtete Wirklichkeit der Seelen sind.

Somit ist der Zionist ein Jude, der auf Auswanderung um einer ihm teuren, seelisch werten Aufgabe willen

---

1 Verlag Horodisch & Marx, Berlin 1925.

sinnt, wie die Quäker, die Pilgerväter, in England auf Auswanderung nach Amerika sannen; auf eine Aufgabe überpersönlicher Art, die von ihm Selbstverleugnung, Denken ans Allgemeine, Hingabe an ein Größeres als das individuelle Ich verlangt und diese Eigenschaften in ihm nährt. Solche Einstellung hat selektive Kraft, sie züchtet, und zwar mit dem Blick auf Unterordnung der egoistisch engen Triebe, Dienst am öffentlichen Wesen. Weiterhin bringt sie ins Herz des ihr ergebenen Juden Gleichgewicht, sein Judentum betreffend, die ruhige und heitere Würde eines Menschen, der mit seinen natürlichen Gegebenheiten im reinen ist — hinter sich lassend sowohl die bedauernswerte Selbstentwürdigung jener Halbkranken, die rasend loszukommen versuchen von einer Sache, die sie selber sind, und über sie denken, als hätten sie den Kot gegessen, den ihre Feinde auf sie warfen, wie auch die exaltierte Narretei jener Auserwählten, die sich im stillen schadlos halten für eine öffentliche Entwürdigung, der sie nicht männlichen Kampf, sondern eunuchische Fisteltöne des Selbstlobs entgegensetzen.

Die Frage ist, ob diese Zionisten, die es gibt, im öffentlichen Leben derjenigen Volksgemeinschaften, in denen sie geboren wurden, zum Abseitsstehen und Schweigen verurteilt sein sollten — diese Frage aber ist mit ihrer Stellung schon beantwortet. Dennoch werde sie untersucht, indem die allgemeinere Frage nach der Haltung des Juden, prinzipiell, in der nichtjüdischen Gegenwart, angerührt werde.

Der Jude gehört, soziologisch gesehen, zu einer Gemeinschaft, der die allgemeinen Bürgerrechte erst spät, sehr widerwillig, oft nur scheinhaft, in vielen Staaten der Welt bewilligt wurden. Damit steht er in diesen Staaten von Rechts wegen in einer Front mit allen anderen um ideeller (Denkart) oder materieller (Herkunft, Klasse) Ursachen willen befehdeten und rechtsungleichen Gruppen. In jedem Volke, das auf demokratischem Empfinden sein Staatsleben baut (England, Amerika, Holland, Frankreich, die Skandinavenstaaten usf.), ist die Frage nach der Rolle des Juden in der Öffentlichkeit vollkommen beantwortet. Ganz anders ist es um seine Aufnahme in die Gesellschaft bestellt, wie jeder Kenner weiß; aber die Wahrung gesellschaftlicher Absonderung bei öffentlicher Gleichstellung, die Entleidenschaftlichung der Politik und des geistigen Lebens – um solch scheußliches Wort einmal durchgehen zu lassen – bei um so persönlicherer, in guten Formen sich haltender Ummauerung der privaten Seinszonen ist ja ein Zeichen politischer Reifung, das aus gewissen Durchgangsstadien des englischen und französischen Lebens wohlbekannt ist.

6.

Sehen diese Gebilde, mit Ausnahme der Vereinigten Staaten, in einer bestimmten Form konsolidiert aus, von außen her betrachtet nämlich, so halten deutsche Kreise, ernst zu nehmend und aus guten Empfindungen, das deutsche Gebilde für zu jung noch, zu weich und zu bedroht, als daß ihm seine relativ große Zahl von Juden nicht auf unbestimmte Art geistig gefährlich werden sollte. Sie denken dabei an die radikalisierende und energische Art von Kritik an öffentlichen Zuständen ebensowohl wie an einen nichtdeutschen literarischen Geist, der, auf eine spezifische Art europäisch, großstädtisch, landentbunden, in Tempo, Rhythmik, Problemstellung durchweg energischer und keiner deutschen Landschaft angehörig, eine flacher wurzelnde Sprachart und eine ganz pariserische Modernität einem Volke beifügt, das mit sich noch lange nicht im reinen sei und in seinem langsamen Werden, im Zusichkommen, von der jüdischen Sonderart beeinträchtigt werde. Daher enthält die weitaus beste Geschichte der deutschen Literatur, Josef Nadlers Literaturgeschichte der deutschen Stämme und Landschaften, folgerichtig fast nichts über jüdische Schriftsteller; sie endet allerdings auch mit dem Jahre 1813.

Dagegen ist in kurzem zu entgegnen: daß die deutsche Geschichte vom Hussitenaufstande an Geschichte des Kampfes der grundbesitzenden und privilegierten gegen die niederen Schichten des Volkes ist, ein Kampf, der diese von Niederlage zu Niederlage führte, dank der furchtbaren Tatsache Hunderter, ja Tausender einheimischer Herren, umgeben von Waffenträgern, gegen ein stammhaft zerspaltenes, ungeführtes Volk. Die jüdische Radikalität ist das Zeichen für jene tiefbegrabene, immer weiter lebende deutsche Radikalität, die ja nichts anderes ist als der noch immer, trotz allem, lebende Sinn des Volkes für eine gerechte Lösung des Problems menschlichen Zusammenlebens auf deutscher Erde. Die deutschen Juden, mit tausendjähriger Leidensgeschichte auf deutschem Boden, haben ein vollgültiges Recht, in diesem großen Formprozeß ihre Kräfte einzusetzen wie irgendein deutscher Stamm, wozu die biblisch-religiös oder jüdisch-rational-marxistisch gespeiste Geistigkeit der heutigen Bewegung sie noch eigens ermächtigt. Die literarische Beweglichkeit der Juden aber, die Empfänglichkeit für Werte, ist niemand besser zugute gekommen als den großen deutschen Gestaltern, soweit überhaupt Juden, in Rahels Salon, mit deutschem Schöpfertum in Kontakt kamen. Von Kant, Goethe und Bach bis Stehr, Wedekind, Nietzsche, George, über Hebbel und Wagner, haben Juden den langsam unliterarischen, dem Neuen und geistig Großen ihres eignen Wuchses tief mißtrauisch gegenüberstehenden Deutschen kritisch sondernd das Echtgewachsene vom Halbechten unterschieden und in ihrer Liebe zum deutschen Wesen gelegentlich des Guten sogar zuviel getan. Daß in der Penetranz einer Übergangszeit, wie Dampf, Maschine und das Heraufkommen gemeineuropäischen Wirtschaftsgebiets sie erzwangen, Judenschichten umgrabend vornan arbeiteten, geschoben mehr als schiebend, wird auf lange Sicht dadurch mehr als aufgewogen. Wie ja die Gefährlichkeit des Lebens eben darin besteht, daß ein und dieselbe Kraft, kurzstreckig betrachtet, bald zerstört, bald aufbaut. Ist doch Wilhelm II. und der ohne ihn ausgebliebene Große Krieg mitverantwortlich für das schnelle Tempo, mit welchem die Idee Gemein-Europa und der Aufbau noch größerer wirtschaftlicher Einheiten sich durchsetzt. Kein echter Demokrat, kein zukunftsvoll geöffneter Deutscher kann leugnen, daß die Juden im ganzen ein förderndes europäischen Element und in Deutschland, z.B. als Schreibende, Bewahrer, Mitbildner, große Liebende des deutschen Geistes sind, wie sie in Frankreich, gerade in Misch-Menschen (Montaigne, Anatole France, Marcel Proust) spezifischer Ausdruck französischer Seele wurden.

Der Grund ist sehr einfach: sie vermögen sich hinzugeben. Sie haben die schenkende Tugend bis zur Selbstvergessenheit. Und wo sie nicht mißhandelt werden – selbst wo sie (Rußland) mißhandelt wurden –, öffnen sie sich mit dem ganzen Erbteil ihrer nach Größe dürstenden Herzen dem Echten und Großen des Landes, das sie gebar und gastlich nährte: der Landschaft, dem Volke, dem Geiste. Eine schöpferische Kritikerreihe von Börne bis Jacobsohn ist nur der Ausdruck des Dankes der Juden an das wahre, das dauernde Deutschland.

7.

Es wäre sehr sonderbar, wenn der Zionist nun, der seine Organe für das Verbindliche, für das Öffentlich-Verpflichtende besonders wach hat, von dieser Teilnahme am deutschen Wesen abgeschlossen werden könnte. Von außen, vom Deutschen her, gibt es keinen einzigen wirklich stichhaltigen Grund dafür. Wo nicht Liebe ist, gibt es ohnehin keinen Dienst; wer nicht dienen will, aus innerster Überzeugung, in der Andacht für die eigene Tradition geschärft für den Wert auch der anderen, der deutschen, in der Pflege des eigensten zartesten Keimwesens voll Achtung und Pfleglichkeit auch für die ihm von innen her aufgeschlossene andere, der bleibt ohnehin von der allgemeinen Sache fort. Als Karl Scheffler während des Krieges über die Bedingungen sich verlauten ließ, unter denen man den deutschen Juden die volle wirkliche Gleichberechtigung einräumen könnte, und in einem unbeschreiblichen Gewirr von Wenns und Abers sich verwickelte, wie man das, was man nicht mehr verweigern könne, nun gewissensmäßig verklausuliere, gab ihm Martin Buber in dieser Zeitschrift hier, die damals ihre große Epoche hatte, eine Antwort von so schneidender Helle, daß ihr Licht noch heute in der Erinnerung aufleuchtet: sie hieß »Der Preis«[1] und sagte etwa: wenn eine Gewissensprüfung, eine Art innerer Entjudung, der Preis sein solle für dieses »Geschenk«, das »nicht mehr verweigert werden könne«, so würden wir ihn niemals zahlen. Da war die freie Hingabe des um sein jüdisches Wesen gesammelten Juden, der Zionist par excellence war, zusammengestoßen mit einem Deutschen von Karat, der nur das deutscheste der Laster, das Mißtrauen aus Unsicherheit, ohne es zu wollen und um so greller offenbarte. Heute, nach einer Senkung des öffentlichen Geistes, die kein Liebender deutschen Daseins je für möglich gehalten, steht, wiederum in dieser Zeitschrift, der zionistische Jude da und sagt, diesmal etwas lächelnder, weil er inzwischen viel gesehen hat, nicht aus der tiefen Strenge Buberschen Geistes, moderner, skeptischer, bescheidener, weil seines geringeren Gewichtes bewußt:

Ihr müßt uns schon gewähren lassen. In Fragen öffentlichen Lebens, im Teilnehmen und Sichzurückhalten, gilt kein anderes Gesetz als das, welches jede Geselligkeit regiert: des Takts. Ohnehin will es unser diasporisches Schicksal, daß wir einzelnen, auf lange Sicht betrachtet, von euch Mehrheit verschlungen werden. Hättet ihr Gutzkow, Immermann und ihre Freunde nicht vergessen, wären euch Börne und Heine nie so einzelhaft aufgefallen, von Büchner zu geschweigen. Wir geben von unserem — und es wird euer. Aus der Mittelmeerkultur, deren wir eine Komponente sind, habt ihr das Italische und das Hellenische, soweit es überhaupt noch sichtbar, ohne Rest verschluckt, und das Jüdische weitestgehend, und wären wir nicht mehr da, hättet ihr euch, mit Reuchlin, Luther, Herder, Reuß, Wellhausen, Kautzsch, Nietzsche (Zarathu-

1 Vgl. Martin Buber, Die jüdische Bewegung, Zweite Folge, S. 117 bis 131. Jüdischer Verlag, Berlin 1920.

stra) e tutti quanti längst als die berufenen Erben Judäas aufgetan. Leider sind wir aber da, und in Grundzügen noch immer Sozialisten, Pathetiker, Erdenreligiöse, Gerechtigkeitstreiber und Volksfreunde wie Amos und Hosea, Jesaja und Jeremia, noch immer Welt-Rätselgeber und -rater wie der Dichter des Hiobbuches, noch immer Freunde des Lachens und der großen Späße wie Simson, Umkehrende und Sänger der Erschütterung des Herzens gleich den Psalmisten und Liebesanbeter gleich dem Dichter des Hohelieds – und diese unsre wesensgleiche Lebenszähigkeit hindert euch, unsere Antike, wie ihr sie seht, ganz zu verspeisen, nachdem ihr sie zum wesentlichsten Baustoff von drei Kirchen gemacht. Ja, wären von uns nur noch wenige da, ihr ehrtet uns vielleicht, wie ihr echte Nachkommen des Platon, Phidias, Sophokles ehrtet, wenn von ihnen nur ein paar hundert noch beglaubigt auf Erden lebten. So aber haben wir das Pech, ein springlebendiges Massenwesen zu sein, Rarität im ganzen, nicht im einzelnen: und das schadet uns bei euch und auf der ganzen Erde und sogar bei einer Mehrzahl von unseren eigenen Menschen. In fünfzig Jahren ist Döblin deutsches Barock, Werfel ein Nachfahr des Angelus Silesius, ich einer Eichendorffs, Sternheim ein sächsischerer Lessingsproß, die Lasker-Schüler westfälische Droste-Tochter, Borchardt und Hofmannsthal römische Goethe-Enkel über George gezüchtet, Jakob Wassermann vielleicht ein Franke wie der Kiminalist Feuerbach, Moritz Heimann ein Märker, Kerr berlinisch wie K. Ph. Moritz, nur spitzig-prägnanter – kurzum, halb spaßend, halb ernsthaft, jeder von uns in die Landschaft gegliedert, die ihn großwachsen sah – und die Österreicher Beer-Hofmann, Karl Kraus, Arthur Schnitzler, Polgar werden ebenso österreichisch erscheinen wie all die starken Prager Deutschjuden, Adler, Weiß, Brod, Ungar und wie viele noch den Ruhm des Deutschböhmentums erhöhen helfen – soweit sie nicht, wie wir alle, von der konkaven Linse des Vergehens kleingeblickt und später-wieder einmal vom Fleiße eines ausgrabenden Zeitgeschmacks großgesehn werden sollten. Damit schwimmen wir, auf und ab, im Flusse eures Werdens und Reifens, und zugleich, auf und ab, in dem des jüdischen Geistes und Schicksals der Diaspora, der Galuth: und heißen das gelassen gut. Das Leben ist vielfältig, kein wirkliches Wesen hat nur eine Sichtseite, reliefartig, alle sind rund, bizarr, in allen Perspektiven anzusehen, jederzeit bewegt – lebendig eben.

Und damit ist unser Gesetz uns vorgeschrieben, und wir folgen ihm mit der ganzen Lust der Freiheit und des hohen Schicksals.

Wo wir zu fördern hoffen, werden wir uns einsetzen, hier für euch und für uns, drüben für die Araber und für uns. Denn wir, alte unbeugsame Herzen, geprüft und nicht gebrochen, gealtert, aber nicht zerstört, wir sind die Freunde und Mitkämpfer aller, die den großen Ausgleich wollen, das Vertragen der Menschen auf der Erde, den Geist guten Willens – weil wir die alten Liebhaber des Lebens und der Erde und ihrer beider echte Kinder sind.

Heutiger Zionismus

Nach den letzten Ereignissen im Zionismus, der Europareise Weizmanns, dem Aufschwung des Herrn Hajessod in der Judenheit der ganzen Welt, dem zwanzigsten Delegiertentage der Zionistischen Vereinigung für Deutschland, der Ende September in Wiesbaden stattgefunden hat, scheint es passend, einmal den geistigen Tatbestand dieser Bewegung, ihre augenblickliche Gestalt, kurz und trocken auszusprechen.

Der Zionismus geht darauf aus, einen Ort auf der Erde so einzurichten, daß dort die Dauer jüdischen Wesens und Seins verbürgt ist – daß Juden dort jüdisch nicht nur sein, sondern auch bleiben können.

Überall auf Erden und unter allen Bedingungen können Juden leben. Der Zahlbestand der Judenheit scheint durch nichts gefährdet und in beständigem Wachstum. Ganz anders steht es um den Seinsbestand des jüdischen Menschen. Zwanghaft und nach biologischen Gesetzen vollzieht sich ein Wesensaustausch zwischen jeder Minorität auf Erden und jeder sie umschließenden Majorität – sie seien wie auch immer voneinander differenziert, sozial oder religiös oder rein ideell oder der Abkunft nach. Mit einer Einschränkung, von der später die Rede sei, läßt sich sagen, daß dieser Vorgang eines Ausgleichs, zum Beispiel: die Entjudung der Juden kraft und zugunsten der Werte und Unwerte der sie umschließenden Majorität, unvermeidlich sich ausbreitet wie jede Art Osmose. Die deutschen Juden unterscheiden sich schon ganz wesentlich von den österreichischen, geschweige den amerikanischen, englischen, polnischen, russischen. Es werden aus ihnen wesentlich nicht schlechthin Deutsche, Österreicher, Engländer, Polen, sondern eben diese Einheit und Besonderheit, die – so unverwechselbare und immer mehr vom Geiste, vom körperlichen Habitus, von den

Lebensgewohnheiten und Schicksalshaltungen der Majorität durchtränkte Eigenmischung, die man meint, wenn man »deutscher Jude«, »französischer Jude« sagt. – Eigenmischung, in der das Jüdische ein zäher, aber stets geschwächterer Bestandteil ist.

Spanien, Portugal...

Die Versüdlichung der Juden hat begonnen. Palästina hebt
an, den jüdischen Auswanderungsstrom anzusaugen, und
zu gleicher Zeit mehren sich die Anzeichen dafür, daß
den Juden, denen ihre gewöhnlichen Einwanderungslän-
der sich verschlossen haben und die aus den Ländern ihrer
augenblicklichen Massensiedlung durch die Gewalt des
wirtschaftlichen Boykotts, durch politische Entrechtung
und durch jede Art von anderem Zwang mit unwidersteh-
licher Langsamkeit herausgedrängt werden – daß also den
Juden eine Art Rückweg in das Klima und die Landstriche
vorgeschrieben wird, aus denen sie kamen. Der Jude in
nördlichen Landstrichen ist seinem Körper und seinem
Geiste nach eine scharfgeschnittene und unvertraute Erscheinung, wohl unterschieden von den Massenvölkern,
zwischen denen er sich bewegt und die ihn, unter der
Perspektive der Jahrhunderte gesehen, einander zuschie-
ben, indem sie ihn bei sich behalten, solange sie seine
geistige und wirtschaftliche Produktivität brauchen, und
ihn loszuwerden suchen, sobald sie selber all diejenigen
Positionen einzunehmen wünschen, die die Juden geschaffen haben. Der Jude im Norden, unter Völkern ge-
mächlicheren Denkens und konservativer Ideale, wird radikal und intellektuell; da seine Geschichte auf der Erde
länger ist, ist sein geistiger Zustand und sein politischer
Wille von vornherein entwickelter, zusammengedrängter,
bewußter; mit Notwendigkeit tritt er nach links. Der Jude
in südlichen Ländern, in Südfrankreich, Italien, Südsla-
wien, Griechenland und in der ganzen Levante, ist körperlich und im geistigen Tempo von seinen Mitbewoh-
nern so gut wie ununterscheidbar; da sie selber in politischer Beziehung ihre radikalen Traditionen dank ihrer langen bewußten Geschichte und Selbsterziehung wohl zu
vertreten wissen, bedürfen sie der Juden nicht, um sich

Mut zu politischem Umbau und vernünftiger Lebensordnung zu machen: daher auch die Juden dort, getreu ihrer sozialen Schichtung als ein besitzendes Element und ihrer konservativen, traditionstreuen Glaubenseinstellung, zu den gemäßigten und bürgerlichen Parteien treten, wenn sie sich politisch in das Mehrheitsvolk einordnen.

In diesem Zusammenhang gehören einige Nachrichten, die wir unseren Lesern zusammenzustellen gedenken.

Italien öffnet den ostjüdischen Studenten, sonst überall entrechtet und unwillkommen – in Rumänien wie in Bayern, in Ungarn wie in Polen –, die Tore seiner Universitäten. Es lud sie vor kurzem ein, sie zu besuchen, und versprach und gewährte alle nur denkbaren Erleichterungen. In *Spanien* arbeitet Senator Angelo Pul'do, früher Vizepräsident des Senats, an einer Zurückführung von Juden nach jenem Lande, das den Juden so viel verdankt und das sich ihrer so grauenvoll entledigte. Der Senator, der nach einigen Reisen durch die Gebiete, in denen vorzugsweise spaniolische Juden sich jetzt befinden, zwei Bücher zur Sache veröffentlichte, denkt vor allem an eine geistige Wiederanknüpfung mit den Sephardim, den zähen und treuen Bewahrern der Traditionen des einst spanischen Judentums. »Die moralische Rehabilitierung Spaniens vor der Welt«, schreibt der christliche Politiker, »sein Friede mit dem eigenen Gewissen, seine Rückkehr auf den Ehrenplatz in der Familie der Nationen wird nicht ganz vollzogen werden können ohne eine volle Aussöhnung mit den sephardischen Brüdern.« Und er erwartet, daß die Juden mit ihrer angeborenen und vererbten kulturellen Macht Spanien dazu verhelfen würden, seine verlorene Position wieder einzunehmen. In der Tat, Spanien, dieses von ununterbrochenen Krisen geschüttelte und wirtschaftlich fast ausgeschaltete Land, könnte eine Anzahl jüdischer Bürger sehr wohl brauchen. Aber es fragt sich, ob die Juden geneigt sind, die Scheu zu überwinden, die das Wort Spanien in ihnen hervorruft, und dort wieder anzufangen, wo sie nach einer großen Geschichte mit roher Gewalt ausgeschlossen worden sind. Eins ist ohne

Zweifel: mit der fortschreitenden Besiedlung Palästinas wird, jüdisch gesehen, zweierlei an Bedeutung gewinnen: erstens das spaniolische Element im Judentum, die Sephardim, die die natürlichen Vermittler zwischen dem Gesamtjudentum und den Bewohnern, jüdischen und nichtjüdischen, des Orients sein werden, und zweitens all die Länder am Mittelmeer, die, klimatisch Palästina sehr ähnlich und geographisch Europa näher, einen Teil derjenigen Massen aufnehmen können und werden, für die in Palästina selbst kein Platz sein sollte. Denn der Zug eines Volkes nach einer neuen Gegend ist ja kein zu isolierendes Phänomen: wir glauben uns nicht zu irren, wenn wir behaupten, daß die Wanderbewegung der Juden, einst von Osten nach Westen gehend, bald eine deutliche Richtung von Norden nach Süden einnehmen wird. Und unter dieser Perspektive nun bekommt ein Brief hohes Interesse, den der Sekretär der Jüdischen Gemeinde in Lissabon, Dr. Benarus, an den Herausgeber des »Jewish Guardian« nach London schrieb und dessen Inhalt die erschütternde Tatsache enthält, daß nach mehr als drei vollen Jahrhunderten der Trennung etwa zwölftausend portugiesische Marranen, Geheimjuden, die Rückkehr zum Judentum anstreben. Sie haben sich an die Lissaboner Gemeinde gewandt, um ihre Kinder beschneiden zu lassen, und nun brauchen sie und wünschen sie jüdische Schulen, zu denen ihnen ihre englischen Stammesgenossen verhelfen sollen. Man bedenke wohl, diese Menschen lebten die ganze Zeit als katholische Christen unter katholischen Christen. »Aber sie heirateten nicht mit ihren christlichen Nachbarn, teils aus eigenem Willen und teils, weil die christlichen Nachbarn sich nicht mit ihnen vermischen wollen, so voller Haß werden sie noch heute von ihnen angesehen. Sie leben in zwei großen Gruppen, eine in der Mitte Portugals, die anderen oben im Norden, und zwar lediglich miteinander, als kleine Farmbesitzer, Landwirte, Kleinhändler etc., obwohl einige von ihnen während der Monarchie und nachher hohe Stellungen erreicht haben.« So Dr. Benarus. In der ganzen Zeit ihres Verbleibens in Portugal hat nichts sie von ihren Nachbarn unterschieden als die Zugehörigkeit zu unserem Volke. Weder ihre Religion noch ihre soziale Schichtung. An ihnen scheitert die Ideologie unserer Konservativen, welche behaupten, daß lediglich die religiöse Absperrung das jüdische Volk erhalten habe. Hier sehen wir, daß auch, religiöse Absperrung beiseite, ein Volkstum in seiner Besonderheit sich erhält, wenn beide Parteien, die Mehrheit und die Minderheit, um die verschiedene Abstammung beider wissen und die eine die andere von sich weg hält. Dies ins Stammbuch unserer Liberalen.

Die Rückkehr dieser Marranen zum Judentum scheint uns bedeutsam, nicht um ihrer selbst willen allein, sondern als Signal, das sein Licht auf die Situation der Judenheit auf der Erde wirft, indem es unser Volkstum in seiner ganzen kristallenen Härte und Unzerstörbarkeit aufblitzen läßt wie Bergkristall, der zwischen den Mühlsteinen der Völker nicht zermahlen wird.

Wozu Chanukah?

Ich weiß, daß der Talmud diese Frage stellt. Stellen wir sie einmal selbst, wir Juden von heute, Kinder des zwanzigsten Jahrhunderts, wiedergeboren im Weltkriege. Und prüfen wir unser eigenes Sein einmal mit derselben Strenge – und es ist eine Sache der Rechtlichkeit und des Anstandes, das zu tun! –, mit der wir die Sitten und Antriebe anderer unter die Lupe nehmen, ja, übertreiben wir einmal, es kann nie schaden. Wozu Chanukah? Ist hier nicht ein Fest des Nationalismus? Ein Fest, das auf einen mit menschlicher Blutrünstigkeit geführten Ausrottungskrieg gegründet ist – einen Kulturkrieg zwischen einer Minorität innerhalb eines Provinzialvolkes gegen die Majorität dieses Volkes und den Geist einer prachtvollen Weltkultur voll höchster Werte, den Hellenismus? <Um> [Auf] einen Krieg, vor allem, um geistige Werte, also um das verfänglichste und unkontrollierbarste Gebilde auf Erden? Erinnert das nicht vielmehr an all die Kriege, die auch um »geistige Güter« und »das Heil der Welt« geführt wurden, ob Gott durch die Bibel oder durch die Kirche richtig erkannt werde oder ob journalistische Kaiser oder kaisergleiche Zeitungsbesitzer die Phantasie der Menschenmassen entscheidend beeindrucken lassen?

Wozu Chanukah?

Liebe Freunde, es läßt sich *alles* denken. Aber so richtig es auch sein mag, es ist darum noch nicht *wahr,* Chanukah und der radikale Krieg der Makkabäer hat den Juden das leben gerettet – uns allen, noch unseren fernsten Enkeln. Und was einem Lebewesen dies notvolle und bezaubernde Leben rettet, durch Selbsteinsatz und Selbstvergessenheit, das ist *groß.* Und Größe dieser Art erhebt den Geretteten wie den Retter über diese Fragen alle, die wir stellen und die ja nur in einer kleinlich-rationalistischen Denkzone gestellt werden können. Vor allem anderen muß man lebendig sein, um Werte, Schöpfung, Größe und Geist tragen zu können. In dem einmal geretteten Dasein liegen keimhaft beschlossen alle Schicksalslose, die guten und die bösen, und man kann nicht wählen – man muß, um des Großen und Guten willen manchmal auch das Böse und Schädliche mit in Kauf nehmen, schon um der Lebensrettung willen ist der Makkabäerkrieg unterschieden von all den Religionskriegen der modernen Zeit – wenn nicht noch ganz andere Unterschiede mitzählten, die jeder Jude am Schnürchen hat. Chanukah mag bestimmt diese bösen Folgen auch gehabt haben. Aber es hat auch wieder bessere: denn seine Folgen dauern unendlich an, man darf nie auf einer Stelle der Kausalkette haltmachen; auch wenn Messias kommt, ist sein Kommen eine Folge – in diesem Sinne – von Chanukah! Dies Fest feiern wir, nicht, weil diesmal eine universelle von einer nationalen Kultur besiegt worden ist, sondern weil ein Volk seine eigene, zukunftsträchtige, jugendvolle und menschenformende Gestalt verteidigte gegen den auflösenden, vernichtenden und impotenten Geist einer greisen und starren Ungeistigkeit.

Die Juden und die Berliner Aufklärung

Die deutsche Aufklärung im 18. Jahrhundert, ein mächtiger, überaus befruchtender und bewegender Strom im deutschen Geistesleben, kam aus verschiedenen Quellen, deren Besonderheiten nicht allzu schwer aufzudecken wären. Norddeutscher Protestantismus, französisches Hugenottentum, schottisch-englische Freidenkerschaft, preußischer Kritizismus und die gedrückte Lage des politisch rechtlos gemachten Bürgertums: jeder dieser Einflüsse, für sich schwach, schuf zusammenwirkend jene charakteristische, zugleich nüchterne und wache Grundstimmung und Annäherung an das wirkliche Leben des Jahrhunderts, die unter anderem Kennzeichen der Aufklärung, und besonders der preußischen, ist. Zwei wichtige Kräfte haben wir noch nicht genannt: die der großen Franzosen der Enzyklopädie und die einiger Berliner Juden. An sich standen sich gerade diese beiden Beiträge einer zukünftigen europäischen Haltung feindlich gegenüber, nicht in Deutschland, aber in Frankreich, jenem Lande, das die moderne Aufklärungsbewegung zwar nicht geschaffen, aber zuerst zu europäischer Tragweite ausgewertet hat. Als Voltaire, der mächtigste Rufer im Streit, anläßlich offenbarer Mißbräuche und zum Teil fürchterlicher Übergriffe der Kirche sein »Ecrasez l'infame!« zurief, wandte er sich damit nicht nur gegen die Kirche, sondern gegen die Religion, die er als Volksverdummung empfand, und wie gegen die christliche auch gegen die jüdische. Die Juden des mittleren und südlichen Frankreich erschienen ihm in ihrem starren Festhalten an alten Bräuchen und alter Gesinnung ein ebenso häßliches Überbleibsel des Mittelalters wie die christliche Kirche, und seine auf europäische Weite, Geschmeidigkeit und Modernität gerichtete Gesinnung lehnte die Konservativität der Juden, ihre Geschäftlichkeit, geistige Starrheit und unepikureische Lebensauffassung ebenso ab wie die der Mönche und des Absolutismus. Gefahr war da bei der übermächtigen Geltung dieses Mannes und seiner großen Mitkämpfer, besonders Diderots, Holbachs, d'Alemberts, daß in die moderne und stoßkräftige Losung der Aufklärer auch in Deutschland oder in Preußen sich eine Gegnerschaft gegen die jüdischen Noch-nicht-Bürger der Staaten einmischen konnte.

Es ist das historische Verdienst eines kleinen Kreises des Berliner Judentums, dieser Möglichkeit und Gefahr entgegengewirkt zu haben, nicht aus einer Absicht, sondern aus Instinkt für das, was die Zeit von ihnen verlangte. Da sie mit unendlichem Recht danach strebten, ohne Aufgabe ihrer jüdischen Besonderheit vollberechtigte Bürger aller der Staaten zu werden, in denen sie wohnten, arbeiteten, litten, mußten sie gesinnungsgemäß den Anschluß finden an das tätige Bürgertum, welches in der Form der Aufklärung seinen Geist und seine politischen Forderungen anmeldete und zunächst geistig durchzusetzen wußte. Da man aber nicht für andere Aufklärung verlangen und selber in der Kultur des 14. Jahrhunderts stehenbleiben konnte, mußte folgerichtig das Judentum modernisiert werden. So entstand zu gleicher Zeit eine reformistische Strömung innerhalb des Judentums mit dem ausgesprochenen Drang, für das Zusammenleben von Juden und Nichtjuden in einer einheitlichen Aufklärungskultur die gemeinsame Plattform zu schaffen. Mendelssohn, Markus Herz, David Friedländer und eine Anzahl anderer in der Geschichte der Gemeinde Berlin und nicht nur dort bekannter Juden füllten in ihren Häusern und, wenn sie schrieben, in ihren Schriften diesen Versuch mit Leben. Und so kam es, daß sich dem ohnehin witzigen und skeptischen Charakter der berlinischen Stadtkultur noch die besondere Note des jüdischen Witzes und jüdischer Skepsis sich zugesellte. Skepsis ist ja nichts anderes als Erfahrung, die nicht vergeblich gemacht sein will. Und böse Erfahrungen in der praktischen Sphäre hatten die jüdischen Familien, die sich nach und nach in Berlin zusammenfanden, in ihrer Familiengeschichte hinreichend zu verzeichnen. Um so inbrünstiger wandten sie sich den geistigen Gebieten zu, den Künsten, Wissenschaften, Zeitströmungen. Wie lichtbegierige Steine sogen sie das leuchtende Element des neuen Tages ein, um es alsbald wieder auszustrahlen und jene gute Atmosphäre mitzuschaffen, von der Zelters Briefwechsel mit Goethe ein so wundervolles Beispiel gibt. Da sie zu kleine Gruppen waren, nämlich eben nur Familien, wurden sie dank der allgemeinen Zeitstimmung bald von der überwältigenden Mehrheitsgruppe des nichtjüdischen Berlin aufgesogen. Schon ihre Kinder zählten im Judentum nur noch illegitim mit. Aber der Versuch, Aufklärung und Judenemanzipation zu vereinigen, war gemacht, er konnte dank ihrer nicht mehr gebremst werden und führte im Verlauf eines Auf und Ab von 200 Jahren zu dem heutigen Zustand, welcher versucht, zwischen den Forderungen des Judentums auf Dauer und Anerkennung seiner schöpferischen Kraft und den Anforderungen eines nichtjüdischen machtvollen Gemeinwesens eine gute, für beide Teile leidliche Mitte herzustellen. Daß dieser Versuch am ehesten in Berlin glücken wird, verdankt man nicht zum wenigsten der Vorpostenarbeit jener Handvoll Juden in der Berliner Aufklärung.

Feiertage

An Feiertagen, Neujahrstagen gehen andere Völker »aus sich heraus«: sie werfen lustvoll und gesteigert ihren Blick in die Welt, sie lassen ihrem Wesen Ausweitung zuteil werden, um es aufzutun für die Fülle des Geschaffenen, und wenn die Lust am Dasein sie überwältigt, die sich Fest und Feier ja als erhobenen Ausdruck geschaffen hat, bricht ihre Kehle in Gesang aus und ihr Körper in Tänze. Primitive Völker, Jugendbünde, die Geselligkeit der Künstler oder die Feiern der heutigen Gesellschaft: so drücken sie alle sich aus; das Außer-sich-Sein ihrer Herzen ist die Höhe des Festes.

An ihren Feiertagen gehen die Galuth-Juden in sich hinein. Ihre Fest- und Feiertagsstimmung, je echter sie ist, hat den Ernst dessen, der in sich hinab horcht. Über sich selbst geneigt, prüft die Seele ihre Verbundenheit mit dem verborgenen Gesetz der Welt, ob es in ihr, wie es ihr geoffenbart wurde, nicht wieder Wirklichkeit erhalte, ob es ins Leben des Jahres auch hineinreiche, seine Macht der Vergöttlichung des Alltags nicht eingebüßt habe und ob das Lebensgesetz, welches den Juden, an allen anderen gemessen, gleichsam gegen den Strich leben läßt, auch Stärkung erfahre, wenigstens an der Gemeinsamkeit mit allen anderen Juden, am einheitlichen Rhythmus wenigstens des jüdischen Jahres, an der Versammlung im Lehrhaus, am Gedenken der Toten, am Ton des Schofar überall auf Erden, am einstimmigen Rauschen des lauten Gebets und an den Gesängen, die, auch sie ernst, den Feiertag des Juden heiligen.

Und indem sie dies bestätigt finden, beruhigen sie sich. Aber sie sollten es nicht tun. Sie sollten sich wahrhaftig fragen, ob sie dieses Rosch-Haschanah wirklich als Neujahr empfinden, als Fest des neuen Jahres, als Beginn einer neuen Jahresrunde, als Anfang. Nicht daß der Zyklus der

Jahresfeste mit ihnen beginnt, sondern ob das Lebensgefühl den Anfang einer neuen lebendigen Epoche verzeichnet. Und zweifellos ist das nicht der Fall. Zweifellos beginnt den Juden das Jahr, in dem sie Bürger und Täter sind, am 1. Januar. Und noch vor kurzem hatten die Juden Rußlands einen anderen 1. Januar als die des Westens. Und ganz zweifellos feiern die Juden das Neujahr ihres Lebensgefühls in England anders als in Polen, und in Frankreich anders als in Deutschland, und auf der ganzen Erde herrscht hierin die eine Gemeinsamkeit: sie feiern es alle auf die Art der Völker, bei denen sie wohnen.

Nur in Palästina kann es anders sein. Dort ist als erster Schritt auf einem unüberschätzbar wichtigen Wege das Neujahr der Juden wirklich Neujahr der Juden.

Und was bedeutet das? Es ist der erste Schritt zur Vereinheitlichung des Juden – außen und innen. Bedenken wir doch, wieviel Jahresanfänge der deutsche Jude zum Beispiel im Grunde feiert. Da ist die Wintersonnenwende, die den nach Licht kranken Nordvölkern zum Jahresanfang werden mußte, ungefähr am 1. Januar, einst identisch mit Weihnachten, mit dem die neue Zeitrechnung begann. Dann ist der Frühlingsanfang ein Jahresbeginn – wer will das nicht empfinden? Dazu kommt Pessach, das nationale Frühlingsfest, mit dem einmal das jüdische Jahr begann, und jetzt Rosch-Haschanah. Immer Anfänge, niemals ein fließendes Jahresband. Immer nur Einschnitte, kein Kontinuum. Daneben aber und darunter das ununterbrochen weitergehende Treiben der Welt des Tuns und Wollens, der Arbeit und der Erfolge. Gesondert also die geistige Sphäre, die Sphäre der Besinnung, von der Alltagssphäre, der des Wirkens, und jene gespalten noch in sich, fortwährend skandiert von Rissen immer neuer Gliederung, während diese ununterbrochen dahingeht, folgenvoll und in Wirkung nur sie. Jene aber, die stets geteilte, den Juden auch jüdisch umfassend, während die andere ihn mit allen Bewohnern dieses Landes gemeinsam umklammert – und alles, was gilt und bindet, in ihrer aktiven und entgeisteten Lebendigkeit auffängt.

Ist das nicht ein Abbild der jüdischen Seelenlage überhaupt? Und lohnt es nicht, darüber nachzudenken, am Feiertag, wenn man in sich geht? Der Mensch ist als ein Eines und Ganzes angelegt. Und seine Spaltung begann an dem Tage, an welchem er sich entschloß, eines für recht zu finden und etwas anderes zu tun, weil es vielleicht nicht recht, aber nützlich war; an dem er seinem Wesen Leistungen abzwang, die ihm eigentlich wider die Natur gingen, und als er sich, vom Sinn für das Geistige aus dem bloßen Naturreiche herausgehoben, zwischen den hohen Geist und die eigenen ungereinigten Triebe eingeklemmt fand. Aber in unserer jüdischen Auffassung vom Menschen finden wir Hinweise für den Ausweg. Gott schuf den Menschen *besonders*, nicht ward er mit anderen belebt. Gott gab ihm *eine* Seele, nicht viele. Er schuf ihn aus *einer* Materie, nicht aus vielen, und auf einmal, in einer Stunde des Paradieses, nicht nach und nach – so lehrt unsere Lehre.

Der Jude in Palästina hat nur ein Neujahr und ein Frühlingsfest – und das ist ein Außen, das ins Innere wirkt, weil es aus dem Inneren stammt. Es ist ja doch nicht festgelegt, auf welchem Wege die Einheit des Menschen zustande kommen muß – wenn sie nur zustande kommt, sie, einziges Mittel zu wirklichem Wirken und wirklichem Leben, das sie doch ist. Wer gespaltenen Wesens arbeiten und leben muß, der bedarf des Krampfes, übermäßiger Anreizung und beständig zusammengebissener Zähne und erreicht doch nur ein Bruchteil dessen, was mit der halben Kraft der Gefangene und ganze Gesunde vor sich bringt.

Auch der Kalender kann Lehren aussprechen, wenn man für seine Rede Ohren hat, und Geduld, und Mut.

Jüdischer Ausdruckswille

I. Dauer und Befreiung

Um von der Geschichte der Juden und ihrer gesamten Lebensführung als Gruppe etwas über ihr Wesen abzulesen, darf man mit der gebührenden Vorsicht etwa sagen: ein Drang nach Dauer wohne ihnen inne und ein zweiter nach Befreiung von der Sonderstellung, mit der sie in die europäische Welt eingetreten sind. Beide Züge lesen wir schon aus der Erzählung des Aufenthalts in Ägypten ab, beide durchwalten auch jene Epochen, in denen der jüdische Stämmebund in Konflikten mit allen erobernden Nationen der antiken Geschichte seine Existenz durchfocht. Andere Menschenstämme hielten den Glanz ihrer Selbständigkeit und ihr Anrecht auf Herrschaft so inbrünstig fest, daß sie lieber untergingen, als sich einem mächtigeren Schicksal zu fügen; die Juden aber bewahrten den Mut, in Unterjochung zu leben, weil über ihre politische Existenz hinaus die Überzeugung in ihnen waltete, Gefäße und Diener eines Auftrags zu sein und einer übergeschichtlichen Sendung. Da dieses Judentum seinen Glauben auf göttliche Verheißungen stützte – auf Inspirationen aus dem Genius des Lebens selbst –, lehnte es in unbrechbarem Optimismus und trotz aller schauervollen Erfahrungen seiner Geschichte das tragische Lebensgefühl etwa der Griechen ab; es verlegte vielmehr die Erfüllung seiner Hoffnungen auf Befreiung und schöpferische Entfaltung seiner Lebensgestaltung lieber ins Jenseits oder in die messianische Zukunft, als daß es sie aufgegeben hätte. So wird die Zukunft, zum Beispiel auch die einer sozialistischen Neuordnung der Gesellschaft, dem Juden zum vertrauten Lebensraum; und noch der durchschnittlichste Jude hofft unerschütterlich auf bessere Zeiten, wenigstens vor dem Kriege. Das heitere Grundtemperament des Juden, seine leicht entzündbare Vorstellungskraft bestanden darauf, noch auf Erden für die irdische Qual einen Ausgleich zu erleben; daher werden ihm all jene menschlichen Einrichtungen ungeheuer wichtig, die im Wettlauf mit der Widrigkeit des Geschicks das Überleben gewährleisten: Familie, Ehe, Kinder, Besitz, schließlich eine Tendenz auf ein eigenes Land, wo er unter den normalen Umständen anderer Völker seinen Bestand sichern kann. Eine Art Totenkult bindet die Generationen aneinander und macht aus dem Sohn das Werkzeug der Väter; erst in der neuesten Zeit vor dem Kriege wird der Aufstand der Söhne ein auch im Judentum wirksames Element. Nur unter den grauenhaftesten Erfahrungen besinnt es sich auf einen asketischen und transzendentalischen Wesenszug; es schafft die Kabbala. Gleich allen anderen antiken Völkern aber arbeitet es ununterbrochen daran mit, der menschlichen Vernunft Einfluß auf die Erziehung der Triebe zu sichern und damit die Entwicklungslinie fortzusetzen, die vom steinzeitlichen Menschen zu den modernen vernunftvollen Weltanschauungen führt. Ist ihm irgendwo »Befreiung« beschieden, kann es nämlich gleichberechtigt und anerkannt einen Lebensraum ausfüllen, so entwickelt es sofort seine konservative Grundhaltung, die bei einem so traditionstreuen Volke nicht anders ausfallen kann. Daher wird der Aufstand der Söhne notwendig, um seine Gebundenheit zu lockern, und daher tritt der jüdische Revolutionär zuerst und zuletzt immer auch in Opposition gegen sein Judentum und verläßt es, gerade dadurch die zukunftsträchtigen Elemente seiner Herkunft bestätigend.

Dies alles gilt deutlich nur für die Zeit bis zum Kriege. Die ungeheure Vergeudung aller Lebenskräfte in jenem vierjährigen Krampfanfall Europas schwächt auch das europäische Judentum bis in seine tiefsten Wurzeln, es erschüttert seinen Lebenswillen, zerreißt die Familien, läßt es den sinnlosen Verlust seiner jungen Generation, bester jüdischer Jugend, innerlich nicht überwinden und nimmt ihm die moralische Kraft, den wirtschaftlichen Verheerungen so zu trotzen, wie die Juden vergangener Epochen in

Spanien oder Polen es vermochten. Selbstmordepidemien der älteren Generation, hemmungsloses Abströmen der jungen in nichtjüdische Zusammenhänge kennzeichnen diese Krise, und da Besitz dem Juden als Lebenssicherung immer unendlich viel mehr bedeutete als bloß Besitz, wirkt sich die ökonomische Erledigung des jüdischen Handelsstandes in Mittel- und Osteuropa so zerstören aus, daß man vielleicht erst in zwanzig Jahren imstande sein wird, zu erkennen, was für Veränderungen in Geist und Ausdruckswillen da vor sich gegangen sind. Werden Tod und Geburt noch weiterhin die großen Erschütterungen sein, die sie uns bedeuteten – Tod der Eltern, Geburt der Kinder? Wird das Weiterreichen der Generationenkette in die ungeformte Zukunft dem Juden auch ferner noch vornehmste Pflicht sein, wenn dieser Lebenswille erschüttert ist und die Hingabe und Hoffnungsfreudigkeit von fünf Generationen etwa der deutschen Juden in die heutige Orgie des schmutzigsten Antisemitismus münden konnte? Beschreiben wir hier ein Lebenselement, das eigentlich schon nicht mehr da ist? Wir werden die Antwort hoffentlich erleben.

II. Das Kleinbürgerliche und das Mittelmeerische

Fest steht, daß aus dem geistigen und künstlerischen Leben Europas in dem Jahrhundert seit Goethes Tode das jüdische Element nicht wegzudenken ist, obwohl man gerade behauptet hatte, künstlerische Gestaltungsfähigkeit sei dem Juden abzusprechen. Dies war Unsinn wie jede generelle Entwertung irgendeiner Rasse; auch bevor Frobenius die Umrisse der afrikanischen Kulturen nachzog, wußten wir Juden das aus eigener Erfahrung. Heute, nach einer wirtschaftlichen Entwicklungsperiode von hundert Jahren, die trotz aller Rückschläge einen außerordentlichen Aufstieg zu Wohlstand, Muße, Kunst und Geist bedeutete, verzeichnen wir in Europa und Amerika auf einem Untergrund von zahlreichen Kunstgeschäftlern und Geistverschleißern ebenso viele bedeutende Künstler wie irgendeine andere Nation und ein ausschließliches Besitztum von vier repräsentativen philosophischen Schöpfern: Freud, Einstein, Husserl, Bergson. Dabei versteht sich von selbst, was am Beispiel Felix Mendelssohns und seines Großvaters wunderbar sinnfällig wird: die eigentliche produktive Schicht des jüdischen Bürgertums ist die kleinbürgerliche Schicht. In deren realem Leben ist, seiner Enge wegen, der Verbrauch an Phantasie-Elektrizität am kleinsten; sie gibt Triebkräfte und Kraftstrom frei für die Ausweitung dessen, der in ihr aufwächst: nirgendwo ist die Sehnsucht des einzelnen größer, sich auszudrücken, der Antrieb brennender, aus der Enge in die Weite zu kommen und in die Höhe, der Ehrgeiz heftiger, aus einem anonymen Namen die Marke einer weithin gültigen Leistung zu machen, und die Überschätzung der gesellschaftlichen Welt naiver, des Glücks, das sie zu bieten hat, und bitterer die schließliche Enttäuschung darüber, die wiederum in schöpferische Tiefen zurückzuschlagen vermag. Alles, zum Beispiel, was das Ostjudentum an hochbegabten Malern und Musikern hervorgebracht hat, das österreichische Judentum des Vorkriegs an Schriftstellern und Schauspielern, entstammt dieser Schicht, die auch in Deutschland genug produktive Kräfte entband. Dabei wirkt sich noch in dem aus proletarischen Verhältnissen aufsteigenden jüdischen Sänger, Geiger, Maler, Bildhauer derselbe Schuß Latinität aus, formtragender, formvollendender Mittelmeer-Herkunft, die das sinnliche Timbre der jüdischen Stimmen charakteristisch färbt und den italienischen nähert, die den Versen Hofmannsthals und Beer-Hofmans Glanz und Glätte besonderer Art verleiht und die auch dort die Anlage zu formgerechter Gestaltung auslöst, wo der jüdische Künstler aus den Tiefenschichten, etwa der Lasker-Schüler, spricht, das rustikale und bauernhafte Künstlertum der Chagall, Menkes, Sjutin, Ryback offenbart. Der jüdische Künstler macht selbstverständlich alle Stilbewegungen der Umwelt mit, in der er schafft, alle Gefahren teilt er, die die Künstler der Mehrheitsgruppen seiner Umwelt laufen; seine Gefahr ist

in Deutschland deutsch, zum Beispiel aus der Form ins
Nebulose zu geraten, einen Schuß Dilettantismus noch in
die sublimste Kunstausübung hineinzunehmen; sie ist in
Frankreich französisch: das Elegante zu übertreiben, ein
zartes Nichts durch Zergliederung zu einem Schein aufzu-
pulvern; sie ist außerdem auch noch spezifisch jüdisch,
nämlich im Unbändigen oder im Spiritualistischen jede
Grenze zu durchbrechen. Aber ich verhehle mir nicht,
selbstverständlich, wie sehr sich alle diese Dinge der Be-
schreibung entziehen. Setzte man nebeneinander ein
schauriges Bild des Deutschen Beckmann, des Juden Sjütin
oder ein Stadtbild des Spaniers Utrillo, des Deutschen
Rohlfs, des deutschen Juden Liebermann, so ließe sich
vielleicht etwas daraus ablesen, was sich den Worten des
Essayisten widersetzt. Überhaupt versucht man nur, weil
man es versprochen hat, dieses Stück verflochtensten Lebens abzutasten und theoretisch aufzulösen, das das Zusammenleben jüdischer Minoritäten in christlichen Majo-
ritäten erzeugt hat und darstellt. Die Juden sind ein inte-
grierender Bestandteil der Christenheit; sie sind älter als
diese, sie tragen mit sich Elemente aus den Großstadtkul-
turen der hellenistischen und der römischen Zeit, von
noch Früherem zu schweigen. In ihrem Geiste lebt, in der
Form der jüdischen Geschichte, soweit sie dem einzelnen
gegenwärtig ist, ein Stück arabisch-jüdischen Spaniens, hol-
ländischer Liberalität, fränkisch-deutscher Landschaft und
Gebundenheit; die Symbiose muß damals sehr tief gegangen sein, wenn Sprache und Tracht des östlichen Judentums von dieser Herkunft und Erinnerung ebensowenig
lassen wollten wie das sephardische Judentum von Marok-
ko oder Saloniki, in der Form des Spaniolischen, von seinen
spanischen Erinnerungen.

III. Mischung und Entmischung

Die Epoche, die jetzt zu Ende geht, wird wahrscheinlich
in der jüdischen Geschichte einmal ebenso verklärt wer-

den wie, trotz aller Verfolgungen, die jüdische Blütezeit auf der spanischen Halbinsel. Wir beobachten in dem biologischen Ablauf, den die Gruppengeschichte der Menschheit neben dem geistigen und dem wirtschaftlichen darstellt, das Hin und Her von Mischung und Entmischung, das in seiner Gesamtheit nicht übel zum Verständnis der Gesetze taugt, nach welchen sich Epochen voneinander lösen und aneinander schließen. Dabei sind beide mit formenden Kräften geladen: Mischung befruchtet, zeugt, macht gebären; Entmischung staut Kräfte auf, sondert die Elemente voneinander und lädt Spannungen zu neuer beglückender Hochzeit. Das Universale, ohne das das Kunstwerk, jede geistige Schöpfung, nicht auskommen kann, ist die Frucht der Mischung, das Nationale, dem man heute mystische Kräfte zuzuschreiben scheint, wie übrigens schon zwei- oder dreimal seit Herder und Wilhelm von Humboldt, gibt gleichsam die Vorbereitung zu neuer Befruchtung, Anschluß an Wurzelschichten und Tiefenströme, ohne die die Epochen der Mischung nichts Gedeihliches zeitigen könnten. Aber die Christenheit (oder Europa, mit Novalis zu reden) ist ein langlebiges Wesen, sie verliert sich in die Epochen der Entmischung nur, um immer aufs neue universale Geistesgebilde und Kunstepochen zu zeugen, damit der Strom der Verbindung zwischen den Völkern nicht aufhöre – jene großartige Einheit der menschlichen Kultur, die die Statue Rodins und Maillols an die der Ägypter knüpft, die Bildnisse Cézannes an die Porträts mumifizierter Ptolemäer, das Gedicht Hölderlins an das Pindars, die Syntax Luthers an die des Pentateuch, das deutsche Kirchenlied an den davidischen Psalm und Goethes Liebesgedichte an die unverwelkliche Jugend des Schir Haschirîm. Man muß nur wissen, wie entscheidend für das Verständnis jeder zeitgebundenen Leistung die Atmosphäre ist, in der die Ausstrahlungen aller Meisterwerke und schöpferischen Tugenden der Vergangenheit schweben und jeden Nachgeborenen durchdringen. Die Anstrengungen der Künstler und Geistigen sind nie vergebens, und die Qualen Flauberts, die fürchterliche

Einsamkeit Stendhals, das mitleidige Auge des großen Dickens und die ruhige Meisterhand des Epikers Tolstoi bestimmen unsere eigene Zeit ebensosehr oder mehr als manche Künstler, deren Generation uns vorherging. In ihrer Nachfolge dringt, von jüdischen wie von nichtjüdischen Künstlern ausgeübt, europäische Weite und Helle in die nationalen Stauungen, und wenn wir unseren Drang nach Dauer mit dem Geheimnis der Form verbinden, das solche Unvergänglichkeit anstrebt, oder die klare Ratio unserer Herkunft und Erziehung der deutschen oder slawischen Empfindungswelt beimischen, entstehen gute Dinge für beide Partner – bessere als in den Abschachtelungen der Stammesliteraturen. Gottfried Keller, Theodor Fontane und Adalbert Stifter, die drei großen deutschen Erzähler des späten neunzehnten Jahrhunderts, mögen bei dieser Erkenntnis Pate stehen.

IV. Der Künstler als Gebärde

Der Künstler ist eine Ausdrucksgebärde und ein Ausdrucksventil. Er drückt aus, was an Ladungen, Bedrängnissen und Sehnsüchten, an Spott, Zweifel und Hoffnung in einer Gemeinschaft pocht und wühlt. In manchen Zeiten wird diese Gemeinschaft mehr von soziologischen Merkmalen bestimmt, in anderen mehr von biologischen, in dritten mehr von geistigen. Der Jude, wenn er mehrere Generationen hindurch am kulturellen Leben seiner Umwelt teilgenommen hat, entlädt seine schöpferischen Kräfte in sie: der seelischen Schichtenordnung entsprechend erst als Publikum, dann als geschäftlicher Vermittler, dann als Kritiker und Propagandist, schließlich als Talent, dessen Umfang und Tiefe von Jahrzehnt zu Jahrzehnt wächst, um schließlich die Unbekümmertheit und Genialität der Meisterschaft zu erreichen, wenn das Glück es will, die Umstände günstig bleiben, die Zeit es zuläßt (Entwicklung von Mendelssohn bis Mahler, von Antokolski bis Chagall, von Michael Beer bis Carl Sternheim). Als Hugo Zuckermann sein Österreichisches Reiterlied dichtete, Ernst Lissauer seinen antibritischen Haßgesang, waren sie vollkommen legitime Ausdrucksgebärden nicht des jüdischen Bürgertums, dem sie entstammten, sondern von ganz Mitteleuropa. Und umgekehrt galten Wedekind, Stefan George, Heinrich Mann in der antijüdischen Öffentlichkeit Deutschlands so lange als Juden, bis ihre Fremdartigkeit und Einmaligkeit sich als geniale Besonderheit entpuppte. Vielleicht ist innerhalb nordalpiner Völker die Dynamik der Juden heftiger als die der Mehrheiten, vielleicht zwingt sie auch nur, von Fähigkeiten abgesehen, ihre exponierte Lage zu »Überkompensationen«, wie sie etwa Helene Mayer oder Daniel Prenn zu Rekordleistungen sportlicher Tüchtigkeit beflügeln – wer kann auf diesem schwierigen Gebiete irgend etwas Exaktes aussagen? Immer zieht, wenn eine gewisse zeitliche Distanz gewonnen ist, das Volk der Mehrheiten die Leistungen an sich, die in seiner Mitte erzeugt werden. Da die Gesetze der Mischung ganz Europa durchwalten, da es nirgendwo, von unproduktiven Gebirgstälern vielleicht abgesehen, ein homogenes Volkstum gibt, bleibt es beinahe ein müßiges Spiel, zu untersuchen, was jüdische Besonderheit ist und was nicht, was von sozialen und was von biologischen Kräften ausgelöst wird. In den Ländern jüdischer Massensiedlung in Osteuropa war sowohl großartige Geistigkeit und Künstlerschaft heimisch als auch schrankenloses Elend und entsetzliche Verwahrlosung; und wer wollte sagen, was bei so abnormer Lebenslage angeborene Inbrunst, Hoffnung auf bessere Zeiten schon hienieden oder im Jenseits ist und was anerzogene, von sozialen Mächten dem Juden aufgeprägte? Ich bin kein Apologet, und ich leugne, daß die Juden Apologeten nötig haben, ebenso wie ich leugne, daß die augenblickliche Tendenz zur Entmischung, zum Herauspressen der Juden aus den geistigen und wirtschaftlichen Positionen innerhalb der mittel- und osteuropäischen Völker einer geistigen Notwendigkeit entstammt, um etwa dem reinbürtigen Deutschtum oder Polentum zu einem Ausdruck zu verhelfen, den das jüdische Element ihm verwehrt. Im Gegenteil beweist die Geschichte aller großen Künstler seit Anfang des neunzehnten Jahrhunderts in ganz Europa, daß die wirklichen Genialen der westlichen und nördlichen Völker von Juden zuerst erkannt und getragen worden sind: Hebbel und Wagner, Nietzsche und Ibsen, Zola und Hamsun, Hauptmann und Wedekind, George und Rilke – ja, wenn man Nietzsche glauben darf, auch Goethe, der Jubilar, dessen Jubiläum in die antigoethischeste Zeit seit dem »Westöstlichen Divan« fällt. Was die Juden als geschlossene Gruppe der terrestrischen Kultur schöpferisch hinzuzufügen haben, werden sie in Ostrußland oder in Palästina zeigen können, wo sie Lebensgestaltung und geistigen Ausstrom, religiöse und künstlerische Form neu zu prägen haben werden; nach Palästina kommen sie in so verschiedenartiger Gestalt, daß sie in sich, von den Arabern ganz abgesehen, die schöpferische Mischung bewähren und vollziehen können. In Europa aber haben sie den Kampf um ihre Emanzipation als Gruppe weiterzuführen: Gleichberechtigung und Anteil am europäischen Kulturleben, nicht, obwohl sie Juden sind, sondern weil sie Juden sind. Das revolutionäre Element im Juden, hinausgestellt in vier so verschiedenen Profilen wie das Rosa Luxemburgs, Gustav Landauers, Kurt Eisners, Leo Trotzkis, mag dem Bürgertum unbequem und feindselig erscheinen: indem sie die proletarischen Massen aufriefen und einem menschenwürdigen Dasein nähern wollten, wirkten sie schöpferisch mit an der Entfesselung kulturfähiger Kräfte gerade in den Mehrheitsnationen, die ihnen das tragische Ende bereiteten. Wir haben nichts zurückzunehmen vom Beitrag der Juden an den geistigen und sozialen Kämpfen, die vorläufig in die Auseinandersetzung mit den faschistischen Dienern eines längst überwundenen Feudalismus münden. Lassen wir unsere Blicke nicht ablenken von diesem Kampf, in dem das Schicksal der westlichen Zivilisation entschieden wird, mindestens für das Herz Europas. Dies ist keine Zeit für Idylle und Wesensschau. Die Not des Augenblicks ist größer als je, und wenn eine neue Metternich-Epoche die

Freiheit des Schreibens überhaupt in Frage stellt und die versittlichende Wirkung kritischer Weltgestaltung im Kunstwerk verfemen möchte, sofern es sich die jüngste Vergangenheit zum Ziel seiner reinigenden Durchleuchtung setzt, hilft es uns nichts, wenn wir nachweisen, daß der Jude zu den gestaltenden Grundkräften der Seele, Geburt und Tod, Liebe und Ehe, Spiel und Tragik, auf eine um Nuancen verschiedene Art anders steht als diejenigen Gruppen und Schichten innerhalb der Völker, mit denen sein Dasein auf Gedeih und Verderb unlöslich verbunden ist: den zukunftstragenden Gestaltern einer sozialistischen Gesellschaft.

Jüdischer Ausblick auf das Jahr 5708

Versetzen Sie einen Mönch aus einem tibetanischen Kloster auf die Tribüne eines Fußball- oder Polowettspiels: er wird unmöglich verstehen, warum diese Menschen da unten wie wild durcheinanderlaufen, schreien und sich stoßen. Erklären Sie ihm aber in ein paar Sätzen, worum es geht und was ein solches Spiel bedeutet, so sieht er ohne weiteres Sinn und Gründe dieses ganzen Tumults ein und vermag sich sogar in kurzer Zeit mit einer der beiden Parteien zu identifizieren. So steht es mit unserer Nachkriegswelt und ihrem anscheinend unverständlichen Durcheinander, bis man ihr Schlüsselwort gefunden hat – danach ordnet sich, wenigstens für den Verstand, das Chaos, in dessen Mitte wir leben.

Das Schlüsselwort unserer Epoche ist seit 1917 der Kampf um den Mehrwert der menschlichen Arbeit. Zwei verschiedene Gesellschaftssysteme streiten darum, welches für das Gedeihen der Gesellschaft das bessere ist, die Leitung unserer Betätigungen durch einen Plan oder das freie Spiel der Kräfte, in welchem jeder all sein Können und Wollen einsetzt, um das Beste daraus zu machen.

Das Schicksal will nun, daß die Judenheit der Erde in diesen Kampf verflochten ist, ohne daß sie als Ganzes genommen dank ihrer sozialen Struktur, verteilt unter alle Völker und alle Klassen, einer eigenen Entscheidung und Stellungnahme fähig ist. Diese Besonderheit als Makel und Beeinträchtigung empfindend, strebt sie seit dem Anbruch der neuen Zeit danach, ein einheitlicher Körper zu werden und die Kämpfe der Gesellschaft innerhalb eines eigenen Kampfplatzes auszutragen. Dies ist in wenigen Worten Sinn und Ziel des jüdischen Nationalismus. Kein Zufall freilich, daß auch die lange unter Fremdherrschaft gehaltenen islamischen Völker und Massen nach dem gleichen Ziele streben, auch sie endlich von dem nationalen Befreiungsaufruf ergriffen, der 1789 von der Französischen Revolution ausging. Da das jüdische Nationalheim kraft des Laufes der Geschichte von diesen arabischen Nationen ebensosehr als ihr gottversprochenes Territorium angesehen wird, hat die Lösung dieser Aufgabe Schwierigkeiten selbst für Götter, geschweige denn für die Staatsmänner einer Welt, die sich, vom Faschismus in Trümmer geschlagen, nach dem Siege über ihn erst wieder daran gewöhnen muß, sich in den irdischen Bedingungen zurechtzufinden. Das alles gäbe Anlaß zu düsteren Ausblicken, wenn wir nicht mit unserem letzten Satze das Schlüsselwort ausgesprochen hätten, das uns, wie Goethes Faust, zu den Müttern hinabführt, das heißt zu den Wurzeln der Entwirrung.

Die Juden sind als Volk nicht klüger als alle anderen Völker, als Nationalisten aber, dank geringer Erfahrung auf dem Gebiete politischer Betätigung, sogar auf gewisse Weise unklüger. Aber als Summe von einzelnen rechnen sie zur vernünftigen, der Ausbildung des Verstandes hingegebenen Erdbewohnerschaft. Ihre geistige Helligkeit und Wendigkeit ist es ja, die ihnen den Haß und Verfolgung der Nazifaschisten eintrug. Ein Wort wie »Intelligenzbestie« konnte nur von einem Anbeter des militaristisch-aggressiven Junker- und Industriellenverbandes erfunden und benutzt werden. Die nicht faschistische Gruppe der Welt, demokratisch oder sozialistisch, wußte immer, und bestätigte dieses Wissen bisher auch, daß der Reichtum und die Größe der Staaten von der Klugheit und Geschicklichkeit, der Lernbegierde und dem Wetteifergeist ihrer Bevölkerung abhängt und daß sie sich selber einen Dienst leistete, wenn sie verfolgte Minderheiten intelligenter Prägung human in ihre Länder zog. Wäre unsere Epoche solcher Gesinnung fähig gewesen, so gäbe es keinen »Exodus«, ja keine »Judenfrage«, und die Judengegnerschaft, fälschlich Antisemitismus genannt, wäre niemals zu einem Losungswort aufgeblasen worden, dessen Anwendung mehr als ein Drittel der Judenheit das Leben kostete. Die kämpfende Herrenschicht, welche den Mehrwert der menschlichen Arbeit, vor allem aber die Macht bewahren will, die daraus resultiert, hat aber die Rechnung ohne den Wirt, das heißt ohne den Geist unserer Epoche gemacht. Durch eben diesen antifaschistischen Krieg, in welchem 6 Millionen Juden als Opfer fielen, wurde der Geist in den Massen geweckt und zum Siege aufgerufen, die das östliche Mittelmeer umwohnen und deren Intelligenz, lange unterdrückt und unentwickelt, nicht geringer ist als die der ausgerotteten Juden. Dieser ganze Teil Europas und Kleinasiens ist auf unwiderstehliche Weise in Bewegung gesetzt worden und wird sich entwickeln, treu dem Gesetz, nach dem er angetreten.

In ganz Europa strebt die Gestaltung der Gesellschaft sozialistischer Ordnung zu, unter verschiedenen national gefärbten Programmen, aber mit dem Willen, die Ergebnisse der menschlichen Arbeit vor allem zur Entwicklung der menschlichen Gesittung, Einsicht und Verträglichkeit zu benutzen. In diesen Ablauf müssen sich die Juden einordnen; es sollte ihnen nicht schwerfallen, nach den Erfahrungen, die sie in den letzten hundert Jahren machen mußten. Daß sie dabei schwere Hemmungen in der eigenen Seele zu überwinden haben, ist nur in der Ordnung; niemandem wird das Geheimnis, glücklich zu werden auf dieser Erde, geschenkt. Aber nur faschistische Losungen bereiten eine Jugend darauf vor, zu sterben, um die Zukunft der Gemeinschaft zu sichern; viel vernünftiger, aber auch schwerer ist es, ihr den letzten Glauben und die Fähigkeit zum Leben zu vermitteln, sie anzuleiten, mit ihren Kräften die Gegenwart aufzubauen. Da es nach jedem Kriege vor allem gilt, den Geist der Zerstörung in den der Produktion umzuwandeln, hat unsere Zeit es nicht leicht, den bequemen Befehl durch gegenseitiges Nachgeben zu ersetzen und die Massen, statt sie in Schlachtordnung zu kommandieren, auf vernünftige Weise zum Dienst am eigenen und am allgemeinen Wohl anzuleiten. Nach jedem großen Krieg gab es Nachwehen des Vernichtungskrieges. Darum z. B. sprengten jüdische Terroristen ein Hotelgebäude in die Luft und töteten über hundert harmlose Beamte, sprengten militärische Dienststellen in Deutschland die großen Werftanlagen in Hamburg in die Luft und machten Zehntausende von Arbeitern immer brotlos. Die einen berufen sich auf den inneren Auftrag, das jüdische Nationalheim zu erbauen, die anderen auf den ebenso dringlichen, den Kampf gegen den aggressiven deutschen Nationalismus zu Ende zu führen. Beide Lager irren. Der Aufbau der neuen Zeit wird abhängen von einer inneren Aufrichtung der Friedensgesinnung und des schöpferischen Miteinandergehens all der Menschengruppen, die leben wollen und die begreifen, daß die Erde unendlich reich ist. Noch nie war die Geschicklichkeit des Menschen so groß wie heute, diesen Reichtum in Wohlfahrt für alle zu verwandeln. Vorausgesetzt, daß die demokratische Gesinnung, die den Krieg gewann, nicht daran verhindert wird, auch den Frieden zu gewinnen. Diesen Vormarsch aus theoretischem Programm in gelebtes Leben zu verwandeln ist der Sinn unserer Epoche, angewandt auf welchen Mensch[en]schlag auch immer, Juden oder Moslem, Hindu oder Briten, Franzosen oder Chinesen. Das westliche Mittelmeerbecken kann auf lange Sicht keinen anderen Weg nehmen als den der anderen Erdteile. Als es galt, den aufsteigenden Faschismus einzudämmen, prägte man die Parole der unteilbaren Sicherheit; als man sie verriet und verließ, öffnete sich dem Faschismus die Aussicht auf Sieg. Heute beherrscht uns die Parole der unteilbaren Ordnung des Wiederaufbaus, verkörpert in den Bestrebungen, aus der Vereinigung der siegreichen Nationen eine Weltföderation zu entwickeln, in welcher keine Ächtung irgendeiner Menschengruppe Platz hat, auch nicht die Antisemitismus genannte der Juden. Alle unsere Anstrengungen richten sich darauf, aus edlen Absichten Leben zu entwickeln. Wir sehen nicht ein, warum sie scheitern sollten, wenn man den Menschen Zeit läßt, sich von der großen Müdigkeit zu erholen, die die Anstrengungen der faschistischen Epoche und ihre Niederwerfung über unsere Generation verhängt hat. Wir sind nicht schwächer als die Männer und Frauen nach dem vorigen Weltkrieg; zeigen wir, daß wir in 25 Jahren auch etwas weiser geworden sind.

Beginn und »Endlösung«

1.

Seit der Zerstörung des jüdischen Reiches unter Vespasian und Titus siedeln sich mit den Heeren der Kaiser an vielen Stellen Europas kleine Gemeinden jüdischer Menschen an. Sie kommen als Händler, Sklaven und Schreiber in das ihnen eigentlich ungewohnte Klima und bringen dreierlei Besonderheiten mit: erstens ein mittelmeerisches Aussehen und Temperament, zu welchem geistige Beweglichkeit und die Gestenfreude des Mediterranen gehört, zweitens den Glauben an einen unsichtbaren allgegenwärtigen Gott, der Himmel und Erde geschaffen hat und sie auf besondere Art bestraft und behütet, und drittens den siebenten Tag jeder Woche als unbedingten Ruhetag für Mensch und Tier. Eine für damalige Verhältnisse umfangreiche Literatur, das Alte Testament, nehmen sie überallhin mit, auf pergamentene Rollen für den Gottesdienst geschrieben. Als Konkurrenz dazu verbreiten römische und griechische Bischöfe jedoch ein anderes Schrifttum, das Neue Testament, das im Reich alsbald herrschende Religion wird und in vier- oder fünffacher Form die Legende vom Leben und Leiden des Heilands Jesus Christus enthält, und zwar so umgefärbt, daß der römische Kreuzigungstod, den der Statthalter Pontius Pilatus an dem »König der Juden« vollstrecken läßt, nicht den Römern oder Griechen, sondern eben diesen Juden zur Last gelegt wird – als Verbrechen gegen den Geist, welches nie vergeben wird.

2.

Diese jüdischen Gemeinden und Menschen vertreten den antiken Kapitalismus überall dort, wo innerhalb der feudalistischen Gesellschaft die Geldwirtschaft noch kaum ausgebildet ist, denn nach dem christlich-kanonischen Recht ist das Nehmen von Zinsen verboten. Da aber auch feudale Machthaber ohne Entleihung von Kapital nicht auskommen und Kapital mit Zinsen unlösbar verbunden ist – so wie die Getreideernte als Körnerhaufen das Saatgut vervielfältigt zurückgibt –, stempelt den jüdischen Geldverleiher und Zinseneinnehmer für immer das Odium sündhaften Berufes. Vom Beginn des Mittelalters an verbreitet sich in der Lombardei das Bankwesen. Der Jude bringt diese moderne Wirtschaftsweise überallhin mit, wo sich in den großen Handelsstädten alsbald jene mächtigen nichtjüdischen Handelshäuser gründen, die als Medici, Fugger und Welser mit ihren französischen und holländischen Konkurrenten wetteifern. Dem jüdischen Bankier aber, dem »Wucherer«, verblieb der Makel jener Geldgeschäfte, ohne die weder Bauern noch Kleinbürger, weder Offiziere noch Studenten zu Rande kamen. Je weiter sich diese Geschäftsverbindungen in die agrarischen Bezirke Osteuropas erstrecken, die seit dem Wachstum der habsburgischen Monarchie von Österreich und Ungarn fast den ganzen Balkan einbeziehen, soweit er nicht dem türkischen Imperium angehört, um so stärker wird der Jude in seinem schwarzen mittelalterlich-italienischen Rock und dem dunklen Haar und Bart der Träger und Sündenbock für alle Nachteile der Geldwirtschaft.

3.

Zur gleichen Zeit wächst in der werdenden und reifen kapitalistischen Gesellschaft der Widerstand der arbeitenden Massen gegen die Ausbeutung durch die Profitmacher. Schon die Aufständischen der großen deutschen Bauernrevolution greifen 1525 in ihren zwölf Artikeln auf die soziale Gesinnung des Alten Testaments zurück, woselbst es weder Fronarbeit noch Leibeigenschaft gibt und die vom Neuen Testament nicht aufgehoben, sondern unterstrichen wird. Nicht mehr als den Zehnten von allen Feldfrüchten wollen sie abliefern, und zwar an die geistlichen Herren, welche ihre Gemeindepfarrer eingesetzt haben. Mit diesem Gemeinschaftsgeist erschließt sich ein moderner Weg, der auch von jüdischen Köpfen und Herzen von Generation zu Generation immer mehr verbreitert wird. So verbindet sich für den Durchschnitt sowohl der kapitalistische wie der sozialistische Geist mit der Existenz und dem besonderen Typ des Juden, je weiter das Werden unserer Gesellschaft Bauern und Kleinbürger zu Proletariern herabdrückt. Den als Verderber der alten Sitten in den Artikeln der Bauern von 1525 angeprangerten Teufel verwechseln noch im 20. Jahrhundert in Bayern aufwachsende Kindermädchen mit dem Juden, der, wie sie glauben, einen langen Schwanz besitzt und Nichtjuden vom Bürgersteig hinunterstößt.

4.

Unter solchen Umständen leben inmitten der nichtjüdischen Massen jüdische Gruppen, ungefähr ein Prozent von ihnen ausmachend, auf durchaus erträgliche Art. Sie unterscheiden sich von den Nichtjuden etwa so wie Rothaarige oder Bucklige vom allgemeinen Typus der Bevölkerung. In der Neuzeit jedoch breitet sich besonders in Österreich ein Abstoßungsaffekt gegen die jüdischen Bankiers und Sozialisten aus. Je mehr das Kleinbürgertum durch den Industrialismus verarmt, desto eifriger schließt es sich in Parteien zusammen, die immer ausgesprochener antisemitisch werden, sich ihrer Judenfeindschaft rühmend. Noch gegen Ende des 19. Jahrhunderts kann ein Arbeiterführer den Antisemitismus als »Sozialismus der dummen Kerle« abstempeln. Je machtvoller aber die organisierte Arbeiterschaft alle hochkapitalistischen Monopole und Trusts bedrängt, desto hitziger bedienen sich die schreibenden Dienstboten dieses Kapitalismus der judenfeindlichen Affekte, um den Arbeiterparteien Zuwachs abzutreiben. Vor hundert Jahren erfindet dazu ein französischer Aristokrat und Schriftsteller, der Graf Arthur Gobineau, jene moderne Lehre von der Ungleichheit der menschlichen Rassen, die dem Antisemitismus der Neuzeit ein besonderes Gepräge gibt. Besitzt man längere Beine und blonde Haare, dazu auch einen Langschädel, so braucht man nichts weiter, um sich als Herrenrasse aufzutun und die Verwandlung des modernen Industriestaats in einen Sklavenstaat zu propagieren, in welchem eine überaus große Arbeiterschaft für eine winzige, in Monopolen zusammengefaßte Herrenschicht frondet. Eine emporblickende Schreiberschar verfaßt dünne oder umfangreiche Broschüren, die in Riesenauflagen verbreitet werden, um das neue Evangelium der Herrenrasse auch all den Söhnen und Töchtern genehm zu machen, die in den allgemeinen Schulen und Bildungsstätten hinter jüdischen Mitschülern zurückbleiben mußten – dank schwächerer Begabung.

5.

Aber alles, was hier niedergelegt worden ist, verhält sich zu dem, was wir als Antisemitismus inzwischen zur Kenntnis nahmen, wie eine normale Meeresströmung zu einem echten Taifun. Es bedurfte zweier Weltkriege, einer Inflation und der großen Weltwirtschaftskrisen, die unser Jahrhundert durchrütteln, um aus jenem Antisemitismus das Verbrechen entstehen zu lassen, welches mit Adolf Hitler und seinen Kumpanen ebenso verbunden ist wie mit den großen Industriellen, die ihn, diesen schwer pathologischen Phantasten, und seine verbrecherischen Mittäter finanzierten. Die Organisationsfähigkeit des modernen Kapitalismus und die Dienstbereitschaft von Millionen Kleinbürgern machten es möglich, aus der Bevölkerung Europas fünf bis sechs Millionen Wettbewerber auszuschalten – so begabte Söhne und Töchter, wie wir sie als Schauspieler, Musiker, Wissenschaftler, Dichter, Maler, Plastiker und Politiker zu unseren Bekannten zählten. Ja, wäre ein solcher verbrecherischer Wahnsinn schon nach den Napoleonischen Kriegen und Niederlagen möglich gewesen, unsere moderne Welt hätte ohne Karl Marx, Einstein und Freud auskommen müssen, ohne Heinrich Heine, Gustav Mahler und Felix Mendelssohn, ohne Max Liebermann, Sarah Bernhardt, ohne Max Reinhardt und Otto Brahm. Was in der »Affäre Blum« am Einzelfall gezeigt wird, ist jener Keim, der sich zur ungeheuren Krebsepidemie entwickeln durfte, die wir nur darum überlebten, weil wir aus den Erfahrungen des ersten Weltkrieges Lehren zogen, die uns zum Widerstand und zum Ausweichen in die Emigration Mut, Zähigkeit und Klugheit gaben. Heute erkennen wir, was geschieht, wenn man solche Keime nicht rechtzeitig ausbrennt. Unser gespaltenes Deutschland ist nur eine Folge dessen, was von der »Antibolschewismus« genannten Dummheit bewirkt werden kann, werden muß. Wer leben wird, wird sehen, sagt der Franzose. Wer leben will, muß handeln, sagen wir.

Palästina – Rückkehr zur Zukunft?

Unser Palästina

Gibt es heute noch Gegner des zionistischen Ideals? Die Lösung der Judenfrage, die der Zionismus propagiert hat, ist im Programm der Stunde enthalten; die jüdische Siedlung im alten klassischen Lande der Gesetzgebungen und Propheten bereitet sich heute in den Tagungen der Großmächte vor, und da der Krieg und die Jahre der Besetzungen auch die konservativsten an den Boden der Diaspora festgeklammerten Judenmassen des Ostens mit unerhörtem Elend und unerhörten geistigen Ausblicken aufgewühlt hat, scheint das Judenvolk sich wieder einmal anzuschicken, einen seiner jahrhundertwendenden Schritte zu tun: den ersten Schritt heimwärts.

Es ist durchaus wahr: schneller, als wir gewollt haben, tritt die Erfüllung an uns heran, und nicht nur als Sieg der Ideen des Rechts und der Billigkeit gegenüber dem gequältesten Volke der Weltgeschichte, sondern ebensosehr als Produkt großpolitischer Besprechungen und eines nicht ohne Eifersüchte erfolgten Abwägens zwischen den einzelnen Interessen großer Mächte. Beides kann keinen Deut von der klaren Erkenntnis abziehen, daß ohne die Arbeit des nun zwanzig Jahre alten organisierten und politischen Zionismus den Großmächten diese Lösung nicht zur Verfügung gestanden hätte. Und keinen Deut abziehen kann dies »Geschenk an das jüdische Volk« von der Tatsache, daß das Judentum in diesem »Geschenk« einen Sieg seines Rechtsanspruches auf natürliches Volksleben sieht und daß es zweitens seine Neutralität mit verstärkter Stimme kundtut: was Palästina angeht, sind wir nichts als Juden, und nur das Interesse des jüdischen Volkes haben wir zu wahren: Möge der einzelne Jude nach Geburt und geistiger Veranlagung als privater Mensch den Sieg der Entente und ihres Programms feiern, möge er mit Ehrfurcht und Mitgefühl sich in die tragischen

Krisen der Wiedergeburt Rußlands, Deutschlands oder Deutsch-Österreichs einbeziehen: was Palästina, was die nationalen Forderungen des jüdischen Volkes angeht, gibt es für uns nur eine Einstellung: die jüdische, die uns ebenso natürlich und von allen andern ebenso zu achten ist wie die rein eidgenössische des Schweizers.

Zu früh erfüllt: wir wollten die Arbeit der Läuterung, deren uns die Teile unseres Volkes, jeder auf seine Art, bedürftig erschienen, in der alten Gemeinschaft leisten, wo die Verzerrung als abzubrechendes Zeugnis unserer langen Entjudung und Unnatur leibhaft mit uns umgeht. Wir hofften, daß derselbe Weg voll Mühsal, Hingabe, Opfer und Enttäuschung, der uns geprüft hat, auch denen zuteil werden solle, die jetzt Jünglinge und Mädchen sind, damit in Palästina der Aufbau um so reineren Geistes, mit um so reineren Händen stattfindet. Es ist anders gekommen, und wir heißen es gut. Wir werden den Kampf gegen unsere Verzerrungen und Laster, gegen das Literarische und das Händlerische im Juden, mit einbeziehen müssen in den Kampf um Zion, in den Aufbau der neuen Gemeinschaft. Sei es! Und mögen auch die Kämpfe zwischen neuer Religiosität und der großen traditionellen Religion, zwischen sucherischer Jugend und der Weisheit der Väter auf jenem Boden sich abspielen, der alle großen, innerjüdischen Krisen durch seine reine und heilende Luft in eine Sphäre voll gegenseitiger Achtung und des endlichen Verstehens gehoben hat; er wird seine Kraft auch diesmal bekunden.

Eines aber wird keinesfalls geschehen: Der kapitalistische Geist wird nicht in jener Gemeinschaft grundlegend werden, wie er dies europäische Zeitalter, das jetzt in Krämpfen abläuft, gegründet hat. Der soziale Genius des Judentums, untötbar lebend von Moses bis Karl Marx und seinen Erben, wird dies verhindern. Noch ehe die jüdischen Massen die Küste Palästinas sehen, werden in der europäischen Zionistenkonferenz diejenigen Grundlinien gezogen werden, die bei aller Freiheit für den einzelnen diesen Dämon ausschließen, der die Arbeit von Völkern in die Hände von wenigen spielen möchte. Der eben vergangene Delegiertentag des deutschen Zionismus war dafür ein Beweis neben vielen, er, der die Sozialisierung des Bodens und seiner Schätze als die zentrale Voraussetzung der neuen Siedlung anerkannte. Und ist damit nicht die Voraussetzung für ein edleres Zusammenleben von Juden gegeben? Wir glauben es. Wir sehen unsere unendliche Aufgabe: Reinigung, Steigerung, Verwirklichung des jüdischen Geistes im Leben einer jüdischen Gemeinschaft, nach derselben Richtung weisen, die heute die Völker Rußlands, die deutschen Stämme in einem unerhörten Aufstand vereinigt: es sind die Ziele der Menschheit, das gerechtere kameradschaftliche Leben auf der Oberfläche dieser Erde; und neuer Mut, neues Vertrauen in den Dienst der Stunde beseelt uns. Nicht werden die Juden, die zurückbleiben, in alter Ordnung ohne den neuen Geist fortdämmern; unser Aufbruch wird für sie ein Signal mehr sein, sich zu besinnen, und die Söhne und Töchter auch derer, die sich heute von uns fernhalten, werden zu uns gehören, wie die Söhne derer, die zu Haggais Zeiten sprachen: »Die Zeit ist noch nicht da, daß man des Herrn Haus baue«, sich dennoch mit Zerubabel an die Arbeit machten – und da war sie doch da, diese Zeit.

Das jüdische Palästina und der Orient

Wir Zionisten, die die Besiedlung Palästinas durch jüdische Massen schon propagierten, als auf solchen Absichten noch die Strafe jüdischen und nichtjüdischen Gelächters stand, erwarten eine tiefgehende Umwandlung der jüdischen Volksteile durch die Gewalt des Orients; solche Wirkung aber ist notwendige Wechselwirkung und berechtigt die Frage, welcher Umwandlungen der Orient gewärtig sein muß, wenn eine jüdische Einwanderung ihm eine Menschenmenge von durchaus ungewöhnlicher Struktur zu seiner vielfältigen Bevölkerung hinzufügt – zu einer im wesentlichen *beharrenden*, in sich langsamen, mit dem Willen zur Abschließung gesättigten Bevölkerung. Der neue Zuzug aber wird, allgemein gesehen, drei Elemente in sich tragen und so dreierlei Einfluß spielen lassen: europäische, ostjüdische, urjüdische.

Der Jude kommt, erster Aspekt und größter Gegensatz, als *Europäer* ins Land. Sein Intellekt ist vollwach und von einer geschmeidigen Schärfe, die sich jeden Problemes und jeder Schwierigkeit zu freuen scheint; zugleich kommt er als Großstädter, der in den Formen des zerlegtesten Großbetriebes erwachsen ist und sie überall anzuwenden bereit scheint, mit dem ganzen Tempo des Großstädters und Zeitsparers. Dieser Jude trägt die moderne Wissenschaft an den Rand des Orients: er wird zuerst die Medizin entfalten und den Kampf gegen Malaria und Augenkrankheit, gegen Kindersterblichkeit und Seuchen erfolgreich aufnehmen. Daß damit eine Veränderung der Bodenverhältnisse verbunden ist, sowohl Trockenlegung von Sümpfen als Bewässerung von Trockenland, ist bekannt. Größere Städte und intensiverer Verkehr erscheinen uns unvermeidlich, und die kulturellen Bedürfnisse der Juden, von jeher sehr hoch und europäisch gerichtet, werden ein Einfalltor für Literaturen und Künste der führenden Westvölker werden. Kurz, die Distanz zwischen Europa und dem Orient muß sich verringern, zumal da der Verkehr europäischer Schiffslinien nach palästinensischen Häfen sich intensiv beschleunigen muß, um der Verbindung der palästinensischen mit der europäischen Judenheit zu dienen; und ebenso wie die jüdische Universität eine modern-europäische Hälfte haben wird, die den Geist des Okzidents in Methoden und Lehrgegenstand ausarbeiten muß, werden Ausstellungen, Theater und vor allem Konzerte die besten und die neuen Schöpfungen Europas für jeden empfänglichen Geist darstellen, der kommt, sie aufzunehmen. Geschieht das aber, so ist nicht einzusehen, warum die Bewohner des palästinensischen Hinterlandes nicht an den Gelegenheiten des Studiums teilnehmen sollen, die ihnen plötzlich so nahegerückt sind. Vor allem aber wird er in vielem schon den Geist des Westens kennenlernen können, diesen aggressiven, zerlegenden und logisch-systematischen Geist – wie wir hoffen, ohne allzuviel von den Verzerrungen und Ausartungen zu verspüren, die das Leben in Europa zu diesem unbarmherzigen und nahezu gehässigen Kampfe von Mensch mit Mensch gebracht haben, der den wildesten Ausdruck im Kriege gefunden hat.

Dies zu vermeiden wird vielleicht die Aufgabe des *ostjüdischen* Elements der neuen Besiedlerschaft sein. Nirgendwo gibt es so überzeugte, so tatbereite, so nach neuer Ordnung des Lebens dürstende Massen wie in der Jugend des ostjüdischen Proletariats. Sie ist sozialistisch, diese Jugend, und ihr Einfluß ist um so größer, als die jetzt schon im Lande befindlichen Arbeiterjuden ihre Brüder und Gesinnungsgenossen sind. Denn darüber darf kein Zweifel herrschen: zwar werden die Juden die Formen ausgebildeter Wirtschaft aus Europa mitbringen; den Geist aber, der diese Formen für Europa so verhängnisvoll machte, den Geist des Kapitalismus, der rücksichtslosen Einzelbereicherung, ihn wollen sie nicht in das neue Land verpflanzen. Vielmehr wird die jüdische Gemeinschaft – kein auf Gewalt und Unduldsamkeit gegründeter Staat – von der Freiheit guten Gebrauch machen, den der englische Länderverband den ihm angegliederten Gemeinwesen innerpolitisch wie außerpolitisch in weitem Maße zu lassen pflegt, und sie wird eine Form des sozialen Zusammenlebens zu schaffen suchen, die schon darin von anderen sich unterscheiden dürfte, als der Arbeit am Lande, der groben schweren Arbeit, eine Würde und Weihe gegeben ist, durch die Erneuerung des Körpers, die sie dem städtischen und übergeistigten Juden zuteil werden läßt. Wir können heute schon sagen, daß vielleicht gar keine von Obrigkeits wegen festgesetzte Gemeindeform den individuellen und Gruppeninstinkten der Juden Schranken bieten wird, daß vielmehr die Freiheit auch der Gemeindeverfassungen zu einer reichen Mannigfaltigkeit der sozialen Typen führen dürfte. Denn da ein großer Teil der ostjüdischen Sozialistenjugend kommunistisch denkt und empfindet und nach Palästina geht, um dort den Idealen zu leben, auf die die europäische Gesellschaft mit Nein antwortet, werden wir ganz gewiß eine Vielfältigkeit von Wirtschaftstypen finden, die sowohl den individualistischen (Erbpacht) wie den sozialistischen und kommunistischen Gedankenwelten (Produktivgenossenschaft) irdisch-lebendige Formen geben werden. Damit wird zweierlei erreicht werden: das jüdische Volk in Palästina wird sich, was die Beziehung zu Europa anlangt, vor allem denjenigen Staatsorganisationen nahe fühlen, die sich ebenfalls auf den Grundrechten sozialer Gerechtigkeit aufbauen, und es wird zweitens in die imperialistische Herrenstellung des Europäers auch den Fellachen gegenüber eine bald sehr fühlbare Bresche legen.

Denn, und das ist das Urjüdische in der Grundlage des neuen Gemeinwesens: Die Juden dürfen keinen bornierten Nationalismus mit in den Orient bringen. Sie müssen, wo es sich irgend ermöglichen läßt, mit den Fellachen ein kameradschaftliches Auskommen und Miteinanderleben zu finden suchen. Zwar werden sie die Formen des öffentlichen Lebens in einem hohen Grade judaisieren, und die Hälfte der Universität Jerusalem wird den jüdischen Wissenschaften vorbehalten bleiben. Auch wird die *hebräische* Sprache, deren kräftige Neubelebung bereits ein Faktum ist, im öffentlichen Leben sich durchzusetzen wissen. Aber es hieße die Grundlagen des Judentums negieren, wenn in diesem friedlichen und kulturellen Wettkampf irgendwelche antiarabischen Gesinnungen unterlaufen sollten; im Gegenteil wird das Arabische recht bald in den jüdischen Schulen seinen Platz finden müssen.

Das arabische Problem, das ernsteste der Siedelung, gliedert sich ein in den großen Kampf um den Boden, mit dem die Französische Revolution, aufs Mittelalter zurückgreifend, begann, ohne ihn beenden zu können. Die arabische Welt steht heute noch in der Situation vor 1789: im Wilajet Damaskus z.B. belegt der Großgrundbesitz (»Effendis«) 60 Prozent des Bodens gegen 15 Prozent mittelgroßen und 25 Prozent Kleinbesitzes; den bearbeitenden Fellachen gehören in Transjordanien 15 Prozent, in Galiläa 20 Prozent und in Judäa 40 Prozent des Ackerlandes; während die knapp berechnete Durchschnittsgröße einer Fellachenwirtschaft 40 bis 50 Dunam ausmacht, teilen sich in der Gegend von Asa und Ber-Seba 28 Großgrundbesitzer in über 2 Millionen Dunam. Stellt man sich die Wirklichkeit, welche von solchen Ziffern skizziert wird, anschaulich vor, so begreift man, daß *jede Berührung* mit den gründlich gerechteren europäischen Zuständen selbst in kapitalistisch gesinnten Staaten (vergleiche Lloyd Georges Bodenreform!) auf den erbitterten Widerstand – nicht der Araber schlechtweg, sondern der vor Europa agierenden Araber-Effendis stoßen muß. Daß hier Veränderungen zugunsten der Fellachen unbedingt kommen müssen, sobald der Fellach Kenntnis von seiner ungewöhnlichen Lage erhält, daß keine europäische Verwaltung sich gegen diese Ansprüche des Landproletariats wehren könnte, liegt in der Situation selbst. Führen nun gar die Juden moderne, ertragsteigernde Agrarmethoden ein, die bei Bewahrung der heutigen Situation dem Effendi weit mehr als dem Pächter zugute kämen, so ist der Anstoß zur Agrarreform auch dann gegeben, wenn sich die Juden jeder Einmischung in die arabischen Besitzverhältnisse enthalten. Dies weiß der Effendi so gut wie wir, und mit derselben Logik wie Europa wehrt er sich gegen das Einströmen der neuen Zeit, indem er den Fellachen irreführt, aufreizt, in Versammlungen und Zeitungen bis zur aggressiven Untat erhitzt und so, nach außen auf die »Volksbewegung gegen die Fremden« verweisend, seine eigene Stellung als Herr des Bodens aufrechterhält.

Neben diesem Grundproblem verschwinden die übrigen vorläufig ins Nebensächliche; selbst die Tatsache, daß im Kampfe gegen den Zionismus die christlichen Araber (ein verschwindender Bruchteil gegen sechshundertfünfzigtausend Mohammedaner) so auffallend in den Vordergrund treten, erklärt sich durch jenes: gehören doch die weitaus meisten davon zu den Effendis, entweder als Großgrundbesitzer oder als von ihnen Abhängige. Jede jüdische Politik in Palästina kann also nur durch das Vorbild gerechter Wirtschaftsformen den arabischen Widerstand auf seine wahre Größe und seine wirklichen Motive zurückführen, und jede europäische Verwaltung kann nicht anders als im selben Sinne wirken. Der arabische Geist hat lange geruht, aber er ist keinem anderen unterlegen; in gemischten Schulen behaupten schon heute arabische Kinder neben den jüdischen fast den gleichen Rang an Intelligenz, und diese Gleichwertigkeit wird sich mit der Zeit auf allen Gebieten des Lebens durchsetzen. Unter dem Gesichtswinkel der Dauer stellt sich jede andere als die versöhnliche und schöpferische Einstellung nicht allein als unmoralisch, sondern vor allem als Selbstschädigung der jüdischen Siedelung heraus; wir haben das heute schon tätig zu respektieren. Der Araber erwacht, und niemand wird ihn wieder einschläfern. Tradition und Erneuerung in Wechselwirkung können dort, wo schon eine so große arabische Kultur bestand, als Nordeuropa gerade erst aus dem Ei kroch, wieder ein geistiges und schöpferisches Leben erzeugen, arabische und jüdische Leistung entweder neben- oder ineinander zu reichen Lebens- und Kunstformen befruchtend. Der Jude hat im neunzehnten

Jahrhundert den Kursus »Europa« durchgearbeitet und sein altes Schöpfertum in neuen Formen und auf allen Gebieten erwiesen; der Araber wird, seine Institutionen mitbenutzend, bald zu eigenen fortschreiten. Und dann könnte eine weitere Funktion der paradox-besonderen Lage des Judenvolkes aktiv werden; dann könnte, eine Parallele zur spanisch-maurischen Zeit, in der der Araber und der Jude das hellenistische Griechenland von Byzanz nach Europa trugen, der Jude neben eigenem Schöpfertum der »ehrliche Makler« werden, der in durchaus selbständiger Form den europäischen Gehalt nach dem Orient, den arabischen aber an Europa weitergibt. Und somit kann er, den so enge, zähe und zahlreiche Fäden mit den Ländern des zentralen und des östlichen Europas und mit Amerika verbinden, daran arbeiten, den großen Riß zu schließen, den die Urheber nicht nur für die Dauer des Krieges in die so eng verflochtene Welt gebracht haben und den der Versailler Frieden nicht heilen zu können bereits bewiesen hat. Dies aber ist eine religiöse Aufgabe, ein Amt der reinen Gesinnung und reiner Hände. Die Menschheit, aufgebaut auf Völkern, wird so lange ein dissonierendes Getöse ein, als Haß und Verachtung blind von Volk zu Volk Stacheln und Widerhaken kehren. Der Orient, ein Teil der Menschheit, ist keinesfalls ein Objekt der Politik, keinesfalls eine Nutzpflanzung für weiße »Herrenvölker«. Der Jude, fast zwei Jahrtausende das Objekt des Hasses, wird der Menschheit dienen, indem er darlegt: daß geachtet werden soll, wer arbeitet; daß die Hautfarbe keine Vorrechte bedingt; daß niemand das Recht hat, Menschen, seine Kameraden zu versklaven; daß die Erde geräumig ist und daß die Lehre, die dereinst von Zion und Jerusalem an alle Völker ausgehen soll, der Geist brüderlicher, herzensmilder Gesinnung und Lebensgestaltung ist; daß aber alles Böse mit der Trägheit des Herzens anfängt, mit verachtenden Gedanken weitergeht und mit Gewalt endet.

Papst, Judentum, Palästina[1]

»Es ist bekannt, daß die Lage der Christen in Palästina sich nicht nur nicht gebessert, sondern verschlechtert hat, und das infolge der neuen Einrichtungen, die als Ziel haben ... die Christen aus den Stellungen, die sie bis jetzt eingenommen haben, zu vertreiben und sie durch die Juden zu ersetzen.« Dieser Satz entstammt einer Rede des vorigen Papstes im »Geheimen Kirchenrate«, der noch weitere Stellen zu entnehmen sind. Der Papst »sprach von der angeblichen, teilweise schon verwirklichten Absicht der Juden, das Heilige Land mit einem Netz von Hotels und weltlichen Belustigungsunternehmungen zu bedecken«, beklagte, »daß seine Mittel zu beschränkt seien, um den armen Bewohnern dieses Landes Hilfe zu senden«, bemerkte, »daß es keinesfalls sein Wunsch sei, die Rechte des jüdischen Elements verringert zu sehen – er wolle nur nicht, daß die Juden irgendwelche Vorrechte genössen –, und schloß mit einem heißen Aufruf an die christlichen Regierungen, sie möchten bei der Mandatsbesprechung darüber wachen, daß die Rechte der Juden denen der Christen nicht vorangesetzt werden«.

Wenn man's so hört, möcht's leidlich scheinen – selbstverständlich bis auf den grotesken Ausdruck »weltliche Belustigungsunternehmungen«, die ja von der Ukraine, Europens Geiste entsprechend, über Ungarn, Polen und Bayern bis nach Jaffa im Ermorden zahlloser Juden bestehen mögen, die wir aber doch nur ungern über Erez Jisroel netzförmig ausspannen möchten. Wir wollen den Juden in der Tat ein Vorrecht verschaffen, nämlich irgendwo nicht erschlagen, nicht mißhandelt und nicht einmal ma-

---

1 Dieser ein und ein halbes Jahr vor der Mandatserteilung geschriebene Aufsatz, der ursprünglich zur Veröffentlichung an anderer Stelle bestimmt war und uns erst jetzt zugegangen ist, scheint uns an Aktualität nichts eingebüßt zu haben. (Anm. d. Red.)

jorisiert zu werden; im übrigen aber nationale Autonomie für alle Teile der Bevölkerung gewahrt sehen und unsererseits den jüdischen Begriff der Gerechtigkeit ins Leben besser hineinbilden, als die Christenheit, deren Christlichkeit zu kritisieren wir Christen überlassen, an uns »Toleranz übte«. Und was für Christen, wenn nicht englische Militärbeamte, aus Stellungen, die sie bis jetzt innehatten, verdrängt werden sollen, wird uns die redende Heiligkeit wohl nicht mitteilen können – wobei wir mit Vergnügen sehen, wie zärtlich *The Pope*, für den englischen *Puritan*, der Feind und Antichrist, sich der Protestanten anzunehmen weiß – wenn Politik im Spiele ist.

Aber nein, der Papst tritt für die christlichen Araber ein, als legitimer Schulzherr und mit vollem Rechte – antwortet mir das objektive Ich. Die christlichen Araber! Wer sind sie? Missionierte Fellachen, arme Pächter mit Werkzeugen von vor 2000 Jahren, die im wüstesten Lande der Erdkugel ebenso elend wie ihre moslemischen Blutsbrüder am Boden kleben – und Effendis, Großgrundherren, die wie ehemals ihre moslemische Parallele den arbeitenden Menschen mit levantinischer Härte ausnützen, um die Revenuen zu angenehmer Lebenshaltung im Auslande und der Herausgabe ihrer Presse zu verwenden – jener arabischen Presse, der wir die letzten Mordüberfälle verdanken und deren Zentren in Paris, neuerdings anscheinend auch in Berlin, zu suchen sind.

Sehen wir gründlich: der Papst beschirmt seine christlichen Araber – zugleich aber wird er in die französische Politik eingemauert.

Frankreich, von Foch bis Claudel, das klerikale Frankreich, dem die Ketzer ebenso zuwider sind wie die Juden, ja noch widerlicher, denn jene haben das Heil schon bekannt und sind dennoch abtrünnig geworden, diesen ist es nur angeboten worden, ohne daß sie es erkannten – das klerikale Frankreich marschiert in Syrien und mit allen Mitteln, marschiert gegen das protestantische England und damit, unter Assistenz jüdischer Franzosen, wie des Herrn Jean Finot, gegen die letzte Chance des jüdischen

Volkes. Das antikirchliche Frankreich aber verfällt: Combes ist tot, Clemenceau schweigt, die Arbeiter teilen sich in einander lähmende Gruppen wie in Deutschland, und nach der ungeheueren Anspannung des vierjährigen Widerstandes überläßt das Land, wie überall, den Berufspolitikern eine Zeit, die von Wilsons 14 Punkten eingeleitet worden war – jenen Deputierten, unter denen über hundert Millionäre sitzen. Und indem man den kapitalistischen Imperialisten den Vortritt gegen Deutschland, den klerikalen aber im Orient läßt, hat man sich in die Arbeit geteilt und den römischen Stuhl, der gegen Deutschland nicht aktiviert werden kann, als wirkende Kraft dort eingesetzt, wo Gegenkräfte innerhalb der katholischen Welt sich nicht melden können: gegen England und die Juden. Nicht als ob jene ersten am Orient desinteressiert wären – die (leider inzwischen eingegangene) »Auslandspost« brachte voriges Jahr in ihrer Nummer 27 eine Aufzählung der »französischen Finanzinteressen im ehemals türkischen Gebiet«, aus der klar ersichtlich wird, als wessen Agenten die Orientpolitiker Frankreichs angesehen werden dürfen – aber diese Liste wird man dem geistigen und energischen Haupt der Kirche eben nicht vorlegen. Dagegen wird man ihm sagen oder auch verschweigen: daß nach Habsburgs Sturz keine Großmacht, wenn nicht Frankreich, als Adjutant der Kirche auftreten kann, Frankreich, Polens Freund; und Frankreich wird sich des polnischen Katholizismus bedienen, um die Sympathien des Vatikans für den deutschen Katholizismus zu balancieren. Polen aber ist fromm katholisch ohne die Sektierertendenzen der Tschechen und ohne Ungarns Ohnmacht; selbst in einem bolschewistischen Polen wäre der Klerus eine Macht, weil die Bauern eine Macht bleiben, der keine Politik und kein ökonomisches Kraut gewachsen ist. Und da Frankreich genau weiß, daß das, was es den Deutschen jetzt, zwei Jahre nach Versailles, am Rhein und in Oberschlesien zufügt, böses Unrecht am ehrenvoll zusammengebrochenen Feinde von der Art ist, die den Täter immer erniedrigt und vom knirschend Erleidenden nicht vergessen wird, ist es an Polen gekettet – wenn es diese Ketten auch jetzt noch für Spielfäden der Marionette hält. Die Beziehungen zum Vatikan sollen diese Fäden um einen vermehren. Zwei Zentren jüdischen Lebens also, Palästina und Polen, sind durch den Vatikan beeinflußbar, und Frankreich wird nicht zögern, diese Wirkung gegen jene jüdischen Bestrebungen zu wenden, die gegen Assimilation und für die Bewahrung jüdischen Eigenlebens wirken.

Was haben wir dagegen zu erklären? Erst einmal zu klären, wem wir eigentlich gegenüber sind in dieser Gruppierung. Der Papst steht in dreifacher Funktion vor der Welt: als Haupt der katholischen Kirche, die sich für die allein Christi Willen entsprechende Gemeinschaft hält – sagen wir hier: des Katholizismus; ferner als Träger einer fürstenartigen politischen Macht – nennen wir dies den Vatikan; und endlich als Blickzentrum starker politischer Parteien in vielen Ländern, die ihn nominell als Haupt verehren, in Wahrheit aber kirchlich gefärbte Nationalpolitik machen, und deren jede ihn für ihre Politik einspannen will, um die Institutionen der Kirche, dort, wo sie auf dem Staatenleben fußt, sich und ihrer Interessenzone, unter Wahrung einer bestimmten weltanschaulich zu denkenden Färbung, politisch nutzbar zu machen; nennen wir dies den Klerikalismus. Was wir hier trennen, ist selbstverständlich nur gedanklich trennbar, in Wahrheit entsteht das eine aus dem anderen, jede der drei Funktionen beeinflußt die andere, wie man es sich leicht selbst ergänzt; dennoch besteht die Scheidung zu Recht, die wir erkenntnishalber hier versuchen. Katholizismus ist ein spiritualistisches System, das die jüdischen Elemente des Christentums soweit als möglich ausgeschieden oder eingekapselt hat; griechisch-römische Schöpfung, auf jüdischer Basis so unverpflichtend als nur möglich errichtet, den Hauptakzent auf die innere Anschauung – den Glauben – einer sehr abendländisch konzipierten, mystischen Trinität legend, welche dem Menschen in Gestalt der Sakramente zugänglich ist und deren Gnadenquelle die Passion Christi ist; in mannigfachen Symbolen stellen sich die Zeiten diese zentrale Gottesgestalt dar, vom Jesuskind des Antonius bis zum göttlichen Imperator des Ignatius, vom guten Hirten bis zum Richter des Jüngsten Tages treten immer neue Facetten der Gottheit dem Gläubigen gegenüber, dem sich noch zahlreiche Mittlergestalten hilfreich darbieten, um ihn dem Einfluß des Bösen – der Natur des gefallenen Menschen – zu entziehen, sofern er Gott in Christus bekennt und den aufrichtigen Versuch zur Nachfolge macht, die ihm durch reiche Gnadenmittel erleichtert wird. Dieser Katholizismus, eine totale, umfassende Idee, stellt sich dar als Kirche, d. h. als Gemeinschaft der Heiligen (exemplarischer Menschen) und der Gläubigen; ihre Einwirkung auf die Welt, als erlösender Glaube und tätige Caritas, hat in der Nachfolge Christi beseligende Quelle und beseligendes Ziel. – So wenig uns Juden dieser streng spiritual und stufenhaft errichtete Bau zu sagen hat, wären wir doch blind, sähen wir nicht, daß er dem Leben des Europäers und seiner Geistigkeit überaus kongruent ist, viele seiner Bedürfnisse befriedigend und eine wirklich majestätische Kraft der Ergebung und Reinigung des Menschen der Möglichkeit nach in sich schließend; und gäben wir nicht zu, daß er in der Tat Europa erzogen hat, in relativ hohem Maße die Grundlagen des heutigen Zustands legte, einst, im 10. bis 14. Jahrhundert, die einzige bildende Kraft des Westens war und noch heute durch karitatives Wirken (z.B. des dritten franziskanischen Ordens) und geistige Erziehung (der Benediktiner und Jesuiten) Großes am Menschen leistet: Religion im okzidentalen Sinne, metaphysisch begründet, ethisch wirkend, den Unvollkommenheiten des Menschen in der Realisierung dieser Idee geduldig und im Vertrauen auf die Kraft des Glaubens – der kein Meinen, sondern eine Schau, eine Art Evidenz ist – Rechnung tragend und der Idee nach dem weltlichen Staate übergeordnet, ja eigentlich ihn und seine Institutionen, weil liebeerfüllte Gemeinschaft, verzehrend und überflüssig machend, wie seit Augustin immer wieder, drastisch oder verhüllt, ausgedrückt worden ist. Nur im Lehramte, ex cathedra, sprechend, ist der Papst, Nachfolger Petri und Stellvertreter Christi, unfehlbar und autoritativ; im übrigen als oberster Priester zu beispielhaftem Leben verpflichtet und stets unter dem Auftrag, Stimme und Werkzeug des göttlichen Geistes zu sein, wie er in der Ecclesia sich darstellt.

Neben diese geistige Wirklichkeit, neben diese Idee stellt sich Realität, als politische Wirklichkeit der Vatikan, der die Herrschaft der Kirche über die Geister sehr realistisch in eine Herrschaft auch über die Volksteile verwandelt, die ihm religiös zugewandt sind, und zu ihrem leiblichen Wohle, zugunsten der Kirche, ihrer Ausdehnung und ihres Machtzuwachses. Hier ist »Kirche« nicht mehr geistige Gemeinschaft, sondern politisch wirkende Organisation, geistig fundiert; hier heißt »geistig« nicht mehr spiritual, sondern ist der Gegensatz zu »militaristisch«; hier sind nicht mehr die Seelen der Priester oder Gläubigen das Substrat, sondern der ganze lebende und wollende Mensch: eine politische Macht, aufgebaut auf der Herrschaft über Gewissen und Gedanken, mächtig, imposant und sehr weltzugekehrt. Ihr präsidiert der Papst als Hirte der Völker, ein Fürst neben Fürsten, dessen Vasallen die klerikalen Parteien (und Regierungen) der Völker sind.

Sehr selbständige Vasallen. Diese Parteien bestehen aus Zeitgenossen. Verbunden – aber sehr vage nur, sobald man das Religionsmoment ausscheidet – durch gemeinsame Geisteshaltung, stehen sie programmatisch in ganz verschiedenen Zusammenhängen, sind (wie die Popolani in Italien oder die christlichen Gewerkschaftler) dem Sozialismus nahe, sind großkapitalistisch oder – die Christlich-Sozialen Österreichs – kleinbürgerlich orientiert, den Nationen und Staaten, deren Teile sie sind, aktiv ergeben und bemüht, einen weitestmöglichen Einfluß auf deren öffentliche Angelegenheiten zu gewinnen, um andrerseits die politische Macht des Vatikans ihren Ländern zuzubringen. Sie auch, da sie Massenparteien sind, tragen im wesentlichen jenen »freiheitsfeindlichen« pfäffischen Zug ins

Leben der Kirche hinein, der so charakteristisch für sie ist: jene Betrachtung der Künste und Wissenschaften unterm Gesichtswinkel des halbgebildeten oder anders, nämlich dogmatisch orientierten Frommen, der den Hirtenbriefen vieler Bischöfe und gelegentlich auch des Papstes einen manchmal rührenden, manchmal ärgerlichen Zug von mangelnder Sachkenntnis gibt. Als Haupt der Klerikalismen entfaltet der Papst auch die menschlich irrenkönnenden Seiten seines Wesens in Erlässen oder Reden wie der, die diesen Aufsatz anregte.

Als Juden sagen wir nun: dem Katholizismus gegenüber bleiben wir fremd und abgewandt, ohne seine erziehende und karitative Kraft zu leugnen oder zu stören. Mit Gelächter aber verfolgen wir die grotesken Apologeten der Messe unter den jüdischen Literaten, die sich katholisierend drapieren, ohne die Kraft zur Konversion zu finden, und nicht ohne Unwillen verlieren wir begabte Juden an eine Geistigkeit, die dem Judentum feindlich ist, ohne es auch nur zu kennen. Das Karfreitagsgebet »pro perfidis Judaeis« erwidern wir – wir, physisch überall die Schwächeren einer so weltlich mächtigen Kirche gegenüber – mit dem grimmigen Erinnern an Inquisition und Kreuzfahrermetzeleien (die ein Chesterton erst jüngst in London »geistreich« belobte), Judenverbrennungen und Austreibungen, Ächtung und Schändung, Verachtung und Beunruhigung, die unseren Vätern von Bekennern des Katholizismus angetan wurden und unsern Brüdern im Osten noch heute angetan werden – aber wir geben zu, daß hier eingeborene Totschlagsfreude und allgemeiner Irrtum des weißen Tiermenschen die zu schwache Reinigungskraft der Religion kreuzen. Den klerikalen Parteien wissen wir Dank, wenn sie, wie in Deutschland, der antisemitischen Tollheit sich entziehen, und wir versuchen, sie, als geistig fundierte Organisationen, mit geistigen Mitteln zur Neutralität zu bewegen, gegenüber Bestrebungen des jüdischen Volkes, am Leben zu bleiben. Als Künstler, Philosophen und Gelehrte stehen wir ihnen im Kampfe um die Autonomie des Geistes loyal und legitim gegenüber; gegen den Trieb zum Verdienen, Fressen und Sichamüsieren haben sie uns zum Bundesgenossen, sofern sie nicht etwa nationalistisch eingefettet behaupten, gerade die Juden seien dieses Triebes Baalspriester und Anbeter. Den Vatikan aber müssen wir belehren, daß es ein jüdisches Elend ohnegleichen gibt, daß Christentum und urkainische Schlächtergreuel, ungarische Foltertode, polnische Nationalitätenpolitik sich nicht vertragen, daß der jüdische Osten menschliche Werte und religiös-nationalen Heroismus weit über europäische Vorstellungen hinaus jeden Tag bewährt, daß die Heiligkeit des Heiligen Landes, unseres heiligen und gelobten Landes, nicht darin beruht, daß der Türke es zur Wüste machte und der Effendi seine Rente daraus bezieht; daß der Papst zu diesem Lande gar keine Beziehungen hätte, wären nicht die Stifter und Bekenner des Urchristentums in diesem Lande als jüdische Menschen geboren worden, und daß die Verheißung, Gott werde die Juden in das Land zurückführen, welches er ihnen gab – und das nur er, kein arabischer oder französischer Christ ihnen bestreiten kann –, nicht nur in der Vulgata gedruckt, sondern ins Herz der jüdischen Juden als brennende Wirklichkeit eingeschrieben ist, zugleich mit der Gewißheit, Gott tue seine Taten durch Menschen und belasse den Menschen ihre eigensüchtigen oder blinden Motive zu seinem Zwecke – denn er ist gütig auch gegen die Irrenden.

Von allen katholischen Gruppen steht uns der radikale katholische Sozialismus am nächsten, der vom Geiste her und mit demokratischer Gesinnung die Neuordnung des Wirtschaftslebens anzufangen sich bestrebt. An ihn sich wenden, ihm die Lage und die Tendenzen der östlichen Judenheit und der zionistisch-sozialistischen Gruppen darzulegen, und durch ihn eine gerechte und sachliche Haltung des Vatikans anbahnen: der Versuch hätte Sinn und verspräche Ergebnisse. Man betraue Martin Buber, der Italien gut kennt und die Sprache des Landes frei spricht, mit dieser Mission. Wir sind keine »Politiker«. Wir haben unsere Sympathien nicht nach praktischen Gesichtspunkten. Wir paktieren nicht mit dem Protestantismus um Englands und nicht mit dem Vatikan um seines polnisch-orientalen Einflusses willen. Er wie wir sind geistige Kräfte, prinzipiell eingestellt, aus zentralem Müssen heraus handelnd und frei von kaufmännischer Moral. Indem wir tun, was wir aus Überzeugungen müssen, lassen wir jedermann unsere Motive sehen, ja wir bringen sie der Öffentlichkeit so nah als möglich: weil wir von der Reinheit und Unbestreitbarkeit unserer Sache erfüllt sind und keine sachliche Kritik – sachliche, nicht a priori antisemitisch gefärbte – scheuen. Wir sind letzten Endes solidarisch mit jeder die Erdbewohner versittlichenden Kraft; wirkt sie ohne Nebenmotive rein, so muß sie mit uns parallel gehen.

Ingenieure im Neuen Land

Der bekannte, jetzt in der Emigration in Palästina lebende deutsche Schriftsteller stellt uns eine Reihe bisher unveröffentlichter Aufsätze zum Erstdruck zur Verfügung.

Die Redaktion

Es läßt sich erst später erklären, warum mich gestern, vag und doch ganz klar, die Erinnerung an ein Festkonzert überfiel – ein Festkonzert in sommerlicher Umgebung und vor dem Kriege – in Hellerau bei Dresden etwa, in Salzburg oder der schönen südlichen Stadt München, die es einmal gab und die ihren Ruhm in Festspielen suchte. Ein Wettbewerb von Dirigenten und Orchestern muß es gewesen sein – noch heute steht mir das Programm unverwischt vor Augen oder Ohren. Erst Willem Mengelberg, der die Egmont-Ouvertüre klassisch und voller Schwung nachschuf; dann Max Reger mit dem Meininger Hoforchester, die als seltenste Gabe die hinreißenden Haydn-Variationen von Brahms vor uns begeisterten Zuhörern aufbauten und abwandelten; und nach der Pause Bronislaw Hubermann mit Bachs a-Moll-Konzert und Mozarts Jupiter-Symphonie von den Wiener Philharmonikern. Es war ein köstlicher Gesamteindruck, obwohl während der Symphonie Hagel aufs Dach der Festspiele trommelte und die Lampen vorübergehend erloschen; und die Fülle junger Menschen in hellen Kleidern ließ sich durch diese Zwischenfälle keineswegs stören. Ja, das war ein wundervoller Eindruck europäischer Kultur und Landschaft, als man hinaustrat, blendete der klare Vollmond über Berg und Weite... Und das Schönste daran ist: es war gar keine Erinnerung und kein Erlebnis von vor 25 Jahren. Denn ihr braucht nur statt Max Reger Pablo Casals mit dem Londoner Symphonieorchester zu setzen, dann habt ihr das Programm eines

Grammophonkonzertes, das, über elektrischen Lautsprecher geleitet, von einem Radiogeschäft in Haifa veranstaltet wurde, gestern abend, wenn ihr's genau wissen wollt. Es war ein vollkommener Genuß, der Mond von Haifa leuchtete nicht weniger herrlich als der von Salzburg vor dem Krieg, und das störende Gewitter, das aber niemanden störte, vollzog sich innerhalb der Röhren und elektrischen Leitungen und wurde von Menschenhand beendet, indem sie eine schadhaft gewordene Röhre auswechselte. Und das alles ist das Werk von Ingenieuren, wie deren viele, aus ihrer Heimat vertrieben, ihre Künste und Zaubereien in das neue Land verlegt haben. Seither erschallen, wenn der Tag sinkt, auf der Herzl-Straße aus Lautsprechern die Lieder hebräischer Tenöre, amerikanische Tänze, Beethovensche Symphonien, und der Konsum guter Schallplatten steigt allenthalben.

Es sind nicht die Radioingenieure allein, die Männer des Schwachstroms und der differenziertesten aller Apparate, die Palästina befruchten. Alle Welt sieht die elektrischen Masten, weiß von der Ausbreitung der Kraftwerke, ahnt die Fülle von Aufgaben, die von den geschulten Technikern unter den deutschen Juden hier bewältigt werden kann. Noch ist das Land nicht soweit, für all die Spezialisten gerade den Aufgabenkreis bereitzustellen, zu dem sie sich auf Deutschlands technischen Hochschulen und in der weitverzweigten deutschen Technik schulten – jener deutschen Technik, an deren Entstehen jüdische Erfinder und Ingenieure so großen Anteil hatten. Aber wenn auch die Namen Emil Rathenau, Robert von Lieben, Emil Berliner, Siegfried Marcus und so vieler anderer jüdischer Erfinder und Konstrukteure aus dem deutschen Gedächtnis weggewischt scheinen: die Tatsache selbst kann niemand beseitigen, daß, wie alle anderen zivilisierten Gruppen unter den weißen und gelben Völkern, auch die Juden ihren Anteil am friedlichen und schöpferischen Wettbewerb der Technik nahmen und daß ihrem Geschick und ihren Einfällen gerade der Alltag Palästinas seine großen Verbesserungen verdankt. Denn die wenigsten dieser Ingenieure können, wie gesagt, jetzt schon darauf rechnen, vom Lande als das verdaut zu werden, was sie früher waren. Und so verwandeln sie sich, um das tägliche Brot für sich, Frau und Kind in harter Arbeit herbeizuschaffen aus den Randgebieten gleichsam ihrer technischen Erziehung. Nicht wenige werden Monteure: die elektrischen Anlagen in den Häusern, die Wasserversorgung, die Haustelefone zeugen von ihrem Können und erfüllen immer besser jene Ansprüche an Genauigkeit, die man im Orient früher nicht so stellte; denn die geschulten Arbeitskräfte waren seltener als jetzt. Andere verwandelten sich in Kaufleute der Technik und brachten Radio-Apparate in die Schaufenster, jede Art elektrischer Geräte, vom elektrischen Eisschrank bis zum Toaströster und vom Staubsauger bis zur Nachttischlampe, gleichzeitig dafür Sorge tragend, daß an Stelle der alten Exportware bester sachlicher Geschmack für das gleiche Geld zu erstehen war und daß fast sofort auch die Fabrikation im Lande selbst einsetzte. Allen lag daran, die höchst notwendige Anstrengung zu unterstützen, die Gesundung des palästinensischen Budgets heißt. Viele aber verließen sich auf jenes Basteltalent, das sie als Jugend<s> zuallererst mit technischer Leidenschaft erfüllte: sie reparieren die technischen Apparate der Ärzte und Zahnärzte, sie lösen kniffliche Aufgaben von Neuanlagen oder Umbauten, sie stürzen sich mit Begeisterung bis zur Selbstvergessenheit in technische Probleme um der Lösung selber willen. Entsagungsvoll leben sie mit Frau und Kind in einem Zimmer. In früher Morgenstunde knattern sie auf ihren Motorrädern zu den entfernten Bauten und Arbeitsplätzen, spät am Abend stellen sie sich erschöpft unter die Brause, um nachher noch eine Stunde gebildeter Mensch zu sein, wenn die Kräfte es schaffen. Andere ermüden sich in den Büros, weil in unseren Städten, beständig an Ausdehnung zunehmend, die einfachsten Anordnungen in der Ausführung auf stets neue Schwierigkeiten treffen, nicht aus bösem Willen oder aus Unfähigkeit, sondern weil jeder Neubau eine Zeitlang wie eine chaotische Trümmerstätte wirkt und der Ingenieur all die Dinge selber überwachen muß, ja erledigen soll, die ihn in Europa nur ein Telefongespräch kosteten. Aber so und nicht anders wird ein Land aufgebaut; wer anordnen will, muß immer darauf gefaßt sein, auch zu zeigen, wie es gemacht wird. Und die Ingenieure machen es. Viele waren auf den harten Kampf nicht vorbereitet, den der Wettbewerb mit sich bringt; viele verrechneten sich, in dem Bestreben, nur ja Aufträge hereinzubekommen, und sehen sich vor die Aufgabe gestellt, von neuem anzufangen. Manch andere haben geglaubt, mit den 1000 LP, die man ihnen mitzunehmen erlaubte, eine Basis für weitgreifendere Geschäfte und Anlagen zu finden, und sind enttäuscht von der Wirklichkeit; aber die meisten kamen auf Handwerkerzertifikat her und bereuen nicht, was sie geworden sind. Denn die menschliche Qualität in ihnen, ihr Stolz, ihr Drang, gebildete Menschen zu bleiben, gibt ihnen Kraft, viele regeneriert körperlich die harte Arbeit, andere rechnen damit, früher oder später als Stadtrandsiedler ihren Erwerb zum Teil auf ein Häuschen mit Gartenland zu stützen und nur zum anderen Teil auf ihr Gewerbe. Und so gliedern sie sich ein. Sitzen sie aber nach Feierabend mit ihren Frauen in einem Konzert, wie gestern, in ihren sauberen Blusen und leinenen Hosen, so sind sie, was sie waren: gebildete junge Männer aus den Hörsälen und technischen Werkstätten und doch auch Poalim: und an solchen Abenden sieht man, wie leicht die klassenlose Gesellschaft zu verwirklichen wäre und wie schön und einfach es sich in ihr leben würde, wenn die Welt nicht voller Krisen wäre und voller politischer Leidenschaften, die stets bereit sind, die Entwicklung zur Vernunft zu durchkreuzen. Denn was ist Abstieg – gesellschaftlich gesprochen? Und was Aufstieg? Alle Begriffe sind längst in den großen Schmelzofen geworfen worden, und die Antwort, die unsere Söhne und Töchter geben werden, würde sicher unsere Eltern verblüffen und manchen von uns auch.

Das Skelett der Palästina-Situation

Palästina 1938

1. Persönliche Einleitung

Wer die Schwierigkeiten eines Landes begreift und besprechen will, mit denen er seit mehr als vier Jahren vertraut wurde, stellt seine Bedenken gegen dieses Vorhaben an den Anfang, wie früher ein Kaufmann sein Hauptbuch mit der schön geschnörkelten Empfehlung an den lieben Gott begann. Dann geht er ans Werk und hofft, es weder an der Gewissenhaftigkeit fehlen zu lassen, die jenen Kaufmann auszeichnete, noch an der behutsamen Klarheit, mit der er an seine Geschäfte ging. Palästina ist keins von den wichtigen, die Welt bewegenden Zentren gleich Spanien, China, Österreich, Rußland, der CSR. Seine Probleme sind vergleichsweise unwichtig. Andererseits aber sind sie besonders verwickelt, alle Farben und Töne unseres politischen Spektrums sind auf der geistigen Fläche dieses kleinen Landes eingetragen. Mit der Demokratie Europas durch das Mandatssystem verbunden, ins englische Empire einbezogen, de facto aber in den arabischen Landkomplex eingebettet und nach Majorität und Kultur der eingesessenen Bevölkerung selbst ein arabisches Land, vibriert Palästina dennoch unter allen Stößen, die europäischen Judenheiten versetzt werden, leidet unter der ökonomischen Krise, sieht sich von den Hetzwirkungen des Nazismus bedroht, liegt in der Reichweite der italienischen Flug- und Schiffahrt und erlebt, last not least, aus Eigenem kulturelle Probleme und Kämpfe innerhalb seines jüdischen Sektors. Zieht man dann noch die Wichtigkeit in Betracht, die es für drei europäische Religionen besitzt, gegeneinander und selbst innerhalb der Kirchen nicht nur nach Bekenntnissen, sondern auch sehr nach Staaten mobilisiert, so braucht man nur noch alle Probleme hinzuzufügen, die aus dem Wesen der Emigration fließen, um zu sehen: in diesen Knoten sind mehr Fäden geknüpft, als für einen so kleinen gut ist. Und dabei ist noch nichts erwähnt worden, was aus der Aufgabe fließt, in Palästina »eine Heimstätte für das jüdische Volk« zu schaffen, wie die Balfourdeklaration und das Basler Programm es vorsahen. Freilich rechneten beide weder mit dem realen Palästina noch mit einer Situation der europäischen Judenheiten, wie sie sich inzwischen entwickelte. Der Zionismus appellierte grundsätzlich an die Freiwilligkeit neuer Einwanderer und kannte Palästina mehr aus der Bibel als aus der Britischen Enzyklopädie.

Alles das gibt einem Schriftsteller eher Hemmungen als Schwung, wenn er den analysierenden Blick auf das Land richtet. Und dabei ist er weit entfernt, durch seine Worte schaden zu wollen. Ununterbrochen ringen, jeden Tag im wahren Sinne des Wortes, Tausende von Existenzen um Fristung und Festigung. Das Lebendige, aus der täglichen Mühsal geboren, kann durch falsche Kritik neue Schwierigkeiten erfahren; und welche Länder vertrügen heute jene leidenschaftliche Aufdeckung dessen, was in ihnen gebrechlich ist, die in stabileren Zeiten unsere Pflicht war? Wenn die Grundlagen gesichert sind, wenn Recht und Ehre gelten, der Frieden, unbedroht, die menschliche Arbeit fruchtbar macht und wenn ein strömendes geistiges Leben vom Genius der Freiheit und der öffentlichen Sicherheit befeuert wird, dann ist das kritische Wort, die kämpferische Leidenschaft in der Verteidigung der Kultur eine Segnung, von der alle zehren und die unsere Pflicht ist. Heute aber, am Rande des Abgrunds steuernd, der aus Europa nahezu einen »lost continent« macht? Ermessen wir, wie tief uns die Barbarei zurückgestoßen hat, der, aus vielen Gründen, fair play gewährt wurde, in einem Erdteil von so großer Verbundenheit, wie Nachkriegseuropa und die Randländer des Mittelmeers ihn darstellen? Glaubte man, die Kündigung der Menschenrechte im Herzen des Erdteils werde folgenlos bleiben für den ganzen Rest der Welt? Nun, an ihren Budgets lesen die Kulturvölker heute ab, was Herr Hitler sie kostet – Herr Hitler und seine Auftraggeber, gegen die wir 1918 unseren vergeblichen Kampf begannen, von den Jahrzehnten vorher nicht zu sprechen. Die Herren des fair play für den Zerstörer haben erreicht, daß nirgendwo auf der Welt heute irgendein Faktum betrachtet werden kann, ohne daß die Existenz des Hakenkreuzes stumm und beredt dabei mitspricht.

Der Geist des Bauens

Das man am Stil einer Architektur den Zustand des Gemeinwesens ablesen kann, das sie hervorgebracht hat, ist bekannt. Wir entnehmen unsere Charakteristik aller großen Epochen zur Hälfte ihren Bauwerken, Straßenzügen, Platzgestaltungen. Und die Scheußlichkeit der Gründerjahre in Deutschland wurde verewigt durch jene spaßigen Ziegelkasernen und Hinterhöfe, zwischen denen unsere Jugend zum Teil verlief. Man nannte diese Krätze, welche Felder verschlang, Alleen wegfegte und Bauern zu Kapitalisten umwandelte, das Wachstum der Städte. Die Architektur ist, indem sie Wohnungen und Straßen schafft, der sinnliche Ausdruck des Zusammenlebens von Menschen. Im Augenblick ihres Entstehens wird sie für die seelische Struktur derjenigen maßgebend, die sie bewohnen sollen. So versinnbildlicht das Bauen den Zustand des Gemeinwesens, das entsteht oder wächst. Ist er anarchisch, so wirkt das entstehende Gebilde anarchisch, d.h. geschmacklos, ist er von Gemeinsinn und Gesamtwillen geleitet, so entstehen sinnvolle, aufeinander abgestimmte Baugruppen und Stadtviertel. Ein schlagendes Beispiel für solche Baugesinnung bietet Holland, in Amsterdam etwa oder in Haag. Riesige Viertel der beiden großen Städte wirken wie aus einem Hirn geboren, und dabei fällt der Unterschied zwischen sozialistischer und kapitalistischer Bauweise nicht ins Gewicht. Baugenossenschaften wie Unternehmergruppen sehen sich der gleichen bezwingenden Raumgestaltung unterworfen, billigere und teurere Wohnungen erstehen nach dem gleichen Gesetz planvoller, von Rücksichten auf das Stadtbild und die Landschaft geleiteter Wohngestaltung. In Holland ist der Gemeinsinn Tradition.

Planlos gewachsen

Das Gegenbeispiel ist Palästina. Die neuen Viertel von Haifa und Jerusalem, in etwas geringerem Grade die neuesten Straßenzüge von Tel-Aviv, drücken den anarchischen Zustand aus, die Planlosigkeit, mit der diese Städte wachsen. Selbstverständlich bestehen ausgearbeitete Bebauungspläne, selbstverständlich erzwingt die Regierung ihre Innehaltung. Was sie nicht erzwingen kann, weil es nicht zu den Befugnissen einer demokratischen Regierung gehört, ist das Rücksichtnehmen des einen Bauherrn auf den Nebenbauherrn: besser, das Rücksicht nehmen des einen Grundstücksbesitzers auf den Nebenmann oder gar den Nachbarn der anderen Straßenseite. Es scheint im Gegenteil zu den Ehrgeizen dieser Bauherren zu gehören, jeden für sich ein unverwechselbares Bauwerk erzeugen zu lassen, und diese steinerne Visitenkarte drückt dann allerdings aus, was ein Röntgenbild nicht besser ausdrücken könnte: die soziale Struktur des Bauherrn, seine Herkunft, seine Kulturbegriffe und die ökonomische, ja die geistige Basis dessen, was nach dem Willen dieser Gesellschaftsschicht in Palästina erstehen soll. Der politische Ausdruck dieser Gesellschaftsschicht ist die Jewish Agency. Sie sitzt in einem besonders gelungenen, burgartigen Bauwerk am Eingang von Rechawiah, einem der neuen Stadtteile Jerusalems. Ihr Architekt Kattner hat den Regierungscharakter seiner Bauherrin vortrefflich mit den praktischen Anforderungen von Verwaltungsgebäuden in Einklang gebracht. Damit aber maskiert er den inneren Zustand dieser Behörde, der sich vielmehr ausdrückt im Charakter dessen, was sie ihrerseits erzeugt: den neuen Vororten, Stadtteilen und Städten. Und dieser Charakter ist gewollte Planlosigkeit, kleinbürgerlicher Individualismus, »freie Wirtschaft«.

Wie in den Gründerjahren

Als ich im Winter 1933 Palästina wieder betrat, fand ich es in vollem Aufschwung. Ich gab mir Mühe, die sinnvolle Anlage, den Plan des Ganzen in den ersten Wochen zu erraten. Denn für mich war selbstverständlich, daß im Zeitalter der russischen Fünfjahrpläne und der Rooseveltschen dirigierten Wirtschaft ein so intelligenter Menschenschlag wie die Juden von den Vorteilen überzeugt sein würde, die innerhalb einer Weltkrise von wohlüberlegter, als Ganzes gesehener Aufbauarbeit ausgehen müßten. Ich fand diese Segnungen nicht. Dagegen ergaben meine Untersuchungen, die Befragung einer großen Anzahl neuer Einwanderer und älterer Palästinenser, einen Raubanarchismus gleich dem der Gründerjahre. Als ich einen der zuständigen Herren im Agency-Gebäude auf die nachteiligen Wirkungen dieser altmodischen und überwundenen Wirtschaftsart aufmerksam machte, belehrte er mich überlegen: »Wir haben kein Interesse daran, die natürliche Auslese der Tüchtigeren zu sabotieren und den freien Wirtschaftskampf zugunsten der Untüchtigen abzubauen«. Als ich meinen Kummer einem früheren Leiter des deutschen Zionismus, einem gescheiten und wohlwollenden Juristen, klagte, zuckte er die Achseln. Sechs Monate vor mir hatte er den gleichen Stoff in einer ausführlichen Denkschrift seinen ehemaligen Mitarbeitern vorgetragen und nicht einmal eine Antwort bekommen.

Meine Beobachtungen und meine Schlußfolgerungen bezogen sich ausschließlich auf die Frage des Wohnens, d.h. des Bauens. Und folgendes konstatierte ich: es war keinerlei Vorsorge getroffen, um den Strom der Neueinwanderer aus den Mittelschichten mit Kindern und Habe für die ersten Wochen unterzubringen. Für einwandernde Arbeiter und Jugendliche gab es Heime, die sie für die erste Zeit aufnahmen. Der Familienvater, das Ehepaar mit den erforderlichen LP. 1000.– war sich selbst, d.h. dem Spiel von Angebot und Nachfrage überlassen.

Das Baufieber

Diese Menschenschicht, mit der sehr gerechnet wurde, stellte das Hauptkontingent der zukünftigen Städter und Einzelsiedler. Ihre Arbeitskraft, die Gesundheit ihrer Nerven und ihr bißchen Kapital waren die einzigen Bürgen einer gesicherten Zukunft. Sie waren zu einem großen Teil Menschen, denen der nazistische Terror, die Auspressung und Austreibung aus ihrer gewohnten Arbeits- und Lebenssphäre schockartig in den Gliedern lag. Nichts hätten sie so notwendig gebraucht wie das Gefühl, daß man für sie sorge, sich ihrer annehme, ihre Lage verstehe, statt dessen trafen sie auf ein Feuer, das sie durch ihr Kommen selber erzeugten: das Baufieber, die Grundstückshausse. Dadurch, daß sich die Nachfrage nach Zimmern mit jedem Schiff vergrößerte, verwandelten sich möblierte Zimmer in Pensionen, die nur mit teurer Verpflegung abgegeben wurden. Überfüllte Hotels prophezeiten überfüllte Wohnhäuser. Die Grundstückspreise verdoppelten, verdreifachten, verzehnfachten sich. Eine hohe Rentabilität der Wohnungen war sicher, infolgedessen wurden Hypotheken teuer: Wettlauf im Hausbau erhöht die Kapitalrente. Gleichzeitig steigen die Baukosten und die Löhne. Da die Bauindustrie, überall eine Schlüsselindustrie, im neuen Palästina die Hauptposition innehat, stiegen mit den Löhnen alle Preise, vom Baumaterial bis zur Lebenshaltung des Arbeiters. Auch die Einkommen der bereits im Arbeitsprozeß befindlichen Geschäftsleute stiegen. Im gleichen Maße stieg die Nervosität derjenigen, die sich in diesen Segensstrom einzuschalten suchten: der Neueinwanderer. Einerseits fürchteten sie, ihre Chance zu verpassen, andererseits sahen sie, die sie vom Kapital lebten, diese sehr begrenzte Summe wöchentlich abnehmen. Für tägliches Geld zahlten die Banken kaum Zinsen, berechneten Verwaltungskosten. Der Neuankömmling sieht seine Basis schwinden, die ihm ohnehin, das wird sich später herausstellen, zu gering bemessen worden ist. In einem sehr hohen Prozentsatz von Fällen gerät er in jenen Zustand von Erregung, der das Urteil trübt und ihn auf Vorschläge zur Existenzgründung eingehen läßt, deren Basis und deren Auswirkungen er nur ungefähr beurteilen kann. Statt LP. 1000.– hat er, günstig gerechnet, noch LP. 850,–, wenn er endlich daran geht, nicht nur auszugeben, sondern auch zu verdienen. Palästina hatte viele schlechte Jahre hinter sich. Eine Fülle von Existenzen wartete darauf, sich an den »Neuen« schadlos zu halten für manches bittere Jahr. Die Hilfsbereitschaft mit Rat und Tat von ebenso vielen anderen konnte den Grundschaden nicht ausgleichen, den die Planlosigkeit und der Mangel an Vorsorge von Anfang an in das neue Leben einbauten. Hätte man auf dem Gelände des Bodenfonds (Keren Kajemeth) mit den Geldern des Aufbaufonds (Keren Hajessod) planvoll große Barackensiedlungen hingestellt, um den Einwandererstrom zu einem Teil darin für Monate unterzubringen, aus Feldküchen zu verpflegen, Koffer und Möbel gegen geringe Miete zu stapeln; und die Verjagten von vornherein ein oder zwei Stunden am Tage gemeinschaftlich mit dem Pflanzen und Betreuen der Vorgärten und Blumenplätze dieser Barackengruppppen beschäftigt, so wäre zwar der natürliche Anstieg von Preisen und Löhnen nicht verhindert worden, abgefangen worden aber wäre das Element der Überhitzung und der übertriebene Verbrauch derjenigen Mittel, die zum Aufbau gesunder Existenzen unumgänglich notwendig waren. Seelischer Kontakt wäre hergestellt worden, und vermieden worden wäre das Gefühl, in gewissem Sinne Opfer von Druck und Ausbeutung auch im neuen Lande zu sein. Der Charakter gemeinschaftlicher Siedlungen in diesen Barackenstädten hätte ein Gegengewicht bilden können zur Anarchie des Wirtschaftslebens, wie sie sich im rapiden Wachstum der Straßenzüge ausprägte. Und der Drang und Zwang, Wohnungen von höchster Rentabilität bei geringsten Baukosten zu erzielen, hätte nicht jenen monströsen Ausdruck gefunden, den Tausende von hingepatzten Häusern mit ausladenden Terrassen und zu kleinen Küchen, mangelnden Speicherräumen, ungenügend großen Zimmern jetzt für Jahrzehnte in die Landschaft stellen.

Aber das Unglück ist geschehen, die Wohnviertel der neuen jüdischen Einwanderer, ihre Straßen voller Läden bezeugen den Geist einer neuen Gründerzeit.

Wahn als Wirklichkeit

1.

Jedem Menschen ist nach einem Augenblick des Überlegens klar, daß ein Pferd, welches vor einem Schatten oder vor dem Sonnenblitz in einer Fensterscheibe scheut, in einer Straße voller Menschen genausoviel Unheil anrichtet wie eines, das vor einer Lokomotive oder einem Schuß ausbricht. Entscheidet über die Lage der Juden auf der Erde nicht, was sie wirklich sind, tun und wollen. Die Meinung vielmehr, die die Völker von ihnen haben, ist ausschlaggebend, das Bild, das, den Juden darstellend, in ihre dumpfen Massengehirne durch Propaganda geprägt wird. Denn dieses Bild ist es, das ihre Anschauungen und Handlungen bestimmt. Es bedarf einer ruhigen Hand und sicherer Sachkenntnis, dem Pferd, das seine Ohren zurücklegt und nervös wird, klarzumachen, es stehe im Begriff, vor einem Schatten davonzusausen; das gleich gilt für Völker. Leider hat im letzten Jahrzehnt unsere Stimme und unsere Hand nicht ausgereicht, einem begabten, aber nervösen und unkritischen Volke die Überzeugung beizubringen, es sei im Begriff, vor einem Schatten mit allen Zeichen des Irrsinns in die Luft zu gehen. Das Unglück ist geschehen. Irrsinn, ansteckender Irrsinn, ist ausgebrochen, die Weltmeinung bestätigt das. Und unsere ganze Anstrengung muß darauf gerichtet sein, die Panik einzudämmen, damit nicht auch andere Pferde toll werden.

Um auf die Juden zurückzukommen, so haben sie von jeher darin geschwelgt, sich die Wirklichkeit ihrer Lage nicht einzugestehen. In früheren Jahrtausenden töteten oder bannten sie jene Propheten, die sie ihnen drastisch ausmalten. In neuerer Zeit bemühen sie sich zäh um Optimismus. Zwar geben sie zu, daß es dem Nachbarjuden jenseits der Grenze schlecht gegangen sei und stets habe schlecht gehen können. Ihnen selber aber? Keinesfalls. Denn die Staaten und Vaterländer, deren Bürger sie seit Hunderten von Jahren sind, hätten doch Augen und Ohren für die jüdische Leistung in ihrer Mitte, und sie würden wohl kaum so selbstzerstörerisch handeln, daß sie ihre Juden, wertvolle Gruppen der Bevölkerung, hindern würden, dem allgemeinen Wohlstand zu dienen. Bis dann eines Tages, unter dem Schutz der Gesetze, ein benachteiligter Prozentsatz der Bevölkerung mächtig genug zu einem legalen Raubzug gegen die Juden innerhalb der eigenen Grenzen wird. Und dann passiert dieser Raubzug – wenn nötig nach Eroberung durch die Evangelisten des Herrn Hitler –, und die Juden, unfähig zu begreifen, was geschah, beteuern vergeblich, wie bald das undankbare Vaterland merken werde, was es an ihnen verliere. Derjenige Teil der nichtjüdischen Bevölkerung aber, der seine Besonnenheit bewahrt und die Epidemie des Wahnsinns und der Barbarei nicht mitmacht, hat in manchen Staaten des Westens von der Existenz eines jüdischen Problems gar keine Notiz genommen; warum auch? Für den wohlwollenden und vernünftigen Erwachsenen gab es, von ihm aus gesehen, gar kein jüdisches Problem. Denn er nahm den Juden immer nur als Einzelwesen zur Kenntnis und war viel zu verständig, das Gute wie das Schlechte zu verallgemeinern, das er an ihm bemerkte. Die jüdische Masse in gewissen Stadtteilen und Straßenzügen wertete er sozial. Das waren Mengen armer Leute, Flüchtlinge und Emigranten aus Osteuropa, mit allen Wesenszügen gedrückter und entrechteter Existenzen. Daher aber hatte der geschulte und politische Sachwalter kaum Beweismaterial in Händen, um auf die große Masse derjenigen einzuwirken, die unschlüssig waren, bereit, den Juden sowohl das Gute wie das Schlimme zuzutrauen. Denn die Völker verstehen nur einen einzigen Unterricht, den der Anschauung. Im übrigen gehorchen sie ihren Leidenschaften und Vorstellungen. Diese in Bewegung zu setzen, ist die Kunst der Propaganda.

Viele Juden mögen tüchtige Propagandisten sein, aber die Judenheit als Ganzes ist ein herzlich schlechter Propagandist, sobald es sich darum handelt, für sich selbst Propaganda zu machen und ihre Feinde zurückzugewinnen. Gegen Verleumdungen gibt es nur ein Mittel: dem Verleumder den Mund zu stopfen dadurch, daß man ihn der Lüge überführt und seinen Zuhörern ein besseres, richtigeres Bild derjenigen Dinge vor Augen führt, die der andere bloß behauptet.

In diesem Sinn, als Mittel des Anschauungsunterrichts über das, was Juden sind und leisten, war Palästina unschätzbar. Jeder Politiker konnte für verhältnismäßig wenig Geld eine sehr angenehme Reise machen und in Ortschaften, Stadtteilen und selbst einer mittelgroßen Stadt umhergehen, ganz von Juden gebaut, an Feldern entlangfahren, ganz allein von Juden bestellt, bei elektrischen Lampen sitzen, deren Strom, Netz und Gestell Juden erzeugen, Buchhandlungen gestopft voll Bücher besuchen, die aus allen großen Literaturen der Welt das Wichtigste dem Leser anboten, und außerdem in jenem Hebräisch, das von den Juden wieder zum Leben erweckt worden war, eine beachtenswerte Dichtung und Literatur ausgedrückt finden oder eine Anzahl sehenswerter Bühnen gute oder schlechte Stücke spielen sehen. Dieser Reisende bekam den Beweis geliefert, unwiderleglich und unantastbar, daß mitten in der Krise dieses kleine Land imstande war, einen Teil der erniedrigten, entrechteten, beraubten und verfolgten Juden aufzunehmen, und ihnen schwere, die äußerste Anstrengung erfordernde, aber in der Realität vorhandene Existenz zu bieten, eine neue Heimat, in die sie langsam hineinwachsen konnten. Und darüber hinaus entwickelte sich in diesem einst so vernachlässigten Lande eine allgemeine Zivilisation, die allen seinen Bewohnern, gerade auch den nichtjüdischen, den Arabern, zugute kam. Ihr Boden stieg im Wert genauso wie der der Juden; die Gesundheitsverhältnisse der Städte, die Verkehrsverhältnisse im ganzen Lande besserten sich für sie genauso wie für die Juden, die Sterblichkeitsziffer ihrer Kinder sank, und die hohe Intelligenz, die in ihnen schlummerte, konnte zum Besten des Landes entwickelt werden, dank zahlreicher neuer Regierungsschulen.

Das alles galt bis zum Ausbruch jener Unruhen, unter denen das Land noch immer ächzt. Über ihre ökonomische, politische und international beeinflußte Ursache wird noch manches zu sagen sein. Hier und heute muß nur darauf hingewiesen werden, daß sie vollendeten, was eine merkwürdige Gepflogenheit der Touristenbüros einführte und zur Gewohnheit machte. Die nichtjüdischen Reisenden sahen von dem jüdischen Aufbauwerke buchstäblich weniger als nichts. Weniger als nichts, nämlich den ungünstigen Punkt Afuleh an der Straßenkreuzung Haifa–Jerusalem und Haifa–Nazareth–Tiberias. An diesem kümmerlichen Orte halten die Autobusse auf unfertigen Straßen, vor Gasthöfen voller Fliegen, inmitten barackenähnlicher Häuser, ohne Blumen, ohne Ordnung, fast ohne Menschen. Links liegt das Emek voll musterhafter Siedlungen, rechts die Gegend von Megiddo, ebenfalls reich an erfreulichen neuen Punkten. Aber der christliche Reisende, der für Palästina bloß ein paar Tage seiner Mittelmeerreise zur Verfügung hat, will begreiflicherweise seine heiligen Stätten sehen und sich nicht vom Wege abführen lassen. Kommt die wenig judenfreundliche Stimmung vieler Angestellter hinzu – denn die großen Reisebüros beschäftigen im Außendienst zumeist christlich-arabische Clerks –, so wird den Reisenden gelegentlich sogar die Stadt Tel-Aviv als »das moderne Jaffa« ausgegeben. Und vielen Menschen ist für ihr ganzes Leben die Meinung beigebracht, auch der Palästinaaufbau sei nichts als ein jüdischer Bluff.

Fragt man aber, warum gerade an einem propagandistisch so wichtigen Punkt ein so kümmerlicher Ort entstehen durfte, warum z.B. erst jetzt in Afuleh Wasser erbohrt werden konnte, so muß man, will man nicht unhöflich sein, mit dem arabischen Worte Inshallah antworten. Gott scheint es so gewollt zu haben.

Politische Grundtatsachen
Wenn Sie Ihren Wagen in den Straßengraben gefahren
haben, werden Sie zunächst nicht überlegen, wie es zu
diesem Unfall kommen konnte. Sie werden vielmehr erst
alles daransetzen, ihn mit Hilfe anderer Passanten wieder
flott zu bekommen. Später dann werden Sie allerdings eine
Analyse Ihres Unfalls für sich wie für andere anstellen,
damit Sie Ihr Verhalten das nächste Mal den Umständen
besser anpassen können.

Bei schweren politischen Unfällen liegt die Situation
etwas anders. Bei ihnen – und die Ereignisse in Palästina
stellen einen solchen dar – ist die Zergliederung der Bedingungen, aus denen er sich entwickelte, wichtiger als
im praktischen Leben. Politik ist ein Geschäft mit Leidenschaften und dumpfen Begriffen, wie sie in Volksmassen
zur Herrschaft kommen können. Ferner ist Politik die Auseinandersetzung von Interessen kleinerer oder größerer
Gruppen, die sich solcher Massen und Leidenschaften be-
mächtigen. Und schließlich ist Politik das langsame An-
einanderreihen und sich Anpassen grober geistiger Gebilde, die manchmal, selten, in erleuchteten Gehirnen eine vollendete Klarheit annehmen und dann mehrere Generationen hindurch wirken und standhalten.

Die Lage in Palästina ist aus solchen Bewegungen entstanden. Sie erkennen, heißt: eine Besserung vorbereiten,
wenn es eine Besserung gibt. In der Politik heißt denken
mehr als bloß denken. Es kann das aktive Eingreifen politischer oder militärischer Kräfte nicht ersetzen, besonders, wenn sich die Ereignisse bis zum Kriegszustand kleiner Gruppen gegen eine zukunftsvolle und gegenwarts-
tüchtige Gemeinschaft zugespitzt haben. Aber das Verständnis allein kann dauernde Einwirkung anleiten. Diese
tut not.

Beginnen wir mit dem Anfang. Palästina ist ein Man-
datsland des Völkerbundes. Der Völkerbund hat die Mission übernommen, das Recht in den Gebieten zu sichern,

die er den Besiegten des Großen Krieges abgenommen hat. Ferner die Aufgabe, diese Gebiete an Gesittung und Einrichtungen zu entwickeln. Schließlich das Ziel, ihnen zur Selbstverwaltung zu verhelfen. Sinkt der Völkerbund in seinem Ansehen, so nimmt der Glaube an das Recht im öffentlichen Leben ab. Dürfen Verträge gebrochen werden, so verliert das Recht an Überzeugungskraft. Da Zeitung und Radio und die Wochenschau der Kinos alle Vorgänge in allen Ländern zur Gegenwart machen, wird die Anschaulichkeit solcher Ereignisse nur von der nachhaltigen Wirkung übertroffen, die sie im Denken all jener menschlichen Gruppen einnehmen, die man halbzivilisiert nennt, weil sie noch nicht blasiert genug sind, um aktuelle Ereignisse und den Bericht darüber leichtzunehmen, halb spöttisch. Ihre Zivilisation ist genauso tief wie die der europäischen Großstädter, aber altertümlich, ernster, feierlicher. In ihrem Gemüt hat vieles Gewicht, was den Bürgern von London oder Paris dadurch entwertet wird, daß er schon weiß: morgen wird das ganz anders aussehen.

Als der Völkerbund, unter Englands Führung, scharf und entschlossen gegen den italienischen Angriff auf Abessinien mobil zu machen schien, gewann er an Ansehen in der arabischen Welt, die eine altertümliche Zivilisation hat, gern schnell aufmarschiert und zuschlägt, die Folgen mit in Kauf nehmend. Kismet und Fatum sind hier noch wirkende Mächte. Hat Allah beschlossen, einen Mann gegen seinen Feind zu schicken, den Feind aber schließlich stärker sein zu lassen, so ist der Besiegte besiegt, aber er hat gehandelt. Überlegungen auf lange Sicht gereichen auch im Morgenlande dem zur Ehre, der sie durchführen kann; aber er muß es sich gefallen lassen, lange Zeit hin falsch beurteilt zu werden. Während dieser Zeit ist er den Angriffen solcher Männer oder Gruppen ausgesetzt, die ihn für im Augenblick schwach erachten. Die ist die Situation Großbritanniens im Augenblick und die Situation der Judenheit besonders seit dem Auftreten Hitlers.

Äthiopien und Spanien liegen der arabischen Welt geographisch sehr nahe... Außerdem wohnen einflußreiche Araber und ganze Gruppen moslemischer Bürger in diesen Gebieten (Spanisch-Marokko). Als der Völkerbund zum Schutze Äthiopiens eingriff, sagten sich die politischen Gruppen in den Nachbarstaaten Äthiopiens am Mittelmeer, daß ihre Gesittung höher und moderner sei als die im Reiche des Negus. Verteidigte der Völkerbund dieses Reich, so dürfte der Nationalsozialismus in Ägypten, Syrien und Palästina geltend machen, daß also die Selbständigkeit dieser drei Reiche, ihre völlige Unabhängigkeit von europäischer Verwaltung oder Einmischung auf Anerkennung beim Völkerbunde rechnen dürfe, wenn man nur nachdrücklich darauf hinwirke. Die Bewegung des Völkerbundes zugunsten Abessiniens mußte den arabischen Nationalismus befruchten, ob man wollte oder nicht. Schließlich sind seit dem Kriege fast zwanzig Jahre verflossen. Die Zehnjährigen von damals sind heute Dreißiger, sie haben in Europa studiert, zahlreiche Zeitungen gegründet, die wirtschaftlichen und politischen Probleme ihres Landes modernisiert. Wie in ganz Europa Dutzende von Jahrgängen junger Menschen auf das Freiwerden von Stellen in der Verwaltung und im Wirtschaftsleben ihres Landes warten, so auch in den arabischen Ländern des Mittelmeeres.

Als dann der Völkerbund weder die Kriegsführung Italiens in Abessinien beeinflussen konnte, um sie menschlicher zu machen, noch ihr in Spanien entgegentrat, wirksam, anschaulich, militärisch, sank sein Ansehen von Monat zu Monat, wurde seine Geltung unwichtig, das Recht, das er vertrat, schemenhaft, die Drohung, die in den Waffen der Mandatarmächte lag, gleichgültig und unwirksam. Wer mit Gewalt vollendete Tatsachen zu schaffen vermochte, hatte Erfolg, meisterte die Lage, warf seine Feinde zu Boden, bevor noch die Genfer Proteste Zeit hatten, gedruckt zu werden. Durfte Italien moderne Kriegsmittel und Riesenheere gegen ein Völkerbundmitglied verwenden, so durfte Herr Hitler auch den Locarno-Vertrag brechen und sich auch am spanischen Raube beteiligen. Durfte Herr Hitler das, so durften die syrischen und libanesischen Nationalisten auch einen Streik entfesseln, um ihre Forderungen bei der Mandatarmacht durchzusetzen. Durften die syrischen Moslem so handeln, welche nicht einmal eine Balfourdeklaration zu bekämpfen hatten, so erst recht die palästinensische, welche diese Balfourdeklaration nie anerkannt hatten. Hatte man sie 1917 und 1918 gefragt, als sie große Heere für die Entente bildeten? Hatte man in all den Jahren verstanden, ihre Einwilligung zu erreichen – Einwilligung in einen Zustand, von dem sie erwarten konnten, daß er dem Land im großen Stile Nutzen und neue Zeit bringen werde? Es gehörte zu den schweren Versehen, die [in] den ersten Jahren nach dem Krieg begangen wurden, diese Zustimmung nicht zuwege zu bringen. Jedermann wird verstehen, daß die Führer der arabischen Majorität in Palästina sich gegen den Einstrom von Juden verwahrten, die sie nicht eingeladen hatten. Um ihre Zustimmung nicht gefragt, fühlten sie sich wie die Besitzer eines großen Hauses, in welches man Zwangsmieter einquartiert. Das Haus ist verwahrlost, viele Räume stehen leer, Verfall, Ungeziefer und Wetterschäden haben sich breitgemacht, die Neuankömmlinge verbessern das Haus, säubern nicht nur ihre Räume, sondern auch die Treppen und Gänge, welche allen zugute kommen, verbessern die Wasserleitung und die Zufahrten, die sanitären Einrichtungen und selbst die weitere Umgebung – einerlei. Erstens sind die Besitzer nicht gefragt worden, und zweitens behaupten die Neuankömmlinge, rechtmäßige Erben der eigentlichen Besitzer zu sein, und manche von ihnen drohen, die gegenwärtigen Eigentümer zu vertreiben, zum mindesten ihr Besitzrecht anzufechten. Es nutzt nichts, daß die Besonnenen unter den Neuankömmlingen, und sogar ihre überwältigende Mehrzahl, beteuern, daß Haus sei groß genug für zwei Parteien, ihr Zusammenleben beiden nützlich. In dem Augenblick, wo das Rechtsgefühl nachläßt, siegt der Impuls zur Gewalt. 1921, 1929 brauchte man noch falsche Parolen sehr plumper Art, verbreitete man Bilder der Omar-Moschee mit einer weißblauen Fahne auf ihrer Kuppel statt des Halbmondes. 1936 hat man eine Menge gelernt – wie man sehen wird von wem –: »Die Juden morden eure Söhne und zünden eure Häuser an«, predigt der nun vertriebene Mufti im Hof der Moschee von Akko, und da ihm nichts geschieht, niemand ihm die Lüge nachweist, die Voraussetzung von 1929 und 21 aber noch in den Gemütern wirkt und der Völkerbund mit seinen Mandanten ganz und gar in Mißkredit gekommen ist, folgt der einfache Mann aus dem Volke, nimmt die Konsequenzen auf sich und »übt Vergeltung«.

Dies ist der Hintergrund, sind Beleuchtung, Klima, allgemeine Bedingungen, inmitten derer sich die Existenzfragen zweier großer Gebilde ordnen oder vielmehr bekämpfen: die der Araber und die der Juden.

Der palästinensische Knoten

Türkenherrschaft unter dem britischen Mandat bei immer stärkerem Zuwandern »rückkehrfreudiger« Juden das palästinensische Problem, wie wir es heute vor uns haben. Der Mittlere Osten war nach der Niederlage Napoleons vor Akko 1799 auf dem Standpunkt stehengeblieben, den er seit der Aufrichtung des türkischen Imperiums eingenommen hatte, ein Gebiet der seigneurialen, d.h. adligen Großgrundbesitzerschaft. In den Städten hatte sich ein Bürgertum entwickelt, das allmählich an der politischen Macht im Sinne ihrer levantinischen Handhabung teilnahm. Völlig unberührt davon blieben die Werktätigen in Dorf und Stadt, die bäuerlichen Pächter, die Kinder, die fremden Wanderarbeiter und vor allem die Frauen. Ihre Bildung ließ jedes Eingehen auf ihre Wünsche vermissen, denn sie wollten, wie alle Frauen auf der Erde, gleichberechtigte Mitarbeiter an dem Werk der Gesittung werden, das ohne sie niemals gedeihen konnte. Aber nach der Lehre des Islams besaßen Frauen keine Seele, und die politische Rückständigkeit des ganzen Gebietes, in die außerhalb der Sowjetunion nur Kemal Pascha Atatürk eine Bresche schlug, ließ ihren Aufstieg nicht zu, ließ niemandes Aufstieg zu, der nicht zu den bevorzugten Effendi-Familien gehörte.

Und nun kam in dieses stagnierende Gebiet der Zustrom moderner europäischer Juden, die schon in ihren Heimatländern die verschiedensten Stadien politischer Befreiung durchgelebt oder, im Zarenreich, sich erkämpft hatten. Verglichen mit den konservativen und reaktionären Herrenschichten der Araberstaaten ringsum, besonders Transjordaniens und Ägyptens, entwickelte sich auf dem Boden des ehemaligen Kanaan, ausgestreut durch das ganze Land von Dan bis Berseba, ein modernes Niederlassungsgebiet im zusammenfassenden Rahmen des britischen Mandats. Alle Arten des europäischen Liberalismus und Sozialismus nahmen Gestalt an. Die jüdische Selbständigkeit, die kulturelle Basis des Erziehungswesens und der lokalen Verwaltungen wirkte als Beispiel aufweckend und anstachelnd auf die fellachische und kleinstädtische Nachbarschaft. Für dieselbe Arbeit des Zehnstundentages, für die der ägyptische Fellache vor dem Krieg 3 Piaster, nach ihm 5 – 6 Piaster bekam[1], erwarb sich sein Nachbar, der transjordanische Fellache, ein halbes palästinensisches Pfund[2], und im jüdischen Palästina verdoppelte sich dieser Betrag. Kein Wunder, daß die arabischen Staaten rund um Palästina nervös wurden. Hier war mit Billigung des befreundeten England ein »Aggressor« aufgetaucht, denn immer betrachtet sich der privilegierte Besitzer von Monopolen als angegriffen, wenn neue gesellschaftliche Lebensformen in sein Gebiet eindringen. Dies ist der Sinn der anklagenden Reden, welche gegen die »zionistischen Angreifer« geschleudert wurden, als der Teilungsbeschluß der Vereinten Nationen, der einzige Weg, welcher der Mehrheitskommission gangbar erschien, von der jüdischen Einwohnerschaft Palästinas sofort zur Staatsgründung benutzt wurde. Man konnte diesen Staat unmöglich sich etablieren lassen, ohne ihm mit der Waffe in der Hand entgegenzutreten. Zum mindesten mußte man versuchen, die entmachteten palästinensischen Effendis oder Großgrundbesitzer durch eine andere, diesmal wirklich arabische Macht zu ersetzen.

Die Pikanterie der Sachlage, wie sie heute in der Schwebe steht, vermag nur derjenige voll auszufühlen, der weiß, was für ein Vorkämpfer der menschlichen Gesittung z.B. das ägyptische Königtum bisher war. In Ägypten werden 83 % aller zum Militärdienst gemusterten Männer als untauglich befunden, weil sie an einem Blasenwurm leiden, welchen ihnen die Arbeit im Nilwasser zufügt, der sogenannten Bilharzia. Jedes Jahr bringt die Arbeit dieser kran-

---

1 $^1/_8$ bzw. $^1/_4$ Dollar der USA.
2 Gleich 2 Dollar.

ken Fellachen der herrschenden Schicht mehrere hundert Millionen Pfund ein, aber zwischen Ismailia und Kairo, für 40 000 Einwohner, amtieren im ganzen 2 Ärzte, um der kranken Bevölkerung Hilfe zu bringen. Daß ein solcher Staat sich an der Spitze der arabischen »Befreier« gegen ein modernes, schlagkräftiges, hygienisch und geistig auf der Höhe der heutigen Zeit stehendes Israelitentum nicht halten kann, geht schon aus der Tatsache hervor, daß der Vermittler der UNO so großen Wert darauf legte, den Krieg durch einen Waffenstillstand ohne Ende zum Stehen zu bringen. Man hätte dann hinter den Kulissen so außerordentlich günstige Verhandlungsresultate erzielen können...

Der palästinensische Knoten wird offenbar, wie der Gordische, nur durchhauen werden, nicht gelöst. Unsere palästinensischen Araber, unsere Nachbarn, Freunde und Mitbewohner des Landes und der Städte wurden infolge der Verhetzung und der Gewaltandrohung ausgetrieben, die ihnen von arabischen Führern jenseits der Grenze zugefügt wurden. Viele Hunderttausend teilen jetzt das Schicksal jener Millionen und aber Millionen aus ihrem Standort vertriebener Menschen in China, in Indien, in Malaya, in Osteuropa, überall. Der vom aggressiven Imperialismus nach dem ersten Weltkrieg ausgebrütete zweite hat jedes organische Werden menschlicher Gemeinschaften entweder unterbrochen oder gestoppt. Als die faschistischen Verbrecher die Sowjetunion überfielen, mußte auch dort der Aufbau zum Stehen kommten, den ein Buch wie Smollett-Smolkas »Vierzigtausend gegen den Polarkreis« (Globus-Verlag) so bezwingend schildert.

So kann auch der palästinensische Knoten nur durch ein neues Band ersetzt werden, das nicht aufoktroyiert, das nur von den Beteiligten selber gebunden werden kann. Im israelitischen Staat wissen das viele Leute, und es steht zu hoffen, daß ihnen die Zeit und die Macht gegeben sein wird, jenes bezwingende frische und fast berauschende Lebensgefühl wieder hervorzubringen, das unsereinen beglückte, als er 1932 auf Erkundung und

1933 zur Einwanderung die Küsten Kanaas betrat, jenes Landes, wo wirklich Milch und Honig floß und in dem eine Militärmacht von knapp 1 000 Mann Ruhe und Ordnung aufrechterhielt. Es war eine Ruhe und eine Ordnung, in der, wie wir jetzt sehen, die Unruhe und die Unordnung verborgen lagen, die Ruhe und Ordnung einer imperialistischen, vom Sozialismus durchsetzten europäischen Vergangenheit. Laßt uns hoffen, daß jetzt, 100 Jahre nach der Proklamation des Kommunistischen Manifestes durch Marx und Engels, mit Hilfe des wiedergeborenen israelitischen Menschentyps am Rande des Mittelmeeres eine vernünftige, lebensfähigere Keimzelle, eine neue Staats- und Lebensordnung Wirklichkeit werde.

Zum Befreiungskampfe Israels

Wenige Leute werden sich Rechenschaft darüber gegeben haben, in welch geheimnisvoller Verbindung der Aufstieg Israels von volkhaft unterkellerter Religionsgemeinschaft zum selbständigen Staat mit dem europäischen Antisemitismus steht, dem zaristischen und besonders der österreichischen Variante des deutschen. Schon der Zionismus, als der Schriftsteller Theodor Herzl ihn mit seinem »Judenstaat« in die Welt setzte, war die Antwort besonders sensibler bürgerlicher Juden der Habsburger Monarchie auf die Schimpfworte, Entwertungen und Behinderungen, mit denen österreichische Kleinbürger versuchten, sich um das Durchdenken der gesellschaftlichen und wirtschaftlichen Schwierigkeiten zu drücken, mit denen sie nicht fertig wurden. Als dann aber der Abkömmling dieser österreichischen »Christlich-Sozialen« (die weder christlich dachten noch sozial), der Braunauer Schulschwänzer Adolf Hitler, jedem männlichen deutschen Juden den Zunamen »Israel« aufzwang, um dann seinen fürchterlichen Ausrottungsfeldzug gegen alles Jüdische durchzuführen, brachte er die Aufrichtung dieses Namens »Israel« zum Staatssymbol zuwege, zum Schlachtruf einer Armee, über deren Existenz und Schlagkraft des verwunderten Kopfschüttelns noch kein Ende ist.

Hier haben wir ein deutliches Beispiel des Kraftfelds, das ich »Politische Physik« nenne und in welchem die trüben und dunklen Mächte der Reaktion fast wörtlich von Mephistos Vers gekennzeichnet werden, die Kraft zu sein »die stets das Böse will und stets das Gute schafft«. Niemand hätte den Heroismus, die Bereitwilligkeit zur persönlichen Entsagung, den einsamen und wortlosen Einsatz des Lebens und Sterbens zahlloser junger und alter jüdischer Männer und Frauen außerhalb der sozialistischen Gesellschaft bemerkt, der innerhalb ihrer seit hundert Jahren zum Aufbau eines gerechteren Lebens beitrug – niemand hätte im zwischenstaatlichen Leben davon Notiz genommen, wenn nicht die Blutorgie der beiden Weltkriege und besonders die der Hitlerei das Gewissen der Völker geweckt hätte. Nach dem ersten Weltkrieg schufen die Sieger im Genfer Völkerbund das palästinensische Mandat und damit denjenigen Juden eine Heimstätte, »die sich in ihren Geburtsländern nicht assimilieren konnten oder wollten«. Ein großes Aufhorchen ging durch die christliche Welt; kündigte sich da die Erfüllung alter Prophetien an?

Aber erst nach der rasenden Vernichtungswelle, mit welcher sich die faschistischen Horden auf die israelitischen Einwohner Europas stürzten, entstand beides, die zu allem entschlossene, vor nichts zurückschreckende Schlagkraft der in Palästina zusammengetretenen jüdischen Jugend und die Hilfsbereitschaft der amerikanischen und vor allem der sowjetischen Großmacht, diesem Reste der Verfolgten ein eigenes Lebensgebiet zuzugestehen in demjenigen Lande, auf das sie kraft ihrer Geschichte und ihrer schöpferischen Leistungen daselbst Anspruch erheben durften, in der ältesten Geschichte wie in der neuesten.

Und das eben ist die merkwürdige Bestätigung unserer Meinung vom Sinn religiöser Behauptungen und Voraussagen im Leben von Völkern. Die Menschen haben das schon recht früh beobachtet, was hier politische Physik genannt wurde, das Spiel und Gegenspiel gesellschaftlicher Kräfte. Aber sie haben es immer theologisch interpretiert und mit den Vorstellungen zusammengebracht, die ihnen die wichtigsten schienen und an denen die Mächte ein Interesse hatten, von denen sie beherrscht wurden: dem Dasein und dem Willen göttlicher Personen. Am wiederauferstandenen Israel sollten junge Menschen einem der Stränge nachzutasten lernen, die das vielfältige Geflecht wiedergeborener Götter ausmachen. Sie würden dann sehen, daß, was in Frühzeiten Theologie schuf, heute aus Phänomenen der Gesellschaftswissenschaft besteht, der Soziologie und Seelenkunde, und aus nichts anderem.

Vom Antisemitismus
zum Massenmord

Antisemitismus

Begriff und Theorie

Das Wort A., zusammengesetzt aus dem griech. anti und Semiten, bedeutet heute Semitengegnerschaft, obgleich griech. »anti« nicht »gegen«, sondern »anstatt« heißt. (Das Wort hat seine übliche Bedeutung als politisches Schlagwort erst allmählich erhalten, ausgehend von dem Worte »Antichrist«, dessen ursprünglicher Sinn *»anstelle Christi«* sich erst später in *»Feind Christi«* verwandelte; vgl. Art. Antimessias). Es ist seit dem Ende des 19. Jh. die (wohl von Ernest Renan geschaffene) Bez. der uralten Abneigung der abendländischen Völker gegen die J. in ihrer Mitte. Eine j.-feindliche Stimmung ist in Europa mindestens seit dem 11. oder 12. Jh. (J.-haß, *Judo-* oder *Judäophobie*) bekannt; ihr können auch im Morgenlande merkliche Abneigungsempfindungen gegen die J. gleichgestellt werden. In der antiken Zeit gab es dagegen nur Angriffe einzelner Schriftsteller gegen die J. (s. die Art. Streitschriften ältere; griechische [römische] Schriftsteller über J.), die allerdings in Alexandria, wo komplizierte großstädtische Lebensverhältnisse herrschten, Ton und Färbung des modernen A. annahmen. – Die Wurzel des A. ist ohne Zweifel der in den selbständigen Völkern wohnende Drang, sich gegen alles Andersseiende gefühlsmäßig abzugrenzen, das Eigene durch Verehrung zu befestigen, das Fremde aber durch Beiseiteschiebung für die eigene Art ungefährlich zu machen. Solange solche Beziehungen durch geographische Grenzen und örtliche Isolierungen normalisiert werden, können diese Spannungen normal ablaufen, durch krisenhafte Entladungen (Kriege) immer wieder einen erträglichen Durchschnittszustand schaffen.

Weil die J. aber ihr Territorium nach den Römerkriegen – gegen Titus (70 n.) und unter Bar Kochba (135 n.) –

endgültig verloren hatten und innerhalb der Völker sie-
delten, weil sie waffenlos und als Kriegsgefangene aus
höherer, zivilisatorisch und psychologisch verfeinerter
Kultur in die Nachfolgestaaten des Imperium Romanum
und damit unter waffenstolze Barbarenvölker gerieten,
weil ihnen der Makel der Beschneidung (Běrit mila) an-
haftete, der sie in den Augen dieser Völker in die Nähe
der Kastraten rückte (nach Sigmund Freud: »Kastrations-
komplex«), und weil eine ideologisch begeisterte christliche Priesterschaft und Kirchenlehre die Juden zu Mördern von Gottes Sohn stempelten, schon um Rom und
die Griechen innerhalb der Kirche zu entlasten oder zu
stärken – aus diesem Komplex nationaler, sozialer, wirtschaftlicher, religiöser und allgemein menschlicher Motive konnte sich ein der Verachtung und dem Abscheu
ähnliches Moment mit der gefühlsmäßigen Konstatierung
des Vorhandenseins von J. um so inniger und zentraler
verbinden, als es dem menschlichen Selbstgefühl, bes.
dem unsicheren und geschwächten kleinbürgerlicher Kasten, notwendig scheint, verachten zu dürfen (das eigene
Minderwertigkeitsgefühl durch Verachtung anderer zu
kompensieren bzw. zu überkompensieren). Von Anfang
an überdeckten übr. den urspr. Nationalhaß die anderen
Affekte: vor allem die religiösen, d.h. klerikal gefärbten,
gesteigerten und mißbrauchten Glaubensleidenschaften,
und die wirtschaftlichen, sei es der Drang, sich der J. als
Gläubiger zu entledigen (Pogrome von aufgeregten Bauern oder Kleinbürgern), oder kühle und wohlberechnete
Ausrottung der j. Konkurrenz durch die aufsteigende
nichtj. Kaufmannschaft und die Handwerksgilden (antisemitische Gesetzgebungen, legalisierte Judenvertreibun-
gen, eine der letzten in Westeuropa in Lübeck von 1819).
Davon unterschieden ist der etwa aristokratisch zu nen-
nende A. der herrschenden Klassen in allen Nationen,
deren Stolz auf Landbesitz, Waffenübung und Körperkul-
tur beruht und die im J. den geistig überlegenen Wach-
ufer und Führer (»Verhetzer«) ihrer Untertanenmassen
fürchten, wie sie seine, allerdings jetzt bereits der Ver-

gangenheit angehörige körperliche Unterlegenheit verachten. Aus all diesen Einzelströmungen macht der moderne politische A. ein parteitaktisches Mittel aller reaktionären, d.h. agrarkonservativ und handwerkskleinbürgerlich eingestellten Parteien Europas (Arbeiter-A.), der durch Giftigkeit und Verlogenheit ersetzt, was er an politischer Ohnmacht konstatieren muß, weil ihm immer nur einzelne J. oder ganz geringe j. Gruppen, niemals die ganze J.-heit gegenüberstehen und, dank der modernen Staatskonstitutionen, erfaßbar sind; daher der Drang der Antisemiten gewisser Staaten, sich zu einer Internationale zusammenzutun. – Die Geschichte des A., gleichbedeutend mit der Geschichte der J.-heiten auf der Erde, zeigt einen periodischen und typischen Ablauf: zu Zeiten von Massenerregungen und Massenkatastrophen schafft sich die hilflose Wut der Betroffenen Luft in Exzessen gegen diejenigen, die ohnehin vom Stempel des Verschiedenseins und der physischen Schwäche gezeichnet sind (Kreuzzüge, Schwarzer Tod, Kosakenaufstand, Wiener Kongreß-Ära, russ. Revolution, Weltkrieg). Die Spannung entspricht der Stufe der Wirtschaftsgesinnung und -praktik, auf der sich die J. und ihre Umwelt befinden, und wächst in dem Maße, in dem die Wirtschaft der J. entwickelter ist als die der Massen. Dies hängt mit der ganz verschiedenen historischen Herleitung der Wirtschaftsgesinnung zus.: die westlichen Völker steckten noch tief in gemeinschaftlicher Agrarwirtschaft, als die J. bereits eine von der antiken Welt übernommene hochentwickelte Kapital- und Individualwirtschaft pflegten, so daß die J. mit Rechtsbewußtsein ausübten, was den Nichtj. noch als Unrecht erschien (Geldzins, Wechselwesen, Aktienwesen, Börsenspekulation u.a.). Da im A. Gruppen gegeneinanderstehen, sind Große und Einzelne der Völker, die sich überhaupt von Massenleidenschaften entfernen, oft auch freier vom A., was aber für das Seelenleben der Massen nichts besagt: nach Lessing und Herder, Nietzsche und Tolstoi, Joseph II. oder Friedrich III. finden sich in den Völkern, denen sie entstammten, nach wie vor alle

Spielarten von A. – Mit den J. breitete sich der A. von Frankreich und Deutschland nach Osten (Rußland) und Westen (Amerika) gleichmäßig aus, wobei sich zeigt, daß in politischen Demokratien der A. gesellschaftliche Formen unter Preisgabe allgemeiner Ideen der Staats- und Rechtsverwaltung wie auch des Wirtschaftslebens annimmt und um so eifriger die geistigen Lehrapparate (Universitäten, s. Numerus clausus) die J. abweisen. Während eig. nur Spanien aus seinem ehemaligen A. durch die Vertreibung der J. 1492 einschneidende Nachteile wirtschaftlicher Art erfuhr, hat der A. über die J. selbst unnennbares Elend und, abgesehen von der Einbuße an Leben und Habe, dauernde, überhaupt nicht abzuschätzende Beeinträchtigung ihres seelischen Seins gebracht. Statt eines normalen, geruhigen Lebensgefühls ist ihnen aus dem Gefühl der Unsicherheit ihrer Lebenslage eine vermehrte Disposition zu seelischen Erkrankungen (Neurosen, Psychosen; s. Gesundheitsverhältnisse bei den J.) und eine dauernde Beeinflussung ihrer biologisch-seelischen Erbmasse in diesem Sinne eigen geworden; vor allem aber hat ihr Selbstgefühl dauernden Schaden erlitten im Sinne eines Minderwertigkeitsgefühls (vgl. Alfr. Adler, Der nervöse Charakter), das ebenso leicht in Form von übersteigertem Selbstbewußtsein auftritt und Spannungen in der Seele, bes. des j. Kindes, schafft, die unverwachsbare Zeichen darin zurücklassen: Pariatum bei gleichzeitiger Wahrnehmung hoher Werte geistiger und seelischer Art schafft eine für Individuen überhaupt nicht lösbare Problematik, woraus sich die Flucht gerade hochbegabter, sensibler Naturen aus dem J.-tum erklärt (s. Apostasie, Austrittsbewegung). – Nach alledem sollte von einer wirkungsvollen Abwehr des A. nur mit Vorsicht die Rede sein. Weder ist das j. Sein aus der Welt zu schaffen noch die Tatsache, daß am A., dank seiner Unverhülltheit, der Tiefstand der europäischen Reaktion abzulesen ist. Im Gegenteil mehrt die Schwerbekämpfbarkeit dieses Massenaffektes seine Schädlichkeit beträchtlich, sowohl für die von ihm befallenen Völker wie für die Betroffenen. Das einzige, nämlich positive Gegenmittel ist vielmehr die Schaffung normaler Lebensbedingungen für J. auf der Erde, wofür im Seelischen der Aufbau Palästinas (Widerlegung der antisemitischen Anwürfe für alle J., die an ihrem Wesen zweifelnd wurden), im Politischen Pazifizierung der Erde und Vertiefung des nationalen und internationalen Rechtsgefühls, im Wirtschaftlichen die Vermeidung, Lösung oder Abschwächung von Krisen durch neue Wirtschaftsordnung und rationalen Güteraustausch als tauglich angesehen werden. Denn auch Massenaffekte sind der Reinigung und Auflösung fähig wie diejenigen der Individuen, allerdings in jenem langsamen Tempo, dem Veränderungen breiter menschlicher Zustände überhaupt unterliegen.

Die antisemitische Welle

I. Grotesk-Antisemitismus und Mittelstand

1

Man sagt, es gehe jetzt eine antisemitische Welle durch Deutschland. Flugblätter wurden verteilt, darin den Juden allerhand wilde Dinge nachgesagt wurden, Drohungen mit Gewalttätigkeiten schlossen würdig die Argumentationen von nicht ganz treffender, aber populärer, um nicht zu sagen: gassenhafter Zug- oder Schlagkraft, und bei dieser oder jener Gelegenheit belauschte man lächelnd ein Gespräch, dessen Kehrreim, oft recht unvermittelt, in der Form: »Daran sind bloß diese verfluchten Juden schuld« aus vollem Herzen geseufzt wurde. Sah man sich die Typen an, die sich mit diesem Kehrreim schmückten oder ihre Geistigkeit darin zusammenfaßten, so fand man, es sei in jeder Beziehung Mittelstand, der so dichtet und denkt.

2

Der Antisemitismus, prinzipiell gefaßt, ist ein weites Feld. Bleiben wir aber bei unsrer »Welle«, die, was ja wenige Wellen tun, unter der Oberfläche (hier des deutschen Volkes) hinläuft, so ist sie, wie jedes soziologische Phänomen, der zergliedernden Betrachtung wohl oder übel wert. Eine Mittelstandsgeistigkeit also zunächst einmal. Damit ist gesagt, daß das Proletariat, in welcher der drei sozialistischen Parteien es sich auch organisiere, daran nicht teilhat. Bleiben wir einen Augenblick beim Arbeiter, ohne Uniform oder mit ihr, so steht folgendes fest: Hat er sich gelegentlich über einen Kollegen geärgert, der einen Buckel oder rote Haare besitzt, so wird er ihn im homerischen Wortwechsel unbedingt »eine bucklige Sau« oder »einen drekkigen roten Fuchs« nennen. Ein sächsischer oder bayri-

scher Soldat wird den Berliner Kameraden im Zank »Sau-
preuße« heißen, und der Preuße wird erklären, daß »alle
Sachsen falsche Fufziger« und alle Bayern »großfressige
Kuhjungen« seien; und daß, wenn draußen, vorne, ein Ba-
taillon versagt hatte, es »natürlich die verfluchten Schwaben« oder »die großschnäuzigen Berliner« gewesen sein
mußten, stand für jeden fest, der zur Wiedergutmachung
des Unheils eingesetzt wurde und kein Württemberger
oder Berliner war. Wozu dieser Ausflug? Das Volk hält
sich, um seinen Ärger an jemand auszulassen, der ihn erregt hat, an irgendeine ihm angeborene, also mit seinem
Wesen unablösbar verknüpfte Auffälligkeit, die das geär-
gerte Individuum selbst nicht hat, und beschimpft ihn mit
ihr, um ihn so zentral als möglich zu treffen. Kein Stotterer
wird einen Stotterer Stotterer schimpfen. Und genau so
flucht der gemeine Mann, wenn ein Jude etwas »versippt«
hat oder ihm sonst Grund zur Wut gab, auf den »verfluchten Judenjungen« oder findet, »alle Juden seien Schwei-
nehunde«. Und in einer halben Stunde verträgt er sich mit
dem Schweinehund wie mit dem Buckligen. Das ist, was
auch immer, jedenfalls, so laut es auch gelegentlich tobe,
kein Antisemitismus. Der Deutsche schlechtweg ist kein
Antisemit, und der deutsche Proletarier erst recht nicht.
Er ist heute meist schon so geschult, daß ihm der jüdische
Kapitalist oder Bourgeois als Jude kaum noch antagoni-
stisch ist, ihm als Jude kaum bewußt wird, weil er den
Kapitalismus als eine übervolkliche unpersönliche Einheit
begreift, deren individueller Vertreter ihm wenig auffällt,
ja dem er eine Art Unschuld zubilligt, schon weil er mehr
nichtjüdisches als jüdisches Kapitalistentum gegen sich
weiß. Als positive Gegenströmung kommt dann außerdem
die ausschlaggebende Rolle hinzu, die das deutsche Judentum in der Geschichte der deutschen Sozialdemokratie stets gespielt hat – über diesen Punkt wird noch zu
reden sein –, und schließlich kommen hinzu die sozialistischen Theorien und Ideen von der Querschichtung des
Klassenkampfes durch alle Nationen hin, die ja das Faktum
einschließen, daß die ostjüdischen Proletarier gegen ihre

jüdischen Unternehmer in der gleichen Front mit den deutschen Arbeitern kämpfen. In dieser Schicht der Gesellschaft hat der Antisemitismus keine Aussicht, sehr zu wachsen, wenn nicht unvorhersehbare Umlagerungen eintreten.

3

Ganz anders liegen die Fragen und Antworten, wenn man im Gesellschaftsbau um eine Stufe steigt. Hier, wo der »kleine« und der »bessere« Mittelstand haust, ist bei gewissen seiner Gruppen neben Küchenschaben und anderm Ungeziefer auch der Grotesk- Antisemitismus beheimatet. Solche Menschen haben alle einmal wirtschaftliche Benachteiligungen durch Juden erlitten: entweder waren Juden klüger, rascher, gewandter, auch skrupelloser und zeitgemäßer als sie; in der Schule schon, dann als Commis und Studenten, als Ärzte, Rechtsanwälte, Lehrer wurden sie von begabtern, mäßigern und sachlichern Juden übertroffen und überflügelt. Kleine Handwerker, Kaufleute, Krämer sahen im Juden entweder die Schleuderkonkurrenz oder den erfolgreichen Großbetriebsschöpfer, der sie erst an die Wand zu pressen schien, dann sie in seine Dienste zwang; ihnen jedenfalls das moderne Tempo aufzwang, sie ihrer kleinen Selbstherrnwürde entkleidete, aus der sie mehr denn aus ihrem Menschentum ihr Lebensrecht und Lebensgefühl ableiteten, und sie unerbittlich dazu anhielt, rasch, geschmeidig und tätig zu sein. Daß aus dem deutschen Leben so ganz die Trödelei und die gemütlich-schludernde Lieferantenwirtschaft verschwand, ist gewiß zum Teil Schuld der Juden; aber nur, weil der Jude diesem Diktat der Zeit schneller folgte als der Nichtjude – denn das ostjüdische Handwerk und Kleinkrämertum ist genauso gemütlich trödelnd und eigenbrödlerisch, wie der deutsche Mittelstand war, und dem Ostjuden gegenüber ist der Pole der Durchsetzer moderner Methoden. Daß mit dem Sieg dieser Methoden in Deutschland reiches Kulturgut zerstört wurde, ist unleugbar; jede radikale Wandlung zerstört Werte, und als das Bürgertum seinerseits die aristo-

kratische Wertewelt des *Dix huitième* erledigte, hatte es
ein ebenso gutes Gewissen dabei wie der Kapitalismus bei
seiner Vernichtungsarbeit alles Eigenwilligen, Persönlichen, Mußefrohen, Weltbeschaulichen, Triebfrohen, das
dem kleinen Mittelstand seine zäh festgehaltene Eigenart
gegeben hatte. Es ist, zum Beispiel, Verdienst des Mittelstandes, wenn wir in Deutschland noch breite Fundamente
der Musikkultur haben, Chorvereinigungen, die in allen
größern, auch kleinern Städten die große kirchliche Musik
der Deutschen (Bach! und Bach! und wieder Bach!) ausgezeichnet pflegen – mit dem Bewußtsein pflegen, daß sie
die einzige von innen herströmende, unindividuelle, hoch-
wertige Kunstschöpfung tragen, die heute neben den großen Orchestern unserm Kunstleben den entscheidenden
Rang anweist. (Aber wie lange schon steht das jüdische
Bürgertum mitten im nichtjüdischen gleichwertig mitsin-
gend und miterlebend, ja, was moderne Schöpfungen angeht, williger und früher werterkennend!) Weiter muß laut
gesagt werden, daß dem Mittelstand in der Vergangenheit
wie heute die Rolle der schöpferische Talente erzeugenden
Schicht zugebilligt werden muß; es war eine Zeitlang gra-
dezu »die« produktive Schicht des deutschen Volkes, dank
seiner unlogischen, traumseligen, verknorrten, an den
merkwürdigsten Individualitäten reichen Menschen, die
freilich zwischen einer recht raffgierigen, anders als sie
rein praktisch gerichteten Strebekleinwelt umhergingen,
sich durchsetzten oder verdarben, sich mit den Erfolgreichen vermischten, aufstiegen und der heimischen Kaste
entfremdet wurden. Wie viele, fast alle deutschen Genien
entstammen dieser Schicht, in der Natürlichkeit, Lebens-
kraft und Kultur sich mischten, und als die europäische
Industrialisierung diese Schicht angriff, um sie immer heftiger zu zerfetzen, mag es wohl um das beste, jedenfalls
um das geschlossenste Deutschtum geschehen sein, um
das wirkliche deutsche Kulturgesicht: es verwandelte sich
in die ekelhafte, schnurrbartgesträubte Fratze des deutschen Machtbourgeois, der sich um »Thron und Altar«
schart, und in seinen ewigen Sklaven, den »Feldwebel«.

Merkwürdigster Wandlungsprozeß, den man näher studieren müßte. Man müßte sehen, wie in England, Frankreich und der Schweiz die Gesinnung und die Maschine der Industrie geboren werden; wie aus England und von der Schweiz her Deutschland infiziert, zum Mitgehen gezwungen wird, ohne daß es der Juden zu dieser Infektion bedurfte – Geldgier und Güterwachstum sind ansteckend an sich; wie dann ums Jahr 1860 der Jude zum sichtbarsten Träger der neuen Wirtschaft wird; wie jetzt endlich gewissen Teilen des kleinen Bürgertums, das sein Zurückbleiben, seine Entwertung langsam merkt, statt eines gestaltlosen, ungreifbaren, doch höchst fühlbaren Prozesses eine Gestalt, ein Gesicht als der Feind deutlich wird: eben der Jude. Arm an Logik, fast unfähig zu psychologischer und soziologischer Beobachtung, aber reich an Einbildungskraft, erstickend in dumpfer Wut und geborener Träger jeden Aberglaubens, verbohrt sich dieser unliberale, unvernünftigere Teil des Mittelstands, des »bessern« wie des geringen, in das Gefühl, endlich seinen Feind gefunden zu haben; einen, wohl zu beachten, gesellschaftlich fast ganz wehrlosen Feind, den mit Halali und Hurra aufzustören und zu jagen ein neuer Berufszweig für bürgerliche Politiker wird. Der Antisemit als bürgerlicher Beruf, dem von halbdummen, halbgebildeten Bürgerlichen, gräßlichen Dilettanten und Gedankenklitterern wie Richard Wagner, Houston Stuart Chamberlain, Theodor Fritsch und Adolf Bartels eine nur komische Ideologie geliefert wird – der Antisemitismus als Weltanschauung ist vermutlich das tiefste Niveau, das grade Deutsche erreichen konnten. »Wagner condeszendiert zu allem, was ich verachte – selbst zum Antisemitismus«, erklärt Nietzsche mit einem Ekel, den man seinen Vokabeln anriecht.

4

Der Jude, mit den Augen des Grotesk-Antisemiten gesehen, ist ein eindrucksvolles und amüsant-schauerliches Märchenvieh, dessen Pendant etwa die babylonische Hure auf dem rosinfarbenen Tier sein mag. Hört man den Antisemiten zu, so herrscht über die Erde ein dämonisches Wesen, eine Art Spinne, welche vier oder fünf große, erdumspannende Netzstränge geschlagen hat und in ihnen alle Völker sich abarbeiten und verzappeln läßt. Der erste, goldene Strang ist das internationale Kapital; es ist jüdisch ohne Diskussion. Besonders jüdisch ist es nach Wahl in Amerika, Frankreich, Deutschland oder Italien – je nach dem Bedarf der politischen Stunde. Der zweite, rote Strang ist die revolutionäre Sozialdemokratie, die sich die internationale Feindin des Kapitalismus glaubt, aber nur eine gigantische Schar von betrogenen Vorarbeitern des Judentums ist. Der dritte Strang, weiß gefärbt, mit schwarzen Punkten – selbstverständlich die erdumspannende Judenpresse und die entsprechend zersetzende Literatur, die sich aus teuflischer Bosheit der deutschen Sprache bemächtigt hat; man wird sehen, warum just der deutschen. Der vierte Strick, farblos, ist die – Loge zum Großen Orient, das Freimaurertum, eine Geheimorganisation des Judentums, die in allen Ländern alle konservativ-christlichen Tendenzen zu bekämpfen verpflichtet ist. Der fünfte ab r und Hauptstrick dieses Netzes ist die – *Alliance Israélite Universelle*. Hier geht einem der Atem aus. Dieser französierende Schulgründungsverein für den nahen Orient wird im Kopf eines solchen Hintertreppenphantasten zu der fürchterlichen Geheimorganisation, nach deren Befehl das Judentum in allen Ländern bedingungslos marschiert, gelenkt von dem einheitlichen Willen, alles zu vernichten, was christlich-konservativ, germanisch-ideal, kurz: nichtjüdisch ist – von einem einheitlichen und geheimen Willen, kurz: von dem Ewigen Juden, konzipiert nach dem Vorbild des Jesuiten aus dem Schmöker von Eugène Sue. Der Widerpart dieses bösen und häßlichen Dämons aber – und darum jene Wahl der deutschen Sprache durch den jüdischen Literatenteufel, dem es Lebenssache sein muß, grade den arglosen deutschen Geist zu zersetzen und zu fälschen – ist der reine, ideale, blonde, keusche, strahlend schöne, selbstlose, zur Herrschaft berufene Lichtalbensproß, ist Siegfried der Deutsche, der

heldisch umschmetterte Sieger, der in Tumbheit und seine
Locken schüttelnd das Schwert schwingt, bis der Neiding
niedergelegt und am deutschen Wesen die verjudete Welt
genesen ist. Kurzum: wir haben es mit den ewigen Puber-
tätsträumen unreifer, magenüberladener Dahn- und Wag-
ner-Schwärmer zu tun, denen es ein Hochgefühl ist, gegen
den selbstgeschaffenen Popanz zu kämpfen und dabei das
eigene Wesen bis ins Widerliche umzulügen.

II. Das antisemitische Problem

5

Mit burlesken Ausführungen und Erheiterungen ist der
Antisemitismus selbstverständlich nicht erklärt, geschweige denn erledigt. Es bleibt das eigentliche Problem, warum
grade der Jude Gegenstand dieses Hasses und dieser Verachtung wurde, unberührt bestehen, und bestehen bleibt
die Frage nach dem Grunde der Totalität dieses Hasses
(anstatt auf einzelne Judenkreise Haß auf das Judentum,
das ganze jüdische Volk, den ganzen jüdischen Geist —
soweit man ihn verstand); nach der Ansteckungskraft dieses Hasses, der die Erde umkreist hat, nach dem Stärkegrad
des Hasses (in einer irreligiösen Welt-Epoche kann man
nicht religiösen Erbhaß, in einer antitraditionellen nicht
Kräfte der Tradition von den Kreuzzügen her als Ursachen
der Intensität des Gefühles angeben); nach der starken
Beimischung von Verachtung, die er enthält; und nach
der Ursache, warum er grade in Deutschland ausbrach,
bald nachdem die Emanzipation der Juden allgemein fühl-
bar geworden war. Weder haben wir die national begründ-
baren noch die irrational, triebhaft wirksamen Schichten
des Gefühles bloßgelegt, noch vor allem haben wir gefragt,
ob dieser Haß bestehen bliebe, wenn er einmal dem wahrhaften Antlitz der Juden, welches der Antisemit nie gesehen hat und nicht zu erblicken vermag, ja heute nicht
einmal sehen will, begegnete und nicht der kapitalistisch
entstellten, häßlichen Fratze dessen, was einem typischen

Antisemiten als der »typische Jude« erscheint. Die Kernfrage des Antisemitismus ist nämlich, ob er auch Moses, die Propheten, Jesus, Spinoza, Disraeli, Herzl oder so vielen ostjüdischen Gaonim und Talmudisten gegenüber standhält und, zweitens, ob er ihnen auch standhielte, wenn er diese Menschen in ihrer Fülle wahrhaftig zu schauen vermöchte; die Frage ist, ob er nicht, um hassen zu können, zwangsmäßig falsch sieht; die Frage ist, ob er vielleicht letzten Endes ein Ausströmen bestimmter deutscher Seelenkräfte ist, welche auch zum Ausbruch kämen, wenn es überhaupt kein Judentum gäbe, sondern 500 000 begabte Zigeuner unter den Deutschen wohnten, und ob nicht wesensmäßig der Anblick eines so diametral andersgearteten Seins in bestimmten deutschen Seelen diese vergiftete und eiternde Entzündung hervorrufen muß, als die der Antisemitismus heute dasteht. Hassen diese Deutschen den gutgearteten Juden mehr als den schlechtgearteten? Wollen sie ihn von der Erde verbannen, oder wollen sie ihn nur aus ihrer Gesellschaft entfernen? Wollen sie, wenn sie können, alles Jüdische ausrotten oder nur ihre deutschen Angelegenheiten unbeeinflußt für sich zu betreiben imstande sein – vorausgesetzt, daß sie der Jude dabei störe? Und wie würden sie reagieren, wenn es sich etwa herausstellen sollte, daß die Funktionen des Juden, selbst wie sie sie auffassen, zum Weitertreiben der deutschen Dinge notwendig waren, daß nach Ausschaltung des Juden (die ja unmöglich ist) eine erst unbestimmte, allmählich immer fühlbarere Hemmung einträte, die das Bestehen der deutschen Kultur und ihr Wachstum schädigend beträfe? Würden sie die Schädigung bejahen, nur um den Juden los zu sein? Oder würden sie diese Schädigung willkürlich oder unwillkürlich zum Wert, zur Wohltat ernennen? Solcher Art und noch andrer sind die Probleme, die bei der Erörterung des Antisemitismus auftauchen; und neben anderm wird sich daher ergeben, daß es mindestens zwei ganz verschiedene Arten des Antisemitismus geben kann ... Aber das alles ist, wie schon gesagt, ein zu weites Feld, und da wir allen Grund haben, den aktuellen Anlaß dieser

Betrachtung nicht zu vergessen, wollen wir zu ihm zurückkehren – er, der nur mit der einen Spielart unsres
Gegenstandes zu tun hat: dem Grotesk- oder Pöbel-Anti-
semitismus. Sehr fragwürdig aber scheint schon hier eines:
ob die wohlgemeinten Bemühungen von Abwehrvereinen
an solche Tatbestände auch nur heranreichen können.
Symptome zu unterdrücken mag eine redliche Arbeit sein
– eine Sisyphusarbeit gewiß –; aber kein Arzt würde sich
heute mit solcher Kur einverstanden erklären, die an die
Art zahlreicher Nervenärzte von gestern erinnert, wenn
sie sich Neurosen und Hysterien ohnmächtig gegenüber-
finden. Der Antisemitismus ist eine Neurose an der Seele
des deutschen Bürgers, man müßte eine Analyse anwenden – aber nicht heut und hier.

6

Mag der Krieg gegen England und Amerika ein Krieg auch
der deutschen Aristokratie gewesen sein, die ihren neu-
gebackenen Weltherrnwillen gegen den alten, hartstirni-
gen der angelsächsischen Vettern zu erproben gedachte
– vor allem war es der Konkurrenzkrieg des deutschen
Bürgers gleich Kapitalisten gegen den angelsächsischen
Kapitalismus. Im Grunde genommen war außer den Lesern der Frankfurter Zeitung und des Berliner Tageblatts
das ganze Bürgertum von naivem Annektionismus beseelt,
es war selbstverständlich, daß, wer raffen konnte, raffte;
und wer nicht raffen zu wollen vorgab, mußte unzweifel-
haft von Leuten bezahlt sein, die ihrerseits zu raffen gedachten. So das Weltbild derer, deren Heros Houston Stuart Chamberlain war, als ihn seine allzu eiserne Stirn vor
Gericht brachte. Der Deutsche, Ausbund aller Tugend,
siegte von Rechts wegen und solange er wollte; wer anders
zu glauben vorgab, war gekauft, wenn nicht nervenkrank
oder schwach im Magen. Millionen deutscher Zeitungs-
blätter schrieben so, morgens, mittags, abends ward es
dem Bürger und seinem Sohne ins Hirn geblasen, mit jenem Bauchton, der schnell, vor Gegnern, denunzierend
keifte – und Millionen Deutscher glaubten es. Am Tage

nach dem Zusammenbruch hätten sie alle konsequenterweise irrsinnig werden müssen, das heißt: die kleine Veränderung auf der Erde, die aus dem dicken deutschen Plus ein Minus von balkengleicher Wucht machte, nicht anerkennen dürfen. Aber da es in der Zeitung stand, mußte es wahr sein. Und die Rettung aus dem Irrsinn brachte zweierlei: die Revolution und die Juden. Da unser herrliches Heer mit den lumpigen Amerikanern, die unsre herrlichen U-Boote übriggelassen hatten, unbedingt fertig geworden wäre (Beweis: der Kriegsberichter, das Kriegspresseamt, die Amtlichen Berichte des Großen Hauptquartiers, ferner die Kriegskritiker und Leitartikler), so mußte seine Stimmung böswillig untergraben worden sein. Das Flaumachertum – war es etwa nicht jüdisch? Nicht von Judenblättern genährt, mit Northcliffe-Stern-Geld angeblasen worden? Der simple Michel ging auf den Leim, die Katastrophe brach aus –»und an allem sind nur die verfluchten Juden schuld«.

Und die Revolution – war sie etwa deutsch? »Der Thron der Hohenzollern ist tief im deutschen Wesen verankert«, erklärten seine Angestellten. Andrerseits hießen die Sozialdemokraten, die sich nicht irre und kirre machen ließen, Oscar Cohn und Hugo Haase. Jener hatte die Stirn gehabt, eine parlamentarische Kontrolle für die Kriegführung unsres Großen Hauptquartiers zu verlangen, als dergleichen noch Sakrileg war. Die Kirche mit ihrem Erzberger war zwar auch nicht ganz genehm, aber schließlich predigten die Feldgeistlichen draußen und daheim das Durchhalten, und Thron und Altar reimten sich. Old England hatte zwar Northcliffe zu seinem Propagandachef gemacht (»natürlich ein Jude«), aber Karl Liebknecht (»natürlich ein Jude«) hatte sich ja glücklich ins Zuchthaus hineingeschrien. Herr Theodor Wolff und Herr Maximilian Harden (»natürlich Juden«) predigten einmal wöchentlich den Versöhnungsfrieden. Silberfarb und Mandelschtam, Sobelsohn und Braunstein, »Lenin« und »Titscherin« – »alles Juden«. Rußland war durch sie zu einem machtlos-großmäuligen Popanz zerrüttet worden, aus dem sich jeder, dem's beliebte, Stücke schneiden durfte (Brest-Litowsk), und mit Deutschland fiel der letzte Hort konservativ-monarchischer Edelart – Grund genug für die Juden, sich an Deutschland zu machen. Russisches Geld und jüdische Hetze, dazu der kleine, aber doch schließlich schnell wieder zu korrigierende Gebietsverlust im Westen und die »gekaufte« Marine: die Revolution war da – »und an allem sind nur diese verfluchten Juden schuld«.

Die Revolution war da, die Karriere zum Teufel. All die strahlenden Achselstücke, der erste Rang in Preußen-Deutschland, wertlos, und die Lümmels, die Schweine durften mit Dreckpfoten an Kokarde und Portepée rühren, ohne daß man schoß. Die Reservatgüter hin, die unkontrollierte Herrlichkeit des Kasinos, Dienstreisen, Helferinnen, Lebensmittel vorüber. Die Aussicht, daß auch weiterhin die Geistlichkeit, vorderhand »im Felde«, eine von Staats wegen gestützte Herrlichkeit sein werde, arg gemindert. Die Wahrscheinlichkeit, daß es nach einem glorreichen Friedensschluß Dotationen regnen würde, zum Teufel. Die Zugehörigkeit zur stramm-nationalen Eigenart würde also nicht mehr den Ausschlag geben, wenn es Karriere, Stellen und Vorteile galt, weder für Ärzte noch Juristen noch Nationalökonomen. Und die Regierung, bisher der Hort der Armen an Geiste, sofern sie nur Gesinnung trugen in der zottigen Hochbrust, die Regierung des Reiches und Preußens würde nicht mehr mit dem Schilde des kriegerischen Reichsadlers die politisch maskierten Geschäfte der Schwerindustrie im Auslande decken, nicht mehr von »nationalgesinnten« Klüngeln, sondern von der ekelhaft verjudeten Sozialdemokratie verwaltet werden? Wohin denn mit all den Corps- und A.D.B.-Protektionen, wohin mit den jüngern Söhnen, wohin mit den Anwärtern der diplomatischen Karriere, den zukünftigen strammgesinnten Staatsanwälten, »zuverlässigen« Professoren und Studienräten, imperialistisch weltbeherrschenden Großkaufleuten und Bankherren, Berg- und Forsträten, Ingenieuren und Chemikern? Und vor allem: wer würde noch Offizier werden können, werden wollen, wenn es Soldatenräte gab; was nutzte einem der Leutnant der Reserve fernerhin? Die Söhne des Mittelstandes waren also keine Creme mehr, kein Orden galt, kein Titel leuchtete mehr; die Rangordnung der Menschen in Akademiker und Proleten war hin – »und an allem sind nur die verfluchten Juden schuld«.

Zusammenbruch außen, Zusammenbruch innen. Daß es so schlimm nicht kommen werde, daß die Veränderungen sich würden ertragen lassen – wer wagte damals das zu hoffen! In der Regierung, in den Ministerien lauter Juden. Haase, Cohn, Landsberg, Wurm, Rosenfeld, Simon. Liebknecht im Schlosse. Eisner und Landauer in Bayern. Juden in den Soldatenräten, Juden in den Kommunen. Das war der Beweis und der deutsche Untergang. »Und an alledem sind nur die verfluchten Juden schuld.«

III. Antisemitismus und Jüdischer Kongreß

7

Die Zahl derer, die so empfanden, soll nicht überschätzt werden; doch auch viele, die nicht so dachten, deren Verstand den wahren Ursachen der Katastrophe zugänglich, deren Herz der Besinnung und Einkehr fähig war, fühlten beim Anblick all der jüdischen Minister einen nervösen Zorn. Und viele jüdische Bürger bei demselben Anblick eine nervöse Ängstlichkeit. Man sollte sich nicht vordrängen. Wozu sich herausstellen? Man konnte nie wissen. Die Praxis, nach einer Niederlage die Juden als Sündenböcke dem Volkszorn auszuliefern, war bekannt; wozu also auch überflüssig an sichtbare Stelle treten? Die deutschen Juden würden es in der Gesamtheit auszubaden haben, wenn dem Volk die Geduld riß. Bisher war die Polizei die Sicherung gewesen, daß den Antisemiten der Unterschied von Wunsch und Wirklichkeit verständlich blieb; aber jetzt? Bei so unsichern Zeiten? Man sollte bescheiden sein, sich ducken und schweigen. Auf die Revolution war kein Verlaß, und schon gab es drohende Flugblätter, und der

Wahlkampf der Deutschnationalen machte Aussicht auf allerhand Unannehmlichkeiten, wenn etwa diese zählebige Partei noch einmal zur Macht kam. Es fehlte nicht an Pogromdrohungen; die Nerven, ohnehin die angreifbare Stelle, hatte der lange Krieg geschwächt. Früher hätten solche Flugblätter nicht gedruckt werden dürfen. Schwere Zeiten, unangenehme Zeiten ... Eine antisemitische Welle lief durchs Land ... da war sie. Es hatte jüdischer Ängstlichkeit bedurft, um sie zu vollenden. Vor dem nervös zusammenzuckenden Juden wurde man kühn, vor der ruhig lächelnden, sichern Haltung, die im Grunde nur selbstverständlich war, hätte ein so lautes Gezeter von vornherein keine solche Akustik gefunden. Aber Ängstlichkeit ermutigt. Daß es Juden gab, denen jüdische Minister in Deutschland nur theoretisch angenehm, praktisch aber peinlich waren – so viel Servilität verdutzte zwar im ersten Augenblick den Antisemiten, im nächsten aber verdoppelte es seinen Aufwand an Atem.

Und wie kam in Wirklichkeit diese große Zahl von Juden in die Leitung der Geschäfte? Sie hatten das, was dem Deutschen fehlte: Zivilcourage und Übung in Verantwortung. Der deutsche Soldat zitterte nur vor einem: vor der Verantwortung einer nicht ganz genau abgegrenzten Aufgabe; der deutsche Beamte nicht anders. Das kam von dem Instruktionsfimmel und der grotesken Idee der Kompetenzüberschreitung, es kam von dem ewig drohenden Anpfiff und der eifersüchtigen Wachsamkeit des Neben- und Übergeordneten, daß ja kein Eingriff in seine Befugnisse statthabe. Da man nach oben wertloses und darum nach unten reizbares Selbstbewußtsein nur vom Amte entlieh, nicht als Mensch besaß, traf auch ein versehentlicher Eingriff den Beamten ins Zentrum seiner Würde; aus dürrer »Dienstlichkeit« vermied ein jeder, dem Nebenmann über die Achsel zu blicken und sich selbst in die Tätigkeit blicken zu lassen, die er vor dem »Chef« verantwortete. Man muß in deutschen Behörden gearbeitet haben, um zu wissen, wie peinlich darauf geachtet wurde, daß man nur keiner andern Dienststelle in den

Geschäftsbereich eingreife, und wie erlöst man aufatmete, wenn diese oder jene Angelegenheit einer andern Behörde zugeschoben werden konnte. Nun gab es plötzlich in Deutschland Revolution, die unvorbereitetste Revolution der Weltgeschichte. Von heute auf morgen sollten die verantwortungsvollsten Posten, ohne daß die Maschine stocken durfte, von Männern besetzt werden, die bisher nur kritisiert hatten; Juden aber, geistige Disziplin von jeher gewöhnt, organisatorisch begabt und im alten judenfeindlichen Regime überall in der ersten Linie der Opposition stehend, voll Selbstvertrauen und Sachlichkeit und dabei von jeher wissend, daß, was sie sagten und taten, erstens ihnen und zweitens der jüdischen Allgemeinheit angekreidet wurde, Juden, die noch weniger ihr Verstand als vor allem ihr trotziges und sozial empfindendes Blut in die Arbeiterpartei getrieben hatte, dieses Blut, welches den Sozialismus jeder Form in die Welt gebracht hatte, von Moses an bis Gustav Landauer: diese Juden traten sofort in die Lücken, deren Besetzung ebenso notwendig wie exponierend war, und dienten der leuchtenden, großen, revolutionären Sache mit ihrer ganzen Kraft der Verantwortung an einer Stelle, welche die Sache schwer hemmte und sie selbst für immer erledigte, wenn der Versuch nicht glückte. Aber sie kannten ihre Vorgänger vom alten Regime und durften sich wohl zutrauen, ohne Zögern deren Amt anzunehmen.

Ob sie auch wußten, daß sie nur genau so lange in der Leitung, an sichtbarster Stelle, bleiben würden, wie die Verantwortungsangst der andern anhielt? Daß auch die Partei, ohne antisemitisch zu fühlen, nur um die Reibungsflächen mit den Anhängern des alten Regimes zu verringern, ihnen bei passender Gelegenheit nichtjüdische Nachfolger geben würde? Es ist zu vermuten. So ist der Lauf der Dinge innerhalb vieler Bewegungen: der liberalen Partei, der Bankwelt und der Journalistik gewesen. Der Fortgang der Revolution hat denjenigen recht gegeben, die den vielen jüdischen Ministern nur kurze Amtszeiten prophezeiten. Denn der Jude ist radikaler als der Deutsche: er denkt bis ans Ende der Idee und will bis an ihr Ende verwirklichen, was er für den rechten, geforderten, seinsollenden Zustand hält. Der Deutsche aber reguliert seinen Verwirklichungswillen an der Realität. Jede radikale Umwendung des Lebens ist ihm fremd; der unbeugsame sächsische Freiheitsdrang scheint noch tief zu schlafen. Der Deutsche, so lange politisch gegängelt, meint heute angstvoll, daß er auf Vorhandenem aufbauen, daß er das Verwendbare des Alten retten müsse, daß ihm der allmähliche Übergang ins Neue, Unerprobte lebensnotwendig sei. Das Tempo des Deutschen ist ein großes Andante, und als Grundmauern seines neuen Hauses glaubt er diejenigen verwenden zu müssen, die ihm von alters her noch brauchbar erscheinen. Er hat keine Wahl. Darum auch lehnt er die nichtjüdischen Radikalen Liebknecht, Wyneken, Foerster mit den jüdischen ab, auf die Gefahr hin, große Momente, plastische Sekunden der Gemeinschaftsbildung zu verpassen. Ihn leitet ein Instinkt, der ihm sagt, daß einem großen Volke mehr als ein plastischer Moment gehören könne und daß es seinem Tempo folgend auf seine Art in den Zustand gleiten werde, der ihm gemäß ist. Ob das freilich ein Zustand ist, der nach solchem Kriege in sich berechtigt ist, der im Aufbau das Vernichtete ersetzt, der das erneute Europa schaffen hilft – das wird sich erst zeigen müssen.

8

Und ist dieser Instinkt denn *a priori* falsch? Ist er denn falsch nur, weil er sich gelegentlich in einer wilden und wüsten Ausschreitung von Haß oder Verachtung Luft macht? Oder macht er sich so eruptiv Luft nur darum, weil er und seine natürlichen Äußerungen, seine unbefangene Aussprache verdrängt worden ist durch die Leugnung der Verschiedenheit jüdischer und deutscher Tempi, Anschauungsart und Lebensluft? Die Ursache der besondern Giftigkeit des Antisemitismus ist vermutlich eine an sich anständige und löbliche Bewegung in der Seele des Deutschen wie des Deutschjuden: der von der Aufklärung gefärbte Liberalismus. Es sollte keinen Unterschied geben zwischen Deutschen und Deutschen, Mensch und Mensch: so wollte es die Vernünftigkeit des Liberalismus. Er hatte recht, was den Wert, er hatte unrecht, was die Art des Seins anlangte. Dadurch, daß der liberale deutsche Jude und seine Zeitung jede Diskussion solcher Verschiedenheiten als einen Angriff empfand und sein beleidigtes Menschengefühl und Deutschtum schützend vor jede öffentliche Besprechung des doch ganz klar bestehenden Problems schob, setzte er diejenigen Deutschen, die das Problem als gegeben empfanden und eine Klärung wünschten, schroff ins Unrecht: es seien rückständige, barbarische, unduldsame und ungerechte Gesellen, die so dächten und sprächen. Mit ähnlichen Sentiments empfanden und empfinden diese Kreise jede Kritik des deutsch-jüdischen Wesens, das der Kritik doch so dringend bedarf; kritisierte und karikierte Parvenüs schrieen »Antisemitismus«, wenn vornehmere Menschen sich angeekelt von so viel Selbstaufgabe und Verzerrung gegen sie wandten. Mit welchen Gefühlen scharfsehende Deutsche derartige Abwehrgesten aufnahmen, ist klar. Diese Verdrängung rächte sich; die Seelen der Völker reagieren nicht anders als die Seelen der Individuen. Und darum ist eine Heilung dieser Verdrängung nur möglich durch die öffentliche, dem ganzen Volke zugängliche Diskussion dieses Problems: Wie unterscheidet sich das jüdische Sein vom deutschen Sein? Unter welchen Umständen ist eine deutsch-jüdische Lebensgemeinschaft prinzipiell möglich?

9

Diese Diskussion wird erfolgen. Es ist bekannt, daß die leiblose, namenlose Existenz der Juden auf der Erde zu Ende ist, diese namenlose Existenz, die so vergiftend und verdrängend gewirkt hat. Der Jude existierte als Volk unter den Völkern gleichsam geleugnet, wie ein Gespenst, dessen Anwesenheit jeder weiß und spürt und das doch keiner beim Namen nennt. »Das jüdische Volk« – das war stets anderswo, nie gegenwärtig, und wenn der Instinkt des Nichtjuden rief: »Ihr Juden seid ein Volk«, antwortete das Echo: »Mörder! Lügner! Ehrabschneider!« Nun, damit ist es aus. Der Völkerbund wird, so unangenehm dies manchen Judengruppen sein wird, als Mitglied auch das jüdische Volk enthalten; das ist fast gleichzeitig in Paris von Lansing und in Bern von Doktor Wettstein ausgesprochen worden. Das jüdische Volk erhält ein Land, sein Land: Palästina. Und im Zusammenhang mit den in andern Ländern wohnenden Teilen der Judenheit wird auch in Deutschland ein jüdischer Kongreß zusammentreten, der von allen Juden dieses Landes nach demokratischem und proportionellem Wahlrecht gewählt werden soll, um das Problem der jüdischen Existenz in der Diaspora, hier also in Deutschland, zu erörtern, vor aller Ohren, am hellen Tage. Die große Presse, die noch während des Krieges den ganzen Tatbestand der zionistisch-nationalen Bewegung unter den Juden ignorierte, wird jetzt nicht umhinkönnen zu berichten. Das Judenproblem wird in aller Munde sein; man wird die ganze bisher verdrängte Verschiedenheits-Tatsache erörtern müssen. Und es ginge gegen alle Gesetze des Seelenlebens, wenn nicht damit ein großer Teil des Giftes entleert werden sollte, das den Antisemitismus erzeugt hat. Verschiedenheit des Seins: der Jude radikal, die nächste Generation im Sinne tragend, das heißt: zeitlich betont, motorisch, zum Ausbruch neigend; sozialistisch erglühend und kapitalistisch raffend, großstädtisch im Tempo und produktiv aus Überfülle und Sehnsucht, voller Zwiespalt und polar gebunden, zugleich Ekstatiker und Anbeter des majestätischen Verstandes, tief musikalisch als Masse, optimistisch im Glauben und lyrisch-dramatisch von Temperament, hinter sich Jahrtausende an Denkarbeit und Leiden – und der Deutsche, voller Entwicklungspolitik, dem Augenblick vertrauend, sensorisch, der Empfindung hingegeben, demokratisch empfindend und kapitalistisch raffend, dem gemächlichen Leben ursprünglich zugetan (ist er das noch?) und produktiv aus Überfülle und Spieltrieb, voller Zwiespalt und unklar ringend, zugleich Instinktmensch und Anbeter der reinen Vernunft, musikalisch als Individuum, pessimistisch von Temperament und episch-dramatisch von Anlage, vor allem auf der Suche nach seiner Form und nach sich selbst, hinter sich Jahrhunderte willig getragener politischer Entmündigung mit eigenwilliger, antisozialer Ausbildung der Persönlichkeit als Entschädigung und vor sich Jahrhunderte von Leid und Arbeit: sollte dieser vielleicht zu sehr gespitzte Gegensatz nicht entgiftbar sein, nämlich befreibar von dem törichten Werthochmut beider Völker? Und mehr noch: sollte er nicht fruchtbar zu machen sein? Sollte nicht eine redliche und vertrauliche Symbiose möglich sein zwischen fünfundsiebzig Millionen Deutscher und einer halben Million Juden – vorausgesetzt, daß ihr Zusammenleben auf der reinlichen und klaren Erkenntnis der Unterschiede und Gemeinsamkeiten und des beiderseitigen guten Willens aufgeklärt wird und daß die große Aufgabe: Errichtung neuer Häuser für die Völker, die zusammen die Menschheit sind, Errichtung hier des deutschen Hauses unter willkommener Mitwirkung der deutschen Juden, die ihre Heimat und ihre Verwurzeltheit, ihre Liebe und ihr Wohlergehen in diesem Lande, unter diesem Volke auch in seinem Unglück bewähren wollen, ohne sich damit abzutrennen von dem jüdischen Volke und seinem neuzubauenden Hause – daß diese Aufgabe klar erkannt und ausgesprochen wird. Die Juden Deutschlands haben das Wort. Ihre Antwort auf die antisemitische Welle muß der jüdische Kongreß sein. Denn auch dem zionistischen Juden ist die Menschheit die regulative Idee des Lebens auf der Erde. Aber ehe nicht die Völker ihre Grenzen erkannt und erfüllt haben, können sie sie auch nicht überschreiten, um die grenzenlose Kette zu bilden, in der die Völker sich erdumkreisend die Hände reichen nach dem alten jüdischen Worte, zu dem der größte Deutsche die Melodie fand: *Gloria in excelsis deo, et in terra pax hominibus bonae voluntatis.*

Deutsche Intellektuelle

1.

Als 1916 die russische Reaktion gipfelt, schreit selbstverständlich in dem besiegten Lande ein gründlicher Antisemitismus laut auf: »Die Juden sind schuld an der Niederlage«; dies kommt zu üblicherem (Bereicherung am Kriege
usw.) hinzu, um nach dem alten Brauche den Zorn des
Volkes auf den Prügelknaben der Jahrhunderte zu lenken.
Aber es gelang diesmal nicht: zum Teil, weil die russischen
Intellektuellen unter der Führung von Gorki, Sollogub,
Andrejew und anderen gegen ihn in einem Buche, das sie
ehrt, protestierten, beweisend, daß noch immer in Ländern
lebendiger Moralität der Schriftsteller das Gewissen und
der gute Geist des Volkes ist, das sich adelt und schmückt,
reinigt und erhöht, indem es ihn hervorbringt, walten läßt,
ihm folgt.

Als 1920 die deutsche Reaktion gipfelt, schreit selbstverständlich in dem besiegten Lande ein überaus gründlicher Antisemitismus laut auf: »Die Juden sind schuld an
der Niederlage« – das hätte, von den Schuldträgern gerufen, noch nicht allzu gefährlich gelautet; es wäre in
seiner »Haltet den Dieb«-Absurdität ersoffen; aber dazu
noch schuld am Ausbruch des Krieges, an Deutschlands
Ächtung durch die empörten Völker, am Friedensvertrag
und selbstverständlich an der »Revolution« und ihren Folgen; der Wirtschaftserschöpfung eines ausgehungerten
und ausgepumpten Volkes mit allen ihren Folgen – sähen
wir nicht den allzu durchsichtigen Mechanismus des Systems arbeiten und seine hetzende Gefährlichkeit für jüdisches Leben – wir könnten lachen über diesen Grad
von Überschätzung... Und wie fällt er aus, dieser Versuch,
nach russischem Vorbild den Zorn des Volkes auf den
Prügelknaben der Jahrhunderte zu lenken? Seine Urheber
und Regisseure können viel Freude daran haben. Es gelang

ihnen, das deutsche Kleinbürger- und Bürgertum gründlich zu vergiften, die Militärbehörden und ausführenden Organe (Offiziere selbstverständlich und die Mannschaft), die Kommunalbehörden in vielen Orten und eine ganze Landesregierung intensiv antijüdisch zu färben: zum Teil, weil die deutschen Intellektuellen, das Gewissen der Nation, dazu schweigen.

2.

Es wäre sehr wenig, wenn sie nur dazu schwiegen. »Nur«: dabei ist vor allem die Auslieferung der Universität an die Reaktion mitverstanden. Was in den nächsten Jahrzehnten in dem bürgerlichen Deutschland Amt und Würden erstudiert hat, wird das schön umgetünchte Bildnis der monarchischen Zeit im Busen und das Hakenkreuz auf der Krawatte tragen; die Schule wird, das Gericht und selbst das Krankenhaus und die Kirche werden sich in Orte verwandeln, wo Parteienkämpfe und -unterschiede, nicht aber Sachzusammenhänge den genius loci atmosphärisieren, und in einer Stickluft allgemeinen Darbens wird eine grenzenlose Gehässigkeit das Miasma des täglichen Lebens sein – kann es da, von deutschem Standpunkt, auf einen Schuß Antisemitismus mehr oder weniger sehr ankommen? Ob aus diesem Grunde oder einem anderen: das Schweigen ist tief und völlig; und fast nur mit Ausnahme des prachtvoll tapferen Heinrich Mann, der, allerdings über Antisemitismus schweigend, der noch heute unvermindert mächtigen Reaktion, den Militärs und schweren Herren, sein Buch »Macht und Mensch« mit einem Schrei: »Der deutschen Republik!« an die Zähne warf, ist unter bürgerlichen (nichtsozialistischen) Nichtjuden eine schöne Einmütigkeit der Reserve und unter nichtzionistischen Juden eine ebensolche der Scham und stillen Wut zu spüren, die nur Alfred Kerr durch seine »Jerusalem«-Fanfare unterbrach und in die die Zeitschriften Hardens, Jacobsohns und von Karl Kraus ihre leidenschaftlichen Kämpfe trugen, von der »Welt am Montag« und »Berliner Volkszeitung« redlich sekundiert und selbstverständlich von der radikalsozialistischen Presse. Aber das sind schließlich Politiker und Zeitungen mitten im Kampfe; wer dagegen stumm, ja im eigentlichen Sinne abwesend blieb, waren die Dichter, Literaten, Gelehrten, die Geistlichen und Geistigen, Deutschlands einzige Macht, die Hüter des erkenntnistragenden Wortes.

Hat ihnen der Krieg, in dem sie so eifrig ihr armes, auf eingeflüsterte und eingeschnauzte Lügen gebautes Wort riefen, die Sprache verschlagen? Schweigen sie zu Deutschlands unerhörtem Sinken unter die je für möglich gehaltene Mindestmoral öffentlichen Austandes aus Gram, Verzweiflung, Erschütterung? Mißtrauen sie ihren inneren Diktaten und jedem Ja und Nein, nachdem ihre Kriegsbejahungen sie so tief in die Irre geführt hatten? Ich weiß, wieviel tiefe Redlichkeit, wieviel Gewissenhaftigkeit und Qual um das eine, das not tut, heute in Deutschland am Werke ist, in einzelnen, den Besten. Ja, ich hätte all das lieber in der deutsch-nationalen Zeitschrift Gregor Huchs veröffentlicht, die er »Der Deutsche« nannte, wenn sie nach vier Heften nicht hätte aufhören müssen, zum deutschen Gefühl für Recht und Unrecht zu reden.

3.

»Wagner kondeszendiert *zu allem, was ich verachte,* selbst zum Antisemitismus«; in diesem Worte Nietzsches liegt die noch heute gültige Verknüpfung, die den Antisemitismus auch den Nichtjuden wichtig machen muß, den Gründe allgemeiner menschlicher Art nicht in Bewegung setzen können. Es ist nicht jedes Deutschen Sache, sich um die politische Wahrheit um ihrer selbst willen zu regen, zumal wenn die Verleumdeten nur Juden sind, schon weil es leider nicht jedes Menschen Sache ist, sich für sie zu regen; und auch Gerechtigkeit, öffentlicher Anstand, Menschlichkeit und Sachlichkeit sind im Deutschen gar sehr Abstrakta; man macht sich um ihretwillen nur im äußersten Falle unbeliebt – heute, nach einem Jahrhundert der Anbetung von Macht und Erfolg. Als nämlich 1807 eine ganz ähnliche Katastrophe über Preußen entschieden hatte, schwieg niemand, der einen Geist über seiner Zunge herrschen hatte: aber freilich war ein Jahrhundert moralischer Erlebnisse und der Männlichkeit und Freiheit vorhergegangen, das achtzehnte – und Preußens Männer hießen Scharnhorst, von Stein und Wilhelm von Humboldt. Aber was bei einem so heftig nationalisierten Volke wie dem heutigen Deutschland fast unbegreiflich ist: auch aus Gründen des Volkes und seiner Neugeburt macht niemand den Mund auf! Weiß man etwa nicht, daß der Antisemitismus nur das Ventil ist, die Stelle des schwächsten Widerstandes am Kessel, prüft niemand das Gemisch, das da ausströmt? »Alles, was ich verachte« – alles, was der deutsche Geist um 1880 noch verächtlich nennen durfte! Der neuen Zeit gelang die Unschädlichmachung des Geistes: der Geistige ward der einsamste Mensch der Erde. Im sechzehnten Jahrhundert, noch im achtzehnten ist er Mund der Menge, kühner Kopf einer Schlange, die ihre Ringe hinter ihm, mit ihm bewegt. Im sechzehnten wird er von ihr geschoben, im achtzehnten zieht er sie hinter sich her, immer verbunden, nie als Monstrum außerhalb ihrer. Mit Friedrich dem Großen beginnt der Geistertanz der Isolierten, die sich künstlich am Leben erhalten durch Abschluß von der Gegenwart und Anschluß an die Antike. Von einzelner Seele zu einzelner schwingt ihre große Rede; die Hoffnung, Zeit und Volk zu bewegen, haben sie begraben. Aber ihre Sehnsucht nach Verbundenheit, nach der Tat und Fleischwerdung ihrer Gedanken, welche lebensgestaltend wirken müssen, um ganz aufgefaßt zu sein, wirkt in ihnen fort; ihre Form heißt Zukunft und Europa. Diese Sehnsucht selbst ist noch Verbindung; gespenstige Schöpfer richten ihre Kraft auf eine ungesehene Menge mit der Magie der Hoffnung, und in ungeheurer Anklage der Mitlebenden knüpfen sie einen zweiten Faden, zart, zäh und nur gleichnishaft verbindend, aber verbindend: sie lehnen die Verantwortung für das Bestehende ab, und indem sie sich von ihr reinigen, reinigen sie es auch: dieses Angeklagte kann nicht mehr entschlüpfen, in seiner elenden Gestalt gemalt und festgezaubert, beginnt es die Seele der Jugend zur Abkehr, die der Frauen zur Erschütterung, die der Männer wenigstens zu Zweifel und Erörterung aufzufordern. Große Kraft und Herrlichkeit des geisttragenden Wortes: selbst noch das Entgottete und Verderbte weiß es zu erlösen und der Reinigung zuzutragen, nach der es, im Innersten belauscht, stets stumm verlangt. Viel Zeit und Geschehen schiebt sich innerhalb europäischer Völker zwischen Aussprache der Anklage und Aufnahme ins allgemeine Ohr: jetzt und heute beginnen die Schriften des frühen Nietzsche endlich verständlich zu werden, Wirkung und Leben, schneidender Schreck und Entschluß zu neuer Gestalt. Für den kriegerischen Geist gegen den mörderischen, für den tapferen Menschen gegen den bloß fürchterlich bewaffneten, für die mutige Seele gegen die technischen Tötungsgewerbe, für die Minderzahl gegen die Majorität der ausgestreuten Geschosse aufzutreten tut heute, sechs Jahre nach Kriegsausbruch, bitter not: wo aber sind die deutschen Stimmen, die sich erheben müßten? Sich unzweideutig und bei bestimmtem Anlaß erheben? Alle politischen Morde in Deutschland sind vorübergezogen, aber die Intellektuellen haben sie angeschwiegen, sie und die – verzweifelt man an der deutschen Seele? – den heiligen Namen des Rechtes bewußt schändenden Gerichtsverhandlungen, die sie hinterher noch sanktionierten. Die erste Wahl zum neudeutschen Reichstag ging vor sich unter einer antisemitischen Fassade der letzten Verlogenheit: aber je öffentlicher die Schande sich gab, desto privater schämte sich der Ekel. Und Schule wie Universität, einst eine sachliche Angelegenheit, darf zur Burg des Antisemitismus von ahnungslos schwatzenden Professoren und trampelnden Studenten – zukünftigen Staatsfunktionären – entarten, ohne daß die letzten Verantwortlichen des Geistes in diesem sinkenden Lande sich dagegen laut anmelden? Als Friedrich Wilhelm Foerster sein Lehramt niederlegte, schrie niemand auf! Als Nicolai, tapferer und einsamer Wille gegen den gewalttätigsten aller Apparate, von einem greisen Rhetor des feigen Vaterlandsverrats geziehen ward, unterm Jubel und auf Geheiß einer

Jugend ohne Sinn für Männlichkeit, stellte sich niemand von den schaffenden Intellekten, stolz auf solche Kameradschaft, an seine Seite! Man will dies Land seinem geistigen Untergang überlassen – daran ist fast kein Zweifel: und zwar aus Gewissenhaftigkeit, aus Verwirrung, aus Scham, aus Mangel an Einsicht, Klarheit und Instinkt, aus Abscheu vor Öffentlichkeit, aus Furcht vor der verantwortlichen Lehrerrolle, Zeugenpflicht des Geistes.

4.

Aber was geht das den Juden an? fragt mich ein Deutscher. Darauf antworte ich nicht einmal, daß es nichts Änderbares für den sittlich wachen Typus gibt, wofür er sich nicht mitverantwortlich bis zum Eingriff fühlte. Was weiß man heute in Deutschland von der rasenden Ungeduld, mit der Söhne einer schnelleren und durchdringenderen Rasse diesen »langsam sich drehenden Sumpf« deutscher Zustände und ihrer Entwirrung mit ansehen, während alle Mittel zur Abhilfe in Reich- und Griffweite liegen und nur das Abtragen der Suggestionenmauer davor den rettenden Griff danach verhindern.

Ich deute lediglich auf zwei mir entscheidende Punkte hin. Erstens bin ich politisch dem Deutschen in einer Schicksalsgemeinschaft von bindender Enge verhaftet gewesen und noch verhaftet; vor den öffentlichen Angelegenheiten, dem Staate, bin ich ein Deutscher. Als Soldat gefangen worden – nehmen wir an, zwischen dem 12. und 15. Dezember 1916 in den Batterien der Orneschlucht – wäre ich als Deutscher gefangen worden, und was anders als Verachtung des verhörenden Offiziers hätte ich geerntet und verdient, wenn ich gewagt hätte, zu beteuern: Moi, je ne suis pas Allemand, Monsieur, je suis Juif –? Hätte er mich auch nur verstanden? Ja, selbst wenn ich meinem Geschmack eine solche Beteuerung abgerungen hätte: wäre es auch nur die Wahrheit gewesen? In welcher Sprache ich denke, empfinde und gestalte, was mir am nächsten geht, das ist bekannt, nicht nur mir selbst; und darum allein schon erlaube ich niemandem, wenn nicht mir selbst, mir die Grenzen öffentlicher Wirksamkeit zu setzen – auch in deutschen Dingen. Dies beiseite: das zweite ist, daß ich den Zustand unerträglich und unverschämt finde, den guten Namen des Juden für alle mißliebigen deutschen Zustände mißbraucht zu sehen. Ich halte Erzberger für einen betriebsamen, aber tapferen Mann mittleren Formats und Bethmann für einen schwachen gutwilligen Politiker wachen und gequälten Gewissens, der das sacrifizio dell'intelletto brachte, als er bis zum letzten im Amte blieb, um der Sache, um des Reiches und Volks willen; ich sehe, daß der Sturz des alten Systems und die Durchsetzung sozialistischen Geistes mit erzieherischer, gewaltloser Strenge das Heil nicht nur für Deutschland bedeutet. In den Sachen selbst also liegt mir nichts daran, daß heute deutsche Parteien diese Strömungen als »jüdisch« bezeichnen; sie tun dies aber, um sie zu beschimpfen, und indem sie Schimpfliches und Jüdisches identifizieren, wollen die einen das Volk oder ihre eigenen Seelchen retten, die anderen aber Parteigeschäfte machen: und dies, meine Herren Deutschen, hat aufzuhören. Der uns widerlichste jüdische Typ, der des Geschäftemachers und Geldraffers, hat in Deutschland so gute Schule gemacht, daß in diesem Lande am letzten jemand gegen ihn aufstehen dürfte; das dürfen nur wir Geistigen und Juden: und was allein uns daran hindert, ist der Antisemitismus. Den unflätigen Geschmack aber, den das Wort Jude im Munde des Antisemiten bekommt, den wollen wir nicht länger mehr uns zum Ärgernis gereichen lassen.

5.

Nietzsche hat die »harte, ungewollte, unabweisliche Aufgabe, endlich aber die Größe ihrer Aufgabe…, das böse Gewissen ihrer Zeit zu sein«, den Philosophen vorbehalten: »Indem sie gerade den *Tugenden der Zeit* das Messer vivisektorisch auf die Brust setzten, verrieten sie, was ihr eigenes Gemeimnis war: um eine neue Größe des Menschen zu wissen, um einen neuen, ungegangenen Weg zu seiner Vergrößerung.« (Jenseits, Aph. 212.) Der geistige Mensch, dem das Ausmaß und die rangverleihende Verantwortlichkeit des Philosophen nicht eignet, muß wenigstens jener bescheideneren Aufgabe sich bewußt sein, die Laster und Irrtümer seiner Zeit zu dämpfen oder besser durch Aussprache und Gegenwort zur Abfuhr vorzubereiten. Dies ist seine politische Funktion; biologisch gesprochen, ist er die Haut des öffentlichen Wesens, welche den Körper durch Atmung reinigt. Heute treten alle Schmutzstoffe der Nation entweder in der Form des Antisemitismus oder mit ihm verquickt auf; eine Reaktion gegen ihn ist eine Reinigung des Leibes. Er aber hat die, für Deutsche, wertvolle Eigenschaft, daß er sie faßbar macht: faßbar den Gewaltrausch, der sich sonst als Tapferkeit, faßbar den Eigennutz, der sich sonst als nationale Sorge, faßbar die verlogene Romantik, die sich sonst als Staatsgedanke drapiert, faßbar die Volksfeindschaft und Klassenherrschaft, welche von Knechtung schwatzt, sobald sie nicht mehr frei die unteren Millionen in Sklavenarbeit und Helotentod zwingen darf, faßbar den Neid, faßbar den Haß, faßbar vor allem den brutalen, bestialischen Feindseligkeitsinstinkt gegen alles Besondere, Andere, Fremdartige: als welcher, an seiner Reinigung und Veredelung verhindert, das unheilbringendste und verdummendste aller menschlichen Erlebnisse ist. National denken und handeln heißt heute nicht – hieß es unter Einsichtigen nie –, die ganze Erde als träge Masse und nur das eigene Volkstum als prägende Form für sie zu sehen; nicht, alle bestehenden Werte auf die Leistung des eigenen Volks oder ihm so nahestehender Menschart zurückzuführen, daß man sich mit ihr noch identifizieren darf. National sein heißt heute wie stets, da Nationen die Gefäße der menschlichen Kultur sind, auf alles Verbindende achten, alles Trennende von Verachtung und Dummheit reinigen, die es so leicht übertreiben und vergiften, und vor allem der unbewegte und eifervoll liebende Wächter über der Seele seines Volkes sein, damit sie ihrer Verzerrung genese und ein reines Antlitz zu dem leuchtenden Himmel emporheben lerne, der zum Glück alle Völker der Menschheit mit friedvoller Bläue überwölbt.

Schweigen

1.

Es gibt einen Vorgang heute, den die Öffentlichkeit verschweigt. Ich habe fast keine Worte, denn was ich sagen will, sitzt mir geballt überm Herzen und würgt mir die Fähigkeit zur Rede ab. Ich gehe stundenlang mit diesem einen Gefühl umher, ich hoffe, daß es mehreren gleich mir geht und daß sie nur darum schweigen wie ich.

In diesen letzten Monaten ist das Judentum, das lebendige Volk abgekehlt worden von dem slawischen Schlächter.

Hinter dem Vorhang, der östlich der Weichsel gelegenes Land verhängt, mordet man, mordet man das jüdische Volk.

Gemordet werden Juden von östlichen Soldaten. Ihre Kokarden unterscheiden sich nach Sprachen, ihr losgelassenes viehisches Geblüt verbündet sie. In Wilna, in Polen, in Weißrußland wird gemordet; auch der Madjar mordet, dem Tschechen zuckt's in den Fingern; aber am entfesseltsten wirft sich der Kleinrusse auf die Wehrlosen.

Von 136 000 Ermordeten sprachen die Delegierten einer Welthilfskonferenz, welche nicht den Toten helfen konnte, welche keinen einzigen Juden vor dem Mörder wird retten können, welche nur den Überlebenden Hilfe wird bringen dürfen, wenn die Häuptlinge der Mordbanden nichts dagegen einwenden sollten: den Tausenden von Waisen. Den Verstümmelten der Lazarette. Den Wahnsinnigen in den Wäldern. Den Nackten und Verhungernden zwischen den Trümmern einstiger Dörfer und kleiner Städte. Den Flüchtlingen, vor denen man die Grenzen sperrt. Den Vertriebenen, die von Ort zu Ort gesandt werden und deren Zug ständig aus bedrohten Gegenden sich vergrößert.

Dies Schicksal ist auf uns gefallen. Es hat keinen Sinn

und gibt keine Lehre, wenn nicht die von der blöden, zufälligen und gottlosen Beschaffenheit des Augenblicks auf der Erde.

2.

Mit grenzenlosem Ekel weisen wir alles zurück, was man zur Erklärung dieses bösartig-irrsinnigen Schicksals vorzubringen wagt. Daß der Fußtritt der Entfesseler des Krieges und die feigen Machenschaften der Friedensfabrikanten von Versailles gleichmäßig am Verschulden dieses Verbrechens beteiligt sind. Daß der ganz gemeine, von keiner Peitsche autoritärer Staaten mehr geduckte Nationalismus rasender und nun losgelassener Sklavenvölker sich niemals anders ausgewütet habe als durch Massenmord an den völlig Wehrlosen. Und daß der absolut Machtlose auf dieser Erde und zu dieser Zeit nichts anderes erwarten dürfe, als ermordet zu werden, ermordet unter dem Schweigen und der mitschuldig machenden Gleichgültigkeit Europas. Christen morden Juden, das ist nichts Neues unter der Sonne; das römische und das griechische Kreuz, Gläubige und Ungläubige stampfen glücklich und besessen auf denen herum, die ihnen nicht die sprühende Mündung des heiligen Maschinengewehrs und die alleinseligmachende Handgranate entgegenheben. Tausend jüdische Soldaten in deutscher, französischer, russischer, österreichischer, britischer und amerikanischer Uniform, drei leichte Batterien und ein Panzerwagen hätten sich in der »befreiten« weißen Ukraine befinden sollen: und kein Held wäre selig von Pogrom, Folter, Weiberschändung und Ladenraub gegen das Judenvolk aufgestanden, um die Zeit der Räteherrschaft, d. h. einzelner jüdischer Funktionäre, zu »rächen«.

Wir wissen all das von Herzen gut.

3.

Wir wissen auch, daß zu dieser Ungeheuerlichkeit die große Presse mit niederschmetternder Frechheit schweigt. Es gibt in diesem Lande mindestens fünf große Zeitungen, die der Summe nach von Juden gelesen und in den Formen des Abonnements und des Inserats erhalten werden, deren Verleger Juden sind und die die Interessen der deutschen Politik nach liberalen und demokratischen Parolen wahrnehmen – die Interessen des gegenwärtigen offiziellen Deutschland. Mit den Nachrichten, die sie den allgemeinen Nachrichtenbüros oder eigenen Korrespondenten entnehmen, füttern sie die nervöse Neuigkeitsgier großstädtischer, aus Eigenem leerlaufender, nur dem engsten Interesse mit Leidenschaft verhafteter Leser morgens, mittags und des Abends. Ärzte halten Konferenzen ab? Sie berichten. Militärs äußern sich über Zukunft des deutschen Heeres und der Flotte? Sie haben Spalten. Irgendein magerer Geist entfaltet sich in einem Wälzer? Der Feuilletonchef ist selig, ein Referat über die halbe Seite hin ausbreiten zu dürfen – zu schweigen vom Theater. Der Kampf um ein Kaiserdenkmal in Eger wird zur »furchteinflößenden« Protestaktion ausgewalzt. Die Erde bebt in Siam? Ein Kruzifix tut Wunder in Lima? Immer heran, meine Herrschaften, wir haben alles. Wir haben Filmkritik und Modeschau, das letzte Bulletin der Leibärzte unserer Kaiserin und vor allem die schwarze Schmach – vom Bolschewistenscheusal zu schweigen. Auch die Abneigung gegen Polen ist auf Lager und deutliche Proteste gegen die Säbelherrschaft in Ungarn. Denn wir sind gegen jegliche Diktatur – außer der des Lesers.

Ukraine? Wer herrscht denn da jetzt? Ach, Petljura vermutlich. Wer kann in dem Kuddelmuddel sich auskennen. Gehn Sie mir mit Ukraine.

4.

Im Frieden sandte man stolz seinen Spezialkorrespondenten nach Messina, wenn der Vulkanismus es wagte, gegen die Zivilisation zu murren. Und im Kriege hatte man einen Stab von Berichtern, der zum Stab der A.O.K.s eine formidable Anhänglichkeit bekundete. Herr des Himmels, war man auf der Höhe!

Heute? Man lege mir die Ausschnitte vor, in denen die

Frankfurter Zeitung, das »Berliner Tageblatt«, die »Vossische Zeitung«, die »Neue freie Presse«, die »Breslauer Zeitung« über die Jüdische Welthilfskonferenz in Karlsbad berichteten, mit den ausführlichen Inhaltsangaben der Referate, besonders des Temkinschen. Man zeige mir den Abdruck der von der »Jüdischen Rundschau«, einem Spezialblatt mit engem Leserkreis, gegebenen Nachrichten aus dem Pogromgebiet. Und man beweise mir, daß man seinen Nachrichtenhunger auch mit Pogrommeldungen befriedigt wie z. B. mit den Berichten von Rennen und Flugprüfungen.

5.

Hören wir nicht auf, bevor alles gesagt ist: der Grund zu diesem Schweigen, der offenbar ist und gen Himmel stinkt, immerhin festgestellt sei. Jedem aufrechten protestantischen Konservativen, jedem gebildeten, gläubigen Katholiken muß Brechreiz aufsteigen vor so viel Heuchelei. Was wird damit bezweckt? Dem Gerede von der Judenpresse soll die bekannte Spitze abgebrochen werden – als ob es dadurch stumpfer würde, weniger hart durchbohrend für den sensiblen Zeitungskapitalisten. Man kneift vor der »Deutschen Zeitung« oder dem München-Augsburger Abendstinnes; kneift prinzipiell und stopf sich liberales Ohropax vors Trommelfell. Bewundern wir diese heroische Komik? Oder bemitleiden wir sie? Aber wir verachten sie lieber. Diese Presse hat im Kriege, mehr oder weniger mannhaft, den Verständigungsfrieden propagiert. Sie hat sich damit den redlichen Haß all derer zugezogen, die aus Ideologie oder um Mehrwerts willen den Lehmannschen Siegfrieden schöner fanden. Sie hat damit Deutschlands wirkliche Lebensnotwendigkeiten verfochten, und nie wird sie es erreichen, daß ihr dafür der Haß der anderen erspart bleibt. Diese anderen popularisieren sich jetzt, indem sie den Juden die Schuld an Krieg, Revolution und Frieden zuweisen. Und einen Teil dieser Juden suchen sie in den demokratischen Redaktionen. All das ist lückenlos und aus der heutigen Erbärmlichkeit der menschlichen Intelligenz her logisch in sich. Aber diese Mimikry selbst? Glaubt man, daß sie auch nur ein Jota am Kriegsgeschrei der Kriegsindianer ändert? Man hofft es wenigstens. Man unterdrückt jede, rein menschlich gebotene Parteinahme für die Opfer des losgelassenen Differenzaffekts, die man sich, wären es Türken, Sudanesen oder Inder, niemals verkniffe, weil es Juden sind. Juden im Quadrat: Ostjuden. Dies das eine. Und das andere: beim geliebten Leser ist die Existenz von Ostjuden, von öffentlich dickgedruckten Juden überhaupt, jetzt wieder wie vor dem Kriege, unbeliebt. Er weiß vielleicht weshalb. Der »Schriftleiter« weiß es auch. (Nicht so im Kriege. Da entdeckte das »B[erliner] T[ageblatt]« unter der Überschrift »Aus Polen« die allerdings des Fettdrucks unwürdigen Ostjuden, bei denen, da sie ja eigentlich Deutsch sprächen, unsere Feldgrauen so vorzüglich auf Verständnis stießen.) Und aus der Diktatur des Lesers heraus erwächst des Schweigens Blume Wunderhold.

6.

Und nun: zu euch, teure Kameraden der Öffentlichkeit, würdige Verwalter des deutschen Europäertums, Hüter des Georgiasmus und der Flaubertinage, ihr Heiligmäßige, Aufrufer und Wegweiser zur Menschlichkeit, Zierden der Städte, ihr Leuchten des Exils und Häupter der Verbannung, zu euch, israelitische Literaten, Dichter, Schriftsteller, Philosophen und Intellektuelle. Auch ihr schweigt. Es ist mir wohlbekannt, daß ihr Besseres zu tun habt. Tief in Arbeit versenkt, dem göttlichen Leben hingegeben oder mit dem Ohr auf den Puls der Zeit geneigt, vermögt ihr keineswegs, Kontemplative oder Aktivisten, Gottsucher oder Rebellen, den schwachen Schrei des abgekehlten ukrainischen Judentums zu vernehmen. Es schreit ja nicht der Mensch: nur der Jude. Und eure Mission geschieht nun einmal an Europa: mit weniger gebt ihr euch nicht ab. Zudem ist es unfein, sich von Tagesfragen erregt zu zeigen. Und im übrigen seid ihr deutsche Dichter, die mit Jüdischem weniger zu tun haben als Nichtjuden wie Meyrink, Ulitz oder Johannes R. Becher, der ein hinreißendes Gedicht »Zion« (im ersten Hefte des »Genius«) auf lange hin unvergänglich aufgerichtet; weniger als jener verstorbene Dehmel, dem der Beilisprozeß 1913 so unerträglich auf der Brust lag, daß er schreien mußte. Nun, die Zeit hat sich verändert; und ihr jedenfalls schweigt mit – ausgenommen, und mit dankbarem Herzen, Maximilian Harden und Manfred Georg, dem die allezeit tapfre »Weltbühne« Jacobsohns Raum gab.

Ich gedenke nicht, eure Gründe alle auf typische Formeln zu bringen; nicht auch, euren Gefühlen analytisch nachzugehn. Auch die Scham der Ohnmacht ist dabei, ich weiß es wohl. Ihr findet gelegentlich, daß Worte allzu gebrechlich sind, um helfen zu können. Das ist aber nicht wahrheitsgemäß, denn heute, 1920, hören auch die entscheidenden Kreise der angelsächsischen und lateinischen Welt so weit immerhin schon zu, daß sie eure empörten Worte recht zu hören wüßten und »deutsche Propaganda« hinter ihnen nicht suchten. Es könnte euch vielleicht sogar zu deutschem Verdienst angerechnet werden, eure Menschlichkeit an so fern liegender Affäre dokumentiert zu haben; allerlei ist möglich. Vielleicht auch entsänne sich der oder jener einer noch nicht fernen Zeit, da der ukrainische Nationalismus von deutschen Behörden, Militärs, Diplomaten und Zeitungen aufs emsigste gesucht und gefördert, gegen Moskau und Warschau ermutigt und ausgespielt wurde. Wie dem auch sei: ihr rührt euch nicht.

Ja, meine Teuren, wo kommt ihr denn her? Und wenn die deutsche Kultur eure Mutter ist, die euch gebar: wer denn hat euch gezeugt, wer ist euer Vater? Nicht vielleicht die Kernsubstanz des Judentums? Nicht vielleicht jene tief fruchtbare, seit Jahrtausenden geniale Zeugungskraft der jüdischen Enge, des niederen und gedrücktesten Volkes, die wie ein Gleichnis für die Unvergänglichkeit des geistigen Lebens dasteht? Mag immerhin erst freieres Wohlergehen eurer Eltern euch ins europäische Licht gelassen haben: gezeugt, ermöglicht, mit Kräften zum Durchbruch begabt und mit den Elementen eurer Sendung gespeist hat euch alle das jüdische Kleinbürgertum, alle. Hier oder dort, in Mähren, Schlesien, Galizien, Preußen oder wo auch immer zur Welt gekommen, in Böhmen, Schottland, der Schweiz oder Schwaben: seelisch durch nichts geschieden waret ihr von denen, die auf ukrainischen Landstädten oder Dörfern lebten, bis sie der blutige Säbel, und die scheußliche Folter vorher, tötete. Nur daß dies urkainische Judentum, der Chassidismus beweist es, glühender und ekstatischer sich aufzubringen vermochte, als ihr je zustande bringen werdet. Aus den Splittern solchen Volkstums erwuchsen Evolution créatrice wie logische Untersuchungen, die Legenden des Baalschem, der Aufruf zum Kozialismus, der ganze Hermann Cohen, wie alle eure Gedichte, Dramen, Romane und Essays, die wir bewundern; eure Nachfolger und Fortsetzer irren jetzt unter den Tausenden Waisen von Kreuzweg zu Kreuzweg – vielleicht eure Überflügler. Aber seid beruhigt, diese werden nie mehr zum Schreiben kommen; und so ist euer Schweigen vielleicht sehr weise, denn am Ende könnten sie noch gerettet werden? Nein, gewiß nicht, als ihr schwieget, dachtet ihr daran nicht. Dies bedurfte es nicht auch noch; ihr konntet es von selbst.

7.

Nicht daß diese Zeilen an diesem Zustand das mindeste ändern werden. Aber immerhin: gestempelt soll er werden. Die Mitschuldigen mögen nicht ohne weiteres davonkommen – soviel an uns liegt und an dem schwachen, ausdauernden, wutgeborenen Worte.

Starnberg

Die Summe

Ziehen wir mit jener Resignation, an die wir uns die letzten fünf Jahre hatten gewöhnen können, die Summe aus den vorläufig abgeschlossenen Ereignissen, die sich in deutschen Städten an Juden vollzogen haben. Das Empörende vermag dann nicht mehr zu empören, wenn man es zollweise entstehen sah; das Moment der Überraschung geht ihnen ab; die Welt des Nachkrieges ist der schönen Leidenschaft und ihren schmückenden Gesten und wärmenden Wallungen gar zu günstig. Ausweisungen in München, Überfälle auf Unbewaffnete in Nürnberg, ein Pogrom im Zentrum Berlins, und gleich darauf in München ein Putsch von rechts, um das Deutsche Reich mittels der Intelligenzen Hitlers und Ludendorffs herrlichen Zeiten entgegenzuführen — das Ganze zum fünften Geburtstag der Republik mit der rührenden Vorliebe solcher Romantiker für Kalendereffekte aufgezogen: was lehrt, zum Über- und Überdrusse, diese Veranstaltung?

Die Judenrepublik. Die Judenfahne. Die Judenregierung von Berlin. Fünf Jahre hat, ohne erkennbare Gegenwirkung von bürgerlichen Parteien her, eine gedruckte und geschriebene Agitation so uns und das Nachkriegsdeutschland zusammengekoppelt. Was immer von Unheil über dieses Reich hereinbrach, wer auch immer durch leichtsinnige oder leidenschaftliche Politik, durch Unkenntnis angelsächsischen Wesens, der deutschen Isolierung, der Wirkung törichter Reden die Eingriffe des französischen militaristischen Kapitalismus um Vielfaches verschlimmerte und wie oft auch immer die langsame Beamtenintelligenz, in den Organismus der Weltwirtschaft eingreifend, Ursachen schuf, deren Wirkungen sie nicht in Betracht gezogen hatte — es war leicht, in Deutschland Absolution dafür zu bekommen, leicht, in diesem Lande »Verantwortlicher« zu sein: denn der wahre Verantwortliche, der, von dem in allen Tönen Rechenschaft gefordert wurde, war immer der Jude. An ihn hielt man sich und drohte dauernd, sich noch weit besser an ihn zu halten.

Wollte man einen Politiker wie Erzberger, der dem großen Kapital Kräfte zu entziehen drohte, um sie dem anämischen Körper des Deutschen Reiches zuzuführen, ja gar nur den augenblicklichen Reichskanzler dauernd diskreditieren, ernannte man sie zu Juden, wie man Bethmann-Hollweg zum Juden befördert hatte; und indem man sich so die Möglichkeit schuf, den Sack zu schlagen und dem Esel dabei empfindlich wehe zu tun, auf dem Rücken der Juden in Deutschland gegen das neue Reich und seine furchtbar schweren Aufgaben mit voller Energie vorzugehen, gewann man noch den wohlberechneten Vorteil, daß keine Reichsregierung sich mit den so Angegriffenen identifizieren werde, weil es ja unklug gewesen wäre, dem Schimpfwort »Judenregierung« damit neue Rechtfertigung zuzuführen.

Wirkte dann in das überanstrengte Nervenleben des Reiches und der Mehrzahl seiner Bewohner noch die Not um den nächsten Tag, der Hunger nach der nächsten Mahlzeit hinein, diese furchtbaren Helfer aller Hetze, die die Hemmungen zwischen gehörtem Wort und getaner Ausführung bis zum Zerfall verdünnen, so konnte der Stoß gegen die lästige Republik geführt werden: als Stoß gegen die Juden ansetzend, in seiner eigenen Wirkung wachsend, am anfänglichen Gelingen sich befeuernd und ohne Kontrolle bis zu Zielen führend, die als »aufs innigste zu wünschen« genau von denjenigen verkündet worden waren, die es durch Aussperrung, Nahrungsabschnürung und den unendlich törichten Abbau der Brotbewirtschaftung im falschesten Augenblick in der Hand hatten, zum Übelwollen Frankreichs und den Hilflosigkeiten der Währungsmacher die akute Verzweiflung breiter Großstadtmassen zu fügen.

Sie wurden die Grundkräfte, auf die sie sich verlassen konnten, um trotz klarster Tatbestände den Juden für alle Übel dieser Zeit als Sündenbock benutzen zu können.

Sowenig der einzelne Jude dem einzelnen Deutschen bei normaler Seelenlage verdächtig ist, ein Schädling zu sein, so leicht ist es, den Juden als Gruppe dem Abstoßungs-, Entwertungs- und Vernichtungsaffekt der exaltierten Nichtjudenheit als Gruppe gegenüberzustellen. Hier führen Grundkräfte der Gruppenleidenschaft, die anderswo untersucht worden sind, zu immer wieder gleichen Ergebnissen. Der Jude als Typ ist dem Deutschen noch immer eine Märchenfigur, und wie die märchendichtende Phantasie des Volkes heute zur Schauerromaniade degradiert ist, ist auch er eine Figur des Schauerromans geworden, wie »der Freimaurer« der katholischen und »der Jesuit« der protestantischen Volksphantasie unbekannt, abgesondert, geheimnisvoll und schnell verdächtig. Das klingt nach Mittelalter? Wir leben mitten in ihm, seitdem der große Krieg das bißchen Neuzeit, das wir der Aufklärung verdanken, mit dem Ärmel der Uniform weggewischt hat. Erst weil solche Grundkräfte, modern maskiert, in der Seele besonders des kleinbürgerlichen Menschen noch unabgeschwächt spielen, kann die Agitation der »Haltet den Dieb«-Parteien sich so wirksam über ganz Deutschland ergießen. Vor ihnen bleibt es gleichgültig, nach welchen Merkmalen sich der Jude von der Nichtjudenheit scheidet; und es läßt sich beweisen, daß dieses Merkmal wechselt je nach derjenigen Leidenschaft, die die Völker gerade am lebhaftesten bewegt.

Zur Zeit religiöser Differenzierung bemerkte man am Juden sein religiöses Sondersein am schroffsten, zur Zeit der ständischen sein außerhalb der Stände Stehen, als man sich national schied, sah man sein besonderes Volkstum, heute, wo man sich biologisch als Rasse aufspielt, greift man ihn der Rasse wegen an, und morgen, wenn quer durch die Völker der soziale Kampf geführt werden wird, ein schon im Werden offenbarer Zustand, wird er zwischen den sozialen Fronten aufgerieben werden, gleicherweise befeindet von links wie rechts. Und es muß an dieser Stelle, trotz des vergossenen Blutes, der Mißhandlung, Plünderung, des Raubes, all der Gewalttat und jeglicher Exzesse als Ehrenmal der Einsicht, Geduld und Disziplin, gesagt werden, daß angesichts dieser Grundtatsache und der wahrhaft würgenden Not die Schar derer unter den arbeitenden Deutschen, die ihre Besinnung unter dem Anprall der maßlosen Verhetzung verloren haben, zahlenmäßig noch immer relativ gering ist und daß man im Berliner Pogrom deutlich zwischen dem stets sprungbereiten Mob, den bezahlten und freiwilligen Parteihetzern und den mitgerissenen Erwerbslosen zu scheiden vermochte. Eine Lektion werden die deutschen Juden nun wohl gelernt haben: daß im Augenblick der Aktion der Unterschied zusammenbricht, den eine geschickte Agitation sie lehrte, zwischen sich und den Ostjuden zu machen. Sie werden nun nicht mehr, sollte man hoffen, bereit sein, den Ostjuden preiszugeben, um selber auf der Seite der Gerechten zu stehen. Sie werden nun hoffentlich wissen, daß, wer diese Unterscheidung mitmacht, selbst vom Antisemitismus angesteckt ist, der wie jede Affekthaltung ansteckend auf sie überzugreifen stets bereit ist. Wer bedroht ist, sucht sich zu decken, selbst wenn er dabei die Gebärde des Feindes annehmen muß, das ist menschlichallgemein, und es bedarf schon eines gewissen, gefesteten Grundwesens, um sich einem Anprall auszusetzen, wie er das deutsche Judentum heute berennt, und auch die Angegriffensten in die eigene Person mit einbeziehend, für sie zu stehen wie für sich.

Eines bleibt abzuwarten: ob diese Krise des Antisemitismus den »deutschen Geist« noch weiterhin so erstarkt oder so ermüdet besser lassen wird wie bisher. Als 1916 im zaristischen Rußland ein Antisemitismus, ungleich schwächer als der unsere, sich auftat, standen russische Geistige, Gorki und Sologub an der Spitze, dagegen auf. Seit 1916 sehen dem deutschen Antisemitismus, der mit der unvergessenen Judenzählung im Feldheer sich ein erstes Denkmal setzte, die deutschen Geistigen gesenkten Blickes zu. Nur einer oder zwei, Hermann Hesse, Robert Michel, Otto Flake, haben sich dagegen erhoben. Vielleicht erkennen sie jetzt, um wieviel mehr für sie von diesem Dauerantisemitismus zerstört wird als für uns? Als man Deutschland auf das Niveau der oberösterreichischen Provinz herabwirtschaftete (Schönerer, Waidhofener Prinzip), schwiegen sie betroffen. Heute, wo man dieses Land, in dem Nietzsche das Wort »freier Geist« fand und gestaltete, auf das Niveau des zarischen Rußland herabwirtschaftet, sollten sie sich daran erinnern, daß vielleicht einmal eine Generation entschuldigend bemerken wird: »Damals gab es keinen deutschen Geist in dem gefährdeten Reiche.«

Kein Protest wird die Verwundeten gesund machen. Kein Geplünderter wird davon wiederhergestellt werden. Die zerstörten Nerven all der Entsetzten, Erschreckten, körperlich Degradierten wird kein Wort und keine Tat des Reiches heilen. Was Menschen tun können, werden hoffentlich die Juden selber tun und die neuen Opfer der Tatsache, daß Juden überall auf Erden unter Trennungsleidenschaften leben, ebensowenig verlassen, wie sie die früheren verlassen haben. Nur auf eines rechnen wir: daß die geschehenen Tatsachen, ihre Rezeption im deutschen Geiste und ihre öffentlichen und privaten Folgen von der Jugend des deutschen Judentums und von all denen der Erwachsenen, die noch nicht unter Zwangsantrieben empfinden und denken müssen, geistig verarbeitet und in politische Form umgesetzt werden sollten. Man müßte sich endlich dazu entschließen, der Besonderheit unserer Existenz zwischen den Völkern konsequent denkend und bis zu Ende nachzugehen.

Man dürfte nicht länger die Augen wegwenden von Tatsachen, die peinlich, schmerzhaft – oder strafend sind, je nachdem man der Mensch ist, ihnen zu begegnen. Und man sollte sich vor allem darüber nicht im unklaren bleiben, daß mit der Bekämpfung akuter und wilder Ausbrüche des Antisemitismus nicht auch das Übel selbst anfaßbar ist, dem vielmehr erst sachgemäß begegnet werden kann, wenn der Jude als anschauliche Volksperson den anderen Völkern gleichgeartet zugesellt ist, auf jüdischem Boden, in seinen Rechten völkerrechtlich festgelegt und unabhängig in seiner Existenz von den Krisen und Katastrophen anderer Völker, denen er bis dahin immer zuerst zum Opfer fallen wird, in welchem Lande auch immer: denn der Antisemitismus eines besiegten Frankreich zum Beispiel würde, erinnert man sich noch?, dem einstigen russischen und heutigen deutschen um nichts nachgeben. Die Dekorationen sind gefallen, die schönen Anstriche abgewaschen von Blut und Not, und hohl und kraß zeigen sich die kontinentalen Völker alle aus gleichem Holze und alle noch in derselben geistigen Eigenart, die sie in den Kreuzzügen und zur Zeit des schwarzen Todes unserer Vorväter hinopfern ließ, sei es, weil sie »die Brunnen vergiftet hatten«, sei es einfach, weil sie Juden waren.

Nazi und Juden

Was bedeutet die Niederwerfung des deutschen Judentums durch den Nazi-Geist, gesehen nach vier Jahren erfolgreicher Angriffe und von der Höhe des Berges Carmel aus? Die Generalprobe zum unblutigen, aber um so wirksameren Bürgerkrieg, nicht mehr und nicht weniger. Die deutschen Juden, soziologisch gesehen ein Teil des deutschen Bürgertums von seinen ärmsten bis zu seinen reichsten Schichten, sind die Versuchstiere und die Opfer der sozialen Revolution in Mitteleuropa, deren erste Schritte wir an ihnen und über sie hinweg geschehen sehen. Bürger werden enteignet, vom Staat wie von örtlichen Gruppen. Bürger werden bestreikt, sie werden diffamiert, mit Verachtung aus der Reihe der Vollbürger beseitigt. Jede Verbindung mit ihnen entehrt. Liebesverhältnisse mit ihnen werden Verbrechen; Ehen mit ihnen machen den nichtjüdischen Partner untauglich, Vollbürger zu sein, und sind heute kurzerhand verboten. Bürgern, nämlich Juden, verweigert man die Lebensmittel; der Milchmann, der Schlächter, der Bäcker, der Bademeister bekommen das Recht, ihnen die Dienste zu kündigen. Sie werden aus Gegenden, Dörfern und Städten vertrieben, in denen sie seit Jahrhunderten wohnten. In den Verkehrsmitteln, auf öffentlichen Plätzen, in Parks und Sommerfrischen, ja auf der Straße ihrer Heimatstädte sind sie moralischen und tätlichen Insulten ausgesetzt. Dabei zwingt man sie, sich örtlich zu konzentrieren, und hat sie dadurch immer besser im Griff. Da dies an Bürgern geschieht, welche allen politischen Parteien angehörten, und weil sie diese unterstützten, bevor das braune Regime zur Macht kam, wird der Bürgerkriegscharakter dieser Maßnahmen nur um so deutlicher. Außerdem liegt offen zutage, daß sie expropriiert werden sollen und schon zu einem großen Teil expropriiert sind. Über jede persönliche Veranlassung oder Unschuld hinweg greifen die Expropriateure nach dem Gut des Juden als des Vertreters seiner Gruppe.

Die Geschicklichkeit ihrer Methoden hat erreicht, daß die bürgerlichen Völker bisher nicht erkannt haben, welches Stück in Deutschland gespielt wurde und wird. Aber es ist Tatsache: wie der Bonapartismus die Methoden ausprobierte, mit denen eine kleine Abenteurerschar, im Besitz der bewaffneten Macht, den schon besiegten Mächten des Adels und der Kirche noch eine Anzahl von Jahren die Herrschaft über die Demokratie ermöglichte, so probt eine noch unbekannte Kraft in Gestalt des Nazitums in Mitteleuropa an den Juden die Methoden des stillen Bürgerkrieges aus, unauffällige Methoden und wirksame.

Anlaß war vorhanden: durch die Krise, die seit Kriegsende, zunächst als Inflation verkleidet, das mitteleuropäische Bürgertum vernichtete, war in breiten Schichten der Bevölkerung ein ziemlich hoher Grad von Existenznot und Daseinsangst entstanden – Aussichtslosigkeit für die älteren Menschen, wieder zu Brot zu kommen, für die jüngeren, jemals in den Produktionsprozeß eingeschaltet zu werden; für die akademische Jugend aber das eine und das andere. Die fast vorurteilslose Besetzung der Staatsstellen und der freien Berufe, der unbeschränkte Wettbewerb auf den Gebieten der Literatur und der Künste hatte im Jahrzehnt nach dem Großen Krieg zu einer Auslese der Fähigsten geführt; gleichwohl wollten auch die weniger Fähigen und die immer neu ausgebildeten jüngeren Jahrgänge ein Tor zum sozialen Aufstieg offen sehen, sich gründlich satt essen und in den Genuß all der Güter kommen, die die modernste Industrie ihnen in den Straßen und Schaufenstern verlockend anbot.

Für das ungeheure Heer der allgemeinen Arbeitslosen, der ehemaligen Unteroffiziere und Gefolgsmannen der Oppositionsparteien waren die Plätze des Erwerbs besetzt von den sozialistischen und den katholischen Arbeitermassen und Unterbeamten; daher traf sie der Stoß zunächst und mit voller Wucht. Zur Beseitigung der geistigen Schichten, zur Freimachung von Stellen für Professoren, Notare, Ärzte und Redakteure, zur Einsetzung von Schriftleitern und Theatermännern, zur Beschlagnahme von Banken, Geschäftsunternehmungen und Kundenkreisen bedurfte es einer anderen Parole, die geeignet war, auf das Volk zu wirken, die Auftraggeber zu befriedigen und den sozialen Charakter des Anpralls zu verhüllen: für sie standen zur Verfügung drei alte Gespenster, erprobt in jahrhundertelangen Machtkämpfen, und man wählte sie: sie hießen »Gegen die Juden, gegen die Jesuiten und gegen die Freimaurer, die den Staat unterhöhlen«. Es war unvorsichtig, die Parole gegen alle drei auszugeben, man machte es den Gegnern leichter, die Ereignisse zu durchschauen. Aber man hatte keine Wahl. Es waren Millionen Stellen zu besetzen, Millionen von Versprechungen zu halten: der Kreis der zu Expropriierenden mußten also weitestmöglich gezogen werden.

Da er nicht mehr weiter gezogen werden kann, ist die Unzufriedenheit der Benachteiligten und bisher Übergangenen ein gefährliches Element: man sieht es am Kampf gegen andere Organisationen und Gruppen, die sich der tatsächlichen Lage und Gesinnung nach von den echten Nazis nur dadurch unterscheiden, daß sie den alten Führerkreisen und Auftraggebern, den konservativen preußischen Großgrundbesitzern und dem Militäradel ohne Vorwände und braune Tünche zu Diensten stehen. Aber der nächste Schritt zu neuen Stellen und menschenwürdigem Leben heißt: die offene soziale Revolution. Und ihn zu vermeiden, wird das heutige System bereit sein, das Blut der eigenen Anhänger weit massenhafter zu vergießen, als es am dreißigsten Juni 34 geschah.

Die Moral des deutschen Judentums aber wird vorher erledigt sein. Sein Schicksal, obwohl in den Jahrhunderten jüdischer Geschichte mehrere dutzendmal vorgeprobt, traf es völlig ahnungslos und ohne Schutzmaßregeln. Die sechshunderttausend deutschen Juden besaßen keinerlei gesondertes Bewußtsein. Sie waren eine Konfession, nicht unähnlich einer altprotestantischen. Sowohl Sozialisten wie Zionisten bildeten in ihnen schwache Minderheiten, und ihr Lebens- und Ehrgefühl ruhte ganz auf dem Stolz ihrer jahrhundertealten Verbindung mit dem deutschen Volkskörper, dessen Teile sie waren, auf ihrer Staatsbürgertreue, ihrer Liebe zur deutschen Landschaft und Heimat und dem reichen Anteil an der deutschen Kultur, den sie in Leistung und Verbrauch darstellten. Sie hatten besonders viele sensible Einzelne ausgebildet, die sich von ihrer Masse abhoben wie eine Aristokratie und die jeder Fremde kennenlernte, wenn er ins gesellige Leben deutscher Großstädte aufgenommen wurde. Und wenn nun der Hunger, der Austreibungsterror und der blutige Pogrom die Juden der Dörfer und kleinen Städte körperlich besonders empfindlich trifft, so trifft die Ächtung, Erniedrigung und Beschimpfung, in denen sich der feinere Sadismus der schon etwas arrivierten Nazi-Bonzen gefällt, besonders scharf gerade diese Menschen. Ihnen wird die Kraft fehlen, zu lachen, wenn man ihnen zumutet, sie wählten ihre Dienstmädchen zum geschlechtlichen Umgang – eine Vorstellung, würdig eines Gehirns aus Braunau oder aus Rheydt. Am schlimmsten wird sie die turmhohe Verlogenheit treffen, die sich in »ihrem« Deutschland ausbreitet und sie unter Bergen von Müll begräbt.

II. Warum Antisemitismus?

Will man verstehen, welche Rolle der Antisemitismus im Aufbau der kleinbürgerlichen Nazi-Ideologie spielt, so muß man es sich nicht zu leicht machen. Man muß nicht die irrsinnigen Haßausbrüche eines pathologischen Geschöpfes wie Julius Streicher zugrunde legen, muß überhaupt an die Quellen des Nachkriegsantisemitismus zurückgehen, der ja weit älter und weit allgemeiner ist als die von Hitler und Goebbels gepredigte Spielart. Wir begnügen uns auch nicht mit dem Nachweis, daß die Angriffe gegen die mitteleuropäische Judenheit sich auf Trugschlüsse und Phantasterein stützen, wie sie in südlich-katholischen Ländern gegen die Freimaurer üblich waren oder in protestantischen gegen den Papst und die Jesuiten. Hier wurde auf einen Mechanismus zurückgegriffen, den man nur zu gut kennt; er funktioniert seit dem schwarzen Tod und den Kreuzzügen.

In einem gründlich anderen Sinne, als der Ephesier Heraklit den Satz meinte, müssen wir hier auf den Krieg als Vater aller Dinge verweisen, den vorläufig letzten Weltkrieg nämlich. Die alten Gewalten der mitteleuropäischen Obrigkeitsstaaten und Rußlands hatten ihn gemacht, vier Jahre fortgesetzt und nach Strich und Faden verloren. Ein Ruck nach links kündigte sich schon 1916 und 1917 an, und schon 1917 auf einer Konferenz in Berlin hatten die Paladine des Antisemitismus ihr zuletzt in Rußland erprobtes Mittel vorgeschlagen, die Fritsch, Bartels, der »Reichswart« Reventlows: Abwälzung auf die deutschen Juden. Das schien damals und später eine besonders schamlose Selbstentblößung, bar jeder Aussicht auf Erfolg. Dennoch genügten vierzehn Jahre Propaganda, ungestört durch die Einwirkungen republikanischer Mächte, um aus vernünftigen Deutschen besessene Nazi zu machen. Es müssen also tiefe Seelenschichten der deutschen Massen mitschwingen, wenn dieser Ton angeschlagen wird – nicht nur der deutschen. In Lettland und Litauen, Polen und Rumänien, in der tschechoslowakischen Republik wie in Ungarn und Österreich, ja auch in der Schweiz, in Luxemburg und Holland streiten mit den Kräften der Demokratie auch die dumpfen Mächte des Antisemitismus, und was in Deutschland zu besonders hellem Ausbruch kam, erlaubt uns nur, wie in einem Spektroskop die Flamme glühender Gase, Zusammensetzung und Art der seelischen Sotffe zu zergliedern, die in den anderen Ländern nur dumpfer und verborgener glühen.

Lange Jahrhunderte hindurch identifiziert sich ein Volk mit seinen Herrschenden. Ihre Tugenden, Leistungen und Willensrichtungen sind auch ihm maßgebend. So übermittelt in Schule und Kirche eine Generation der anderen die Verehrung des Militäradels, des Königtums, der Grundbesitzer und Werkherren. Sie sind gleichsam die Väter, ihre Ehre ist die der Kinder, das demütige Eingehen in ihr Reich die Pflicht der Untertanen. Durch diese Haltung, die den Staat seit Jahrtausenden zum »Vater Staat«, sein Gebiet zum Vaterland macht, werden die Gemüter der Beherrschten angelötet an die Hochschätzung und Überschätzung derer, die sie beherrschen. Wie die Autorität des Vaters bei kleinen Kindern unerschütterlich ist und erst abgelöst wird von der der Kameradenhorde, klammern sich urgrundhafte Seelenzonen an die hohe Bewertung der herrschenden Klassen und jenes ehernen Standbildes, das als »der Staat« dem Volk gegenübergestellt wird, obwohl er doch nichts weiter sein sollte als die Übereinstimmung aller Werktätigen über die Fragen der Lebensformen und Maßregeln, die sie alle angehen.

Aus jenen unterirdischen Seelenschichten aber bekommt der Staat sein Eigenleben, wird er dem Volke übergeordnet und zu einer Idee aufgehöht, die den herrschenden Klassen das Recht gibt, die Allgemeinheit für ihn zu opfern. Nur weil in diesen Grundschichten der Seele, der Einzelnen wie der der Massen, das Staatsideal mit der mächtigen Gestalt des schützenden Vaters zum Götzen verschmilzt, erhält es Wirklichkeit und jene Kraft, unverändert allen Lehren zu trotzen, die kritische Vernunft aus dem immer erneuten Versagen der Herrschenden ziehen mußte.

Tief verwirrt stand nach Ende 1918 der Deutsche vor den Trümmern, die diese Herrschenden angerichtet hatten in der Welt und im Vater-Lande. Die Einsicht schien unabweisbar, daß man falsch geführt worden sei in jedem Betracht, daß alle Autorität sich als angemaßt herausgestellt hatte: die Generäle waren besiegt worden, die Geistigen hatten falsch geweissagt, Politiker und Diplomaten völlig versagt, die Masse der Abgeordneten jede Katastrophe unterstützt, die Wirtschaftler hatten falsch gerechnet, die Landwirtschaft ließ die Massen hungern, alle Opfer waren auf die gewälzt worden, die sich bislang allzu passiv hatten führen lassen.

Das ganze deutsche Volk fühlte sich entehrt: trotz einer geistigen Vergangenheit wie der seinen hatte es sich falsch führen lassen. Es blickte sich nach der starken energischen Hand um, die ihm in die Zukunft und zu neuen Aufgaben verhalf. Frankreich hatte sie 1871, Rußland 1917 gefunden; in Deutschland fehlte sie. Und nun ergibt sich die erschütternde Erfahrung, daß die Angst, führerlos zu sein, verwaist, eine mächtigere Kraft entwickelt als die Einsicht in Ursachen und Wirkungen der Katastrophe. Nicht weil Einsicht, Vernunft und Verstand an sich zu schwache Werkzeuge wären, sondern weil sie Erwachsenheit voraussetzen, und weil die Seelen der Gruppen leicht verwirrbar sind, von Trieben hin und her bewegbar wie die der Kinder. Die Hand der Weimarer Republik aber war zu schwach, ihr geistiges Haupt auch nicht gewillt, eine Massenbewegung gegen die nationalen Götter der Kriegszeit zu entfesseln; nur die geschulten Gewerkschaftler vollzogen daher diese Abkehr, und jene Teile des deutschen Volkes, die eine große mütterliche Organisation zur Aufrichtung und Leitung der Seelen vorfanden, die katholische Kirche.

Für die anderen aber war die verlangte Leistung zu schwer. Die Masse des zertrümmerten kleinen Bürgertums, all die Handwerker, Bauern, Laden- und Hausbesitzer, die Angestellten, Lehrer und vor allem die Frauen, die alle seit Jahrhunderten in der Lebensführung der herrschenden Klassen Bestätigung ihres eigenen Strebens gefunden hatten, vermochten nicht zu entthronen, was sie bis gestern anbeteten. Sie konnten nicht zugeben, falsch geführt worden zu sein. Das Gefühl der Entehrung verschob sich. Die Franzosen und Russen hatten in der gleichen Lage Rechenschaft von denen gefordert, die die Waffen geführt hatten; die besiegten Deutschen übertrugen es auf die Sieger und die Entwaffnung, zu der diese sie gezwungen hatten. Und unterbewußt lauerte in ihren Seelen die wildeste Bereitschaft, all die Haßträume gegen ein Ersatzbild zu entladen, die sie den Herrschenden gegenüber nicht in ihr Bewußtsein heraufzulassen wagten; denn diese

Herrschenden hatten in Gestalt bewaffneter Freikorps und anderer Banden von Abenteurern und Landsknechten immer noch Macht genug, sie dafür zu strafen, wie die blutigen Ereignisse der Jahre 1919 und 1920 bewiesen.

Eine solche Ersatzgestalt bot man ihnen im Juden, der aus den mannigfaltigsten Gründen dazu geeignet war. Er war erstens eine Minorität, kaum ein Hundertstel der Bevölkerung. Er war zweitens durch den Katechismus als Feind des Erlösers und der Menschheit abgestempelt. Er hatte drittens als kleine Gruppe seine zähe Sonderexistenz aufrechterhalten, als wäre er mit dem Teufel im Bunde. Er war viertens als Diener des kapitalistischen Systems oft genug der sichtbare Ausdruck von Kräften geworden, die das Leben der ärmeren Schichten und Volksmassen einschnürten. Er hatte fünftens durch seine geistige Kraft revolutionäre Führer und Systeme hervorgebracht, die die ökonomische Unordnung und Ungerechtigkeit bekämpften und dadurch alle diejenigen zu bedrohen schienen, die sich eine neue Ordnung nicht vorstellen konnten und ihre Gleichsetzung mit dem Proletariat, der schmutzigen Arbeiterschaft, als Schande ablehnten. Und er hatte schließlich der neuen Republik eine Menge Diener und Kräfte geliefert, die bei einem neuen Umsturz, wir sahen es schon, wieder verschwinden mußten, ihre Stellen und Ämter räumend.

Aus dieser unterirdischen Bereitschaft formte eine vierzehnjährige Propaganda die Stoßkraft, mit der eine kleine Sekte zur herrschenden Partei aufzusteigen vermochte. Der Urgrund der Massenseelen war bearbeitet mit den Mitteln der modernsten Technik und unter Aufbietung beträchtlicher Kapitalien. Aber sie haben sich verzinst, wenn auch nur auf ganz kurze Frist. Denn schon heute sehen wir bewiesen, was wir all die Jahre unseres vergeblichen Kampfes hindurch den betrogenen Massen zu sagen versuchten: der Obrigkeitsstaat von einst, wie er jetzt als Drittes Reich mit Gewaltmethoden und unter Anbetung von Gewaltlehren errichtet ist, kann sie nicht satt machen, nicht kleiden, ihren Kinder die versprochene

Sicherheit vor der Not des Lebens nicht bieten, die Gewerbe nicht dauernd beleben, den Austausch von Friedensgütern mit der demokratischen Welt nicht erreichen.

Er konnte tun, was er seinen Auftraggebern versprach: einen bestimmten Teil der arbeitslosen Jugend in Waffenröcke stecken und für den Krieg schulen, die Rüstungsindustrie mit riesigen Aufträgen bereichern, die Macht des Kapitals – aber nur eines bestimmten Teiles von ihm – durch Überweisung des Volksvermögens kräftigen und Ideen und Lehren in die Köpfe pflanzen, die von sich selber rühmend behaupten, sie seien gegenüber Christentum und Demokratie ein Fortschritt. Aber sie sind nichts als die ältesten Kriegslehren unserer Welt: die Erhebung des Kriegertums zur ersten Kaste des Staates, kriegerische Eigenschaften zum Kennzeichen des Rassenadels. Das aber haben wir schon ein dutzendmal in der Weltgeschichte gehabt. Es verhalf weder den Israeliten noch den Doriern, weder den Persern noch den Makedonen zu langandauernden Reichen, nutzte den Goten in Italien ebensowenig wie den Franken in Gallien oder den Normannen in England zur Ausprägung ihres Wesens. Es vermochte Generationen in Blut, Trümmer, Versklavung und Leiden zu stürzen – immer aber siegten die höheren Kulturen der unterworfenen Völker, weil sie allein das Leben lebenswert machten, auch den Siegern. Was in alten Zeiten Generationen brauchte, sich durchzusetzen, das erledigt sich heute in Jahren: was auf reaktionärer Vergewaltigung einer höheren Gesittung errichtet ist, hält sich nur durch immer schärfere Knebelung der erwachenden Massen im Inneren, durch die Anwendung seiner Heere als dauernde Drohung nach außen.

III. Was man schon vorher wußte...

Am zwanzigsten Juli 1932, wenige Tage bevor in Deutschland wieder einmal entscheidend gewählt wurde, schrieb ich an den »Manchester Guardian« einen offenen Brief, den die Zeitung am neunundzwanzigsten Juli abdruckte. Darin hieß es nach einigen einleitenden Sätzen:

Worum handelt es sich bei dieser Wahl? Um nichts Geringeres als die Frage, ob die Entwicklung unserer westlichen Zivilisation fortschreiten oder für Jahrzehnte unterbrochen werden solle. Ich brauche keinem Engländer zu sagen, wie unerträglich reifen Menschen jede Art von Bevormundung ist und wie unvereinbar mit schöpferischer Arbeit und menschlicher Würde. Gewiß gibt es Umstände, unter welchen, nach allgemeinem Übereinkommen, ein Zwang hingenommen werden muß, in Ausnahmezuständen, zum Beispiel im Kriege. Infantil aber oder barbarisch ist es, je nach der Art, wie er sich äußert, einen Zwang als Dauerzustand und unfreiwillig hinzunehmen oder ihn anderen aufzuerlegen. Infantilität wie Barbarei bezeichnen Rückfälle in primitive, also vorzeitliche Kultur- und Seelenhaltungen. Und solche Rückfälle konnte man nach allen langen Kriegen beobachten, in welche ganze Völker oder Klassen verwickelt waren: jedem von ihnen folgte eine Welle erstaunlicher Verbrechen, wie die Kriminalistik nach dem Siebenjährigen Krieg, nach den Napoleonischen Kriegen und nach dem Weltkrieg bewies. Als Folgen dieses letzten Krieges, eines von Europa verlorenen Krieges, macht unser Erdteil eine schwere moralische Krise durch, die uns ebenso schlimm erscheinen will wie die ökonomische und der man weniger Aufmerksamkeit zuwendet, obwohl auch sie international bekämpft werden müßte. Es sollte aber erlaubt sein, Männer wie H. G. Wells oder Bernard Shaw auf den Ernst der Sache aufmerksam zu machen, die jetzt in Deutschland zur Entscheidung steht: die Sache der westlichen Zivilisation. Die westliche Zivilisation, ja die menschliche Gesittung überhaupt hat zum Ziel ihrer Entwicklung eine Gesellschaft aus geistig und wirtschaftlich befreiten Gruppen und Klassen, die das gemeinsame Produkt ihrer Arbeit und die gemeinsame Verantwortung für die politischen und wirtschaftlichen Entscheidungen ihres Landes miteinander teilen, weil sie wissen, daß sie wechselseitig voneinander abhängig sind und daß Unterdrückung und Terror, den eine Gruppe gegen die andere etwa anwendet, zum Schaden und Nachteil für alle ausschlägt. Jeder Einsichtige wird also erkennen, wie sehr die Wohlfahrt eines Staates von der freiwilligen und unerzwungenen Mitarbeit jener Kräfte abhängt, die jetzt in Gefahr sind: der organisierten Arbeiterschaft und jenes freiheitlich gesonnenen Bürgertums, in dessen Reihen auch die deutschen Juden stehen.

In diesem Lichte zeigt sich die nationalsozialistische Bewegung weder als national noch als sozialistisch. Sie ist nicht sozialistisch, weil sie, das italienische Beispiel nachahmend, die Arbeiterschaft unter wohltönenden Worten den Unternehmern ausliefern will. Und sie ist nicht national, weil sie die schöpferische Entwicklung des ganzen Volkes zu ersticken, nämlich zurückzudrosseln wünscht.

Kämen die Nationalsozialisten zur Regierung, so würde diese nicht, wie englische Beobachter vielleicht meinen mögen, der Amtsführung eines konservativen Kabinetts entsprechen, nicht also würden die gesunden deutschen Überlieferungen zum Ausgleich für einen übertriebenen Internationalismus zur Geltung kommen. Die Nationalsozialisten sind nicht konservativ. Ihr Ziel ist die Wiedereinsetzung des militaristischen Obrigkeitsstaates in Europa.

Die Demokratie, die sich im neunzehnten Jahrhundert durchsetzte, war fehlerhaft, da sie es unterließ, auch wirtschaftliche Befreiung zu gewährleisten. Sie erlaubte vielmehr die wirtschaftliche Ausbeutung einer Klasse durch die andere. Aber das ist kein Grund für ihr Abschaffung. Sie muß vielmehr erweitert und vertieft werden. Die Demokratie des zwanzigsten Jahrhunderts muß der kämpfenden, gesittungsträchtigen Arbeiterklasse denselben Raum geben, den das Bürgertum für sich im Adelsstaat erkämpfte.

Was ist es denn, das jetzt nach der Herrschaft über das deutsche Volks strebt und dank des verlorenen Krieges und der Verarmung breitester Massen des Mittelstandes wie der Arbeiterschaft diesem Ziel sehr nahe gekommen ist? Nichts anderes als die Adelsherrschaft der preußischen und bayrischen Großgundbesitzer, die mit den Industrie- und Bankherren ein Kampfbündnis geschlossen haben. Sie stehen hinter der nationalsozialistischen Bewegung, sie sind ihre treibende Kraft. Sie streben danach, im Lichte der Öffentlichkeit das fortzusetzen, was sie seit 1919 im geheimen planten und begannen: Deutschlands Wiederaufrüstung, seine militaristische Regeneration. Da sie im Hintergrund bleiben müssen (wenn sie nicht die ungeheure Menge ihrer irregeleiteten Anhänger und Vasallen verlieren wollen), ist es unmöglich für die Redner der nationalsozialistischen Partei, ihre wahren Gedanken zu offenbaren. Deswegen versteht kein Ausländer, was diese Partei und ihre sogenannten »Führer« wirklich denken, was sie wirklich wollen und was sie in ihren Versammlungen sagen. Wenn sie »Marxismus« sagen, meinen und bekämpfen sie die Beirrung und die ungehinderte zivilisatorische Entwicklung der Arbeiterklasse. Und wenn sie »Juden« sagen, meinen und bekämpfen sie die intellektuelle Unabhängigkeit und den Geist der Völkerversöhnung, den Fortschritt schöpferischer Gesittung und die Vertiefung all jener Komponenten, die unsere Gedankenwelt ausmachen, unsere künstlerischen und literarischen Meisterwerke und unsere sozialen Reformen. Denn es gibt nur eine Entwicklungslinie der Gesittung. Sie zielt darauf ab, immer mehr Individuen und Gruppen in den Wohlgenuß der Menschenrechte zu setzen. Sie befreite das Christentum, die Sklaven, die Frauen, die Kinder und die Armen von der Erniedrigung durch den antiken Kapitalismus der Großgrundherren, es gab ihnen Seelen, Anteil an der Verehrung eines Gottes, der auch für sie gestorben war, damit sittliche Würde und einen Anspruch auf Glückseligkeit in jenem Himmelreich, welches das späte Judentum mit seinem Messianismus schon auf Erden begründen wollte. Die Renaissance befreite das Individuum von allen geistigen Bindungen des Glaubens, die Wissenschaft von ihren theologischen Fesseln, den Raum der Erde und ihre Gestalt von flächiger Beschränkung. Die Reformation beseitigte die Vorherrschaft der Kirche in dem großen Gebiet nördlich der Alpen, brachte Freiheit in den Glauben, Kenntnis der Quellen und heiligen Schriften in die Waagen und ermunterte Bewegungen, die darauf ausgingen, die Lehren des Urchristentums praktisch anzuwenden. Und die Welle der Revolutionen, die daraufhin über Böhmen, Holland, England und Frankreich hinwegbrauste, unterwusch und zerstörte überall die Standesvorrechte, löste Klassen und gefesselte Völker vom Joch des Feudalstaates, verteilte in manchen dieser Staaten den Landbesitz der Adligen an die Bauern und das Bürgertum und verkündete Würde und Befreiung jedes als Mensch geborenen Wesens von der Entrechtung und Entwertung des mittelalterlichen Adelsstaates und seiner allein als Vollmenschen gewerteten Beherrscher. Es ist aber leicht einzusehen, daß die Unvollständigkeit dieser revolutionären Veränderung im neunzehnten und zwanzigsten Jahrhundert fortgewirkt hat. Wären Deutschland, Österreich und Rußland 1914 nichtfeudale oder halbfeudale Autokratien gewesen, so wäre in Sarajevo kein Thronfolger ermordet und das Glück ganzer Generationen der Menschheit nicht zerstört worden.

Gelingt es der terroristischen Gewalttätigkeit einer Partei, die Reste von Freiheit und persönlicher Kultur in Deutschland zu vernichten, so wird vielleicht der Rand Europas – Frankreich, England, Belgien, Holland, die skandinavischen Staaten und selbst die Tschechoslowakei – europäisch bleiben. Das Herz Europas jedoch und die Brücke nach dem Osten und Südosten wird in das Feudalsystem zurückfallen und seinen militaristischen Charakter, wenn Deutschland von den Braunhemden unterworfen wird, die Luft wird sich verdunkeln und erstickende Finsternis sich überall ausbreiten. Und unterliegen in diesem Kampfe die deutschen Republikaner, die noch immer die Tore zu der Zukunft, zu Frieden und Feiheit bewachen, und werden sie durch die Kräfte der kontinentalen Reaktion zerschmettert, so wird die Schande nicht allein die ihre sein. Sie wird auch auf diejenigen fallen, die nicht verstanden, was in Deutschland geschieht, und die sie allein und ohne Hilfe kämpfen ließen.

All diese Analysen erklären aber noch nicht, wie aus einem Massenzulauf zu schwächlichen, schreienden Propagandisten eine wirkliche Massenbewegung werden konnte, stark genug, die Herrschaft der Weimarer Parteien im Reich und der Sozialdemokratie in Preußen beiseitezulegen, alle Einrichtungen der vor dem Kriege schon stärksten und bestorganisierten Arbeiterschaft der Welt zu zerstören oder zu besetzen und die Emanzipation der deutschen Juden zu vernichten – die bürgerliche Gleichstellung, Achtung, Freiheit und Betätigung einer halben Million Menschen, deren gerechtsame Freibriefe und Ansiedlungen durch die ganze Geschichte des Reiches zu verfolgen sind bis auf Karl V., Rudolf von Habsburg, Friedrich II. von Hohenstau.. .n und selbst Karl den Großen. Zieht man alles ab, was hinter dem »Aufbruch der Nation« an Propaganda steckt, an geschickter bayrischer Theaterregie und rheinländischer Karnevalsmache, so bleibt eine wirkliche, stürmisch drängende Not und Begehrlichkeit übrig, die ihren Urhebern selber Angst einflößen mußte und bis zum dreißigsten Juni 34 auch eingeflößt hat. Wir werden zeigen, wenn das noch nötig sein sollte, daß diese Note und Begehrlichkeit grundsätzlich mit den Juden nichts zu tun hatte. Sie ging auf die Zerschlagung des Großgrundbesitzes los, auf den Griff nach Siedlungsland durch die erwerbslosen Massen, auf ein von der Sozialdemokratie uneingelöstes Versprechen an die ungeheuren grauen Scharen der ehemaligen deutschen Weltkriegssoldaten.

Für sie hatten die Sozialdemokraten und Demokraten, Katholiken und Wirtschaftsparteien aller Schattierungen keinerlei Verständnis bewiesen. In Todesangst vor dem Gespenst des Bolschewismus versperrten sie Augen und Ohren. Dabei war nichts einfacher als der Wunsch der zu Tode ermüdeten Männer, nachdem sie die Güter der besitzenden Klassen vier Jahre lang verteidigt hatten, unter Hergabe ihrer letzten Reserven an Körper und Nervenkraft. Sie wollten ein kleines Häuschen auf einem eigenen Stück Land besitzen und statt in der Tretmühle der Großstadtarbeit für sich und die Ihren in der regenerierenden Garten- und Feldarbeit den notwendigen Bissen Brot schaffen. Nach dem gellenden Getöse der Granatschlachten verlangten sie Ruhe um sich und ein bißchen Raum – sie waren weiß Gott bescheiden.

Aber die Herrenklasse der Barone war bereits 1919 wieder obenauf und psychologisch erfahren genug. Gestattete man überhaupt, in Deutschland an das Bodenproblem zu rühren, es war kein Halten mehr. In Deutschland nämlich hatten sich seit Karl V. die Besitzverhältnisse an Grund und Boden stets nur so geändert, daß die kleinen Leute immer weiter expropriiert und in die Städte abgeschoben wurden und die Latifundien nach Zahl und Größe dauernd wuchsen. Es ist interessant, nachzulesen, daß auch die Aufhebung der Leibeigenschaft in Preußen und die Steinschen Reformen von dieser geschicktesten aller politischen Kasten zu ihrem Nutzen ausgewertet wurden. Der einzige gewaltsame Zugriff, der sogenannte Bauernkrieg von 1525, wurde unter den Hetzschriften Martin Luthers im Blut und Tod der landlosen Bauern erstickt. Seit dieser Zeit ruhte die Frage, aber sie verlor dadurch nicht an Dringlichkeit. Daß der Weltkrieg sie in Bewegung bringen würde, wußte jeder, der mit den gemeinen Soldaten Leben und Gefahr geteilt hatte. Da sie auch 1918 ungelöst blieb, stand sie jeder oppositionellen Partei zur Verfügung. General von Schleicher kannte ihre drohende Kraft, versuchte noch 1932 durch den Ankauf riesiger verschuldeter Güter im preußischen Osten eine unzulängliche Lösung herbeizuführen und stürzte über den Versuch; zwei Jahre später erschlug man ihn. 1933 brandete in Gestalt der braunen Massen die Agrarrevolution in die deutsche Öffentlichkeit.

Hätten die Naziführer den Mut gehabt, sich nicht bloß gegen die Gewerkschaften, sondern auch gegen den Großgrundbesitz zu erheben und die Erwartungen von 1918 in diesem Punkte zu erfüllen, sie hätten ihre Herrschaft auf Jahrzehnte stabilisiert. Während der ersten Monate nach dem von ihnen inszenierten Reichstagsbrand warteten viele ihrer Gegner gespannt auf die Maßnahmen, die sie in der Landfrage treffen würden. Als sie aber, statt rücksichtsloser Enteignung und scharfem Zugriff, einen Schwätzer und Romantiker wie Herrn Darré mit »bäuerlichem Brauchtum« und Erbhofgesetz an dieser wichtigen Stelle agieren ließen, war klar, daß sie, auch sie, in wenigen Jahren ausgehöhlt sein würden und erledigt. Vor dem dreißigsten Juni 1934 hatten sie dreieinhalb Millionen bewaffneter SA-Leute zu ihrer alleinigen Verfügung; heute kaum mehr den zehnten Teil. Die Truppe aber, welche hinter dem Landadel und der Offiziersklasse steht, nicht aber hinter den Nazis, die Reichswehr, ist auf eine knappe Million Mann angewachsen und wird durch dreiviertel Millionen ausgebildeter Arbeitsdienst-Soldaten weiter verstärkt. Diese marschierten zwar noch 1934 in den Reihen der NSDAP. Heute sind sie ganz der Reichswehr angegliedert und im Belieben ihres Befehlshabers, des ehemaligen Reichswehrobersten Hierl. Braucht es daher noch weiterer Worte, um zu begründen, daß der Antisemitismus, das bewährteste aller Ablenkungsgebiete für Unzufriedenheiten und Mißstimmungen, mit allen Mitteln angeblasen werden würde? Versteht man jetzt, weshalb die Herren Hitler und Streicher, obwohl ihre Judenphobie dem Deutschen Reich nach außen nur Schaden tut, weiterhin im Vordergrunde exerzieren dürfen? Und daß, wenn sich Adolf Hitler »staatsmännisch« zurückhält, der ebenso unsägliche Julius Streicher desto breiter ausgenutzt wird?

In einem Buche (»Caliban oder Politik und Leidenschaft«, Potsdam 1927) wurde von mir auf die Erscheinung hingewiesen, daß alle menschlichen Gruppen von zwei Grundaffekten zusammengehalten werden; gleichgültig, ob das nun Radfahrer, Artilleristen, Tertianer, Proletarier, Frauen oder Nationen seien. Der eine dieser Affekte betont die zentrale Wichtigkeit der eigenen Gruppe, ich nannte ihn daher Zentralitätsaffekt. Der andere bewirkt, daß die Andersartigkeit jeder fremden Gruppe als

Minderwertigkeit empfunden wird, und betont emphatisch diese Verschiedenheit – ich nannte ihn deshalb Differenzaffekt. Dieses aneinander gebundene Affektepaar verfolgte ich bis in die biologischen Gebiete der tierischen Vergangenheit des Menschen zurück und wies auf, daß ihr Spiel zuallererst die Beziehung jeder Gruppe zu allen anderen und zu sich selbst regelt: weswegen sie die politischen Affekte par excellence sind.

Solche Selbstvergottung und Fremdenverneinung spielt also in jeder Gruppe, daher auch in jedem Volke, jeder Partei und zwischen ihnen. In normalen Zeiten halten sie jenes Maß ein, mit dem etwa die Schweden sich von den Norwegern abgrenzen oder die Engländer gegen die Franzosen eingenommen sind. Sie regeln zum Beispiel das Verhältnis der weißhäutigen Amerikaner gegen die amerikanischen Neger oder der Sozialdemokraten im ehemaligen Deutschland gegen die Kommunisten. Daß sie nicht die einzigen Triebgrundlagen von Gruppenbeziehungen sind, wurde wohl bemerkt; es wurde sogar unterstrichen, daß sehr starke Triebströme der Neugier und Sympathie zwischen unterschiedenen Gruppen spielen. Sehnsucht nach dem Fremden um der Verschiedenheit willen ließ sich nachweisen, mächtiger Unterbau großer Verbundenheitserlebnisse, die den Aufbau großer und größter Einheiten gestatten oder vorbereiten, Verbundenheiten, die sich bis zum Menschheitserlebnis steigern können.

Der gegen die Juden gerichtete Differenzaffekt ist als Anitsemitismus eine Welttatsache und gut bekannt. Seine normale Größe unterscheidet sich in nichts von jener Abstoßung, wie sie zwischen den einzelnen Bestandteilen der Gesellschaft jederzeit festgestellt werden kann, ihren Schichten und Klassen. Jeder dieser Affekte nun läßt sich, etwa in Kriegszeiten oder in Revolutionen, bis zur Weißglut erhitzen. Ebenso kann die Selbstvergottung, der Prioritätswahn jeder einzelnen Gruppe, bis zum Rausch aufgereizt werden – wenn mächtige Interessen und unablässiges Einhämmern diesen Rausch provozieren wollen.

Dies ist der Zustand des deutschen Antisemitismus bei

den Nationalsozialisten – noch lange nicht aber beim deutschen Volke. Sehr große Massen bedürfen sehr langer Einwirkungen und einer mächtigen Not, um in diesen Zustand zu verfallen; sie bedürfen vor allem auch starker Feindseligkeiten von seiten der angegriffenen Gruppe (also etwa der deutschen Juden), bis sie sich einem solchen Affekte schrankenlos hingeben. So entstand zum Beispiel im Spanien des fünfzehnten Jahrhunderts der Rassenstolz der Spanier und der Affekt gegen die Mauren, Araber, Berber und Juden, der Antihugenotten-Affekt des katholischen Frankreich unter Karl IX., der Englandhaß der Deutschen im Weltkrieg, der Haß gegen die Bourgeoisie in den Jahren des russischen Kriegskommunismus.

Selbst die heftigsten Künste der Nazi-Propaganda nun haben nicht vermocht, auf unserem Planeten den Eindruck zu erwecken, daß die deutschen Juden dem Nationalsozialismus, seinen Taten und Untaten irgendwelchen Widerstand entgegensetzen können. Selbst das Judentum der ganzen Welt, unorganisiert und fast unverbunden, wie es tatsächlich ist, hat nicht gewagt, einen wesentlichen, zum Beispiel wirtschaftlichen Widerstand aufzubringen. Alle Schwierigkeiten der deutschen Wirtschaft wurden durch die Autarkiekünste des Herrn Reichsbankpräsidenten Schacht selbst hervorgebracht, als er, in Verbindung mit der Weltkrise, den deutschen Kredit durch Zahlungseinstellungen zerstörte und das deutsche Volkseinkommen für unproduktive Rüstungszwecke ausgab. Wehrlos, gleich einem längst besiegten Boxer, empfängt das deutsche Judentum die Hiebe der Nazifäuste.

V. Die jüdische Leistung

Es ist keine Ehre, ein wehrloser Gegner zu sein, wenn man eine winzige Minderheit ist, aber es ist auch keine Schande. Immerhin aber mag als Trost gelten, daß man, angegriffen und vielleicht auch vernichtet, auf der gleichen Seite mit allen Werten der Gesittung steht und fällt.

Die Partei der Gesittung, das ist die Partei der Triebbeherrschung. Die Triebe des Menschen aus seiner Tiervergangenheit zu lösen, zu vergeistigen, zu reinigen und umzuformen ist die Aufgabe, über die sich alle erwachsenen Menschen und Gruppen auf der Erde einig sind. Sie ist das Wesen der Zivilisation. Die gleichen Triebe aufzustacheln, um damit einen Gegner zu vernichten, ist anerkanntermaßen das Wesen des Kriegsgeistes. In der Aufstachelung dieser Triebe, nicht in der Gewaltanwendung als solcher, liegt das Kulturgefährdende dieses Kriegsgeistes, das Barbarische, das unbedingt Rückschrittliche und Unsittliche, das ihm anhaftet. In dieser Überzüchtung des Kulturhasses steht das Dritte Reich heute einsam da. Es hat zwar wohltönende Phrasen zu seiner Verfügung, mit denen es sich als Träger eines Fortschritts maskiert, einem erfundenen »Liberalismus« gegenüber. Den übrigen Erdbewohnern aber, soweit sie gewillt sind, zu denken und zu urteilen, enthüllt sich dieser Phrasenschatz als Tünche, und übrig bleibt das wohlbekannte Gesicht des brutal zerstörenden deutschen Militarismus, den zwischen 1914 und 18 die Einwohner Belgiens, Frankreichs, Polens, Litauens, Serbiens, Rumäniens und der Ukraine ausreichend kennengelernt haben.

Man führt nicht umsonst wieder das Kopfabhacken ein, um politische Gegner als gemeine Verbrecher auszurotten; man überträgt nicht ohne einigen Nachteil die Methoden des Peitschens, Folterns, Demütigens und Ächtens in ein bis dahin zivilisiertes Reich. Man kann nicht so aufrichtige und noble Vorkämpfer der Völkerverständigung und Kriegsbeseitigung wie Carl von Ossietzky oder Ernst Thälmann im Krankenhaus oder Gefängnis festhalten und doch erwarten, mit wölfischer Stimme die eigene Friedensbereitschaft glaubhaft zu machen. Und alle Künste der Propaganda mögen aufgewendet werden, um das Lebenswerk Paul Ehrlichs, Albert Einsteins, Sigmund Freuds oder Jakob Wassermanns zu verleumden und zu verleugnen – allein diese vier Namen schöpferischer deutscher Juden würden genügen, um den Nazi-Schwindel als das zu brandmarken, was er ist. Ergänzen wir diese erlauchten Namen. Gesellen wir ihnen noch in Hermann Cohen und Edmund Husserl die philosophische Leistung. In Max Liebermann oder Lesser Ury die malerische. In Gustav Mahler, Siegfried Ochs, Joseph Joachim oder Bruno Walter die musikalische. In Maximilian Harden, Karl Kraus und Siegfried Jacobsohn die publizistische. In Samuel Fischer und Paul Cassirer die verlegerische. In Max Pallenberg oder Max Reinhardt die theatralische. In Otto Brahm und Walter Rathenau die kulturpolitische – um diese willkürliche Auswahl zu enden.

Hinter diesen Vorkämpfern stand im Lichte der europäischen Öffentlichkeit und des deutschen Geistes die immer wachsende Schar von Mitkämpfern, Nachwuchs und Fortsetzern. Und ihr Zusammenspiel mit der übergroßen Fülle der nichtjüdischen Schöpfer, Former und Forscher der deutschen Mitte und der deutschen Linken brachte jene gute Zeit zuwege, die bei politischer Unreife und Gefährdung die kurzen Jahre von 1900 bis 1933 zur Vorherrschaft des deutschen Geistes und der deutschen Kultur in Mittel- und Nordeuropa führte. Denn all diese aufgezählten Männer und ihre Leistungen wurden dem deutschen Volke gutgeschrieben und begründeten seine geistige Weltgeltung. Mochten sie innerhalb Deutschlands auch als Juden figurieren – ihre Taten kamen, und zwar von Rechts wegen, der deutschen Sache zugute, dort, wo sie gleichzeitig der Ruhm Europas und die Steigerung, ja Verherrlichung seiner Hegemonie bedeutete.

Und alle diese Leistungen setzten sich durch auf Gebieten, auf denen die freieste Konkurrenz und die strengste internationale Kontrolle herrschte. Eine der geschicktesten Nazilügen behauptet, daß damit wichtigste Bezirke des geistigen Lebens einer Überfremdung verfielen, undeutschen Charakter annahmen. Sie verschwiegen wohlweislich, daß alle deutschen nichtjüdischen Größen von Gerhart Hauptmann und Richard Strauß bis zu Hans Thoma und Rudolf Eucken von den jüdischen Publizisten und Mäzenen in weit stärkerer Weise gefördert wurden als die jüdischen. Wie zum Beispiel Otto Brahm zwar Ibsen, Björnson, Sudermann, Hermann Bahr oder Ernst Hardt, aber nur einen einzigen jüdischen Dramatiker auf die Bühne brachte, Arthur Schnitzler, obwohl noch zu seinen Lebzeiten Carl Sternheims beste Stücke erschienen waren.

Man darf sich nicht davor ekeln, eine solche Propagandalüge eimal zu untersuchen, da selbst große Greise wie Knut Hamsun ihr zum Opfer gefallen sind. Es gab in der Tat ein Überangebot jüdischer Begabungen auf dem Markt der freien Berufe – warum? Weil eine Fülle von Lebensbezirken, die den Söhnen des allgemeinen Bürgertums offenstanden, den Juden verschlossen blieb, auch, als der Wechsel des politischen Systems ihnen gesetzlich die Möglichkeiten dafür öffnete. Der Corpsgeist und der gesellschaftliche Abschluß, das preußische Herkommen und der Widerstand der beteiligten Kreise machten die Ausnutzung dieser gesetzlichen Freiheit unter dem Kaisertum wie unter der Weimarer Republik schwer möglich. So fanden sich keine oder fast keine Juden gerade in solchen Berufen, die von den Steuern der Steuerzahler, also auch der jüdischen, besoldet wurden: in der Reichswehr, der Marine, in der Reichspost, im Forstwesen, im Heer der Finanzämter, der Eisenbahnbeamten, der Polizei, der Zollverwaltungen, im Auswärtigen Amt, im diplomatischen Dienst, in der höheren Justiz, in den Regierungen der Länder und des Reiches unter den Landräten und Bürgermeistereien, und verschwindend wenige im Dienst der Versorgung großer wie kleiner Städte mit Gas, Wasser und Elektrizität, wie im großen, mittleren und kleinen Grundbesitz, mit Ausnahme von Miets- und Geschäftshäusern, die sie selber mit meist nichtjüdischen Baumeistern und Architekten erbauten. Denn auch die großen jüdischen Architekten von Messel bis Mendelssohn hatten mit der Bevorzugung nichtjüdischer Kollegen von Qualität durch jüdische Bauherren zu rechnen. So ließ zum Beispiel die AEG, geschaffen von Emil Rathenau und Felix Deutsch, ihre riesigen Anlagen und Bauten fast ausschließlich von Peter Behrens ausführen, und unter den Stadtbaumeistern auch solcher Städte, in denen, wie in Frankfurt a. M., Juden eine große Rolle spielten, waren jüdische Begabungen selten verwendet. Oder glaubt man, daß als Konstrukteure jener Handelsflotte, mit der Albert Ballin durch die Hamburg-Amerika-Linie das deutsche Ansehen in der Welt förderte, Juden eigens gezüchtet wurden?

Die deutschen Juden wußten, welche Wege ihnen offenstanden. Sie waren noch nicht ein Prozent der deutschen Bevölkerung, als Deutschland den Weltkrieg erklärte, und waren noch weniger, als der Krieg Hitlers gegen die europäische Gesittung und sie begann. Ihre geistige Begabung verwies sie auf Literatur, Jurisprudenz, Medizin und Politik, ihre ökonomische auf die verschiedenen Zweige des Handels mit Waren und Geld. Dort haben sie große Werte geschaffen, dort sind sie jetzt enteignet worden, zugunsten solcher, die im freien Wettbewerb nicht mitkamen, und um dieses Besitzes willen wird der Krieg gegen sie fortgesetzt werden bis zum bitteren Ende. Als ein Jude die Hapag gründete, war nicht er mächtig, sondern die freie Stadt Hamburg und das Deutsche Reich. Heute, wo Juden weder die Straßenbahn noch die Erholungsorte unbeleidigt benutzen dürfen, sind nicht sie allein ohnmächtig, sondern die deutsche Gesittung und ihr Ansehen in der Welt. Das ist die Logik der Ereignisse. Wer dem Geist dient, besitzt die Zukunft. Wer ihn verfemt, verliert nicht allein den Anspruch auf Zukunft, sondern selbst die Geltung in der Gegenwart und das Erbe der Vergangenheit.

Hitler und Antihitler

Die Dialektik des nationalsozialistischen Geschehens und seiner Ausstrahlung

I. Die Kulturfrage

Aus tiefen, unterbewußten Schichten der deutschen Mischseele fließt das Faktum, daß der Antisemitismus, die Besessenheit mit antijüdischen Komplexen, zum Schibolet zweier Lager geworden ist, in deren einem die überwältigende Mehrheit der Erdvölker und ihre Demokratie steht, deren anderes als festen Kern das Dritte Reich aufweist, neuerdings eng gesellt dem fascistischen Italien und umgeben von einer Gruppe östlicher Staatengebilde, die in schwieriger Wirtschafts- und Herrschaftslage aus dem Naziprogramm Vorteile ziehen möchten. Daß diese Länder jüdischer Massensiedlung auf dem europäischen Kontinent sind, versteht sich von selbst. Aus ihren Äußerungen liest man oft den Wunsch ab, die antikulturelle Besessenheit der Nazi zu vermeiden und dennoch die (vergänglichen) Vorteile einzuheimsen, die aus der Zurückdrängung jüdischer Bürger und Massen für den Augenblick folgen mögen. Zunächst ist daher zu untersuchen, ob diese Trennung möglich ist. Die Kulturfeindschaft der Nazi ist von ihnen oft mit Genugtuung unterstrichen worden. Sie hassen sie, weil sie als Ziel der menschlichen Erziehung die unabhängige, urteilsfähige, rund ausgebildete Persönlichkeit setzt, die sich aus freiem Willen und innerer Zustimmung dem allgemeinen Ganzen einordnet. Diese spinozistische Haltung genügt den Nazi nicht, wie sie keinem Truppenführer und großem Eroberer genügt hätte. Ihr militaristischer Grundcharakter, Quelle ihrer ganzen Existenz, verlang die blinde Unterwerfung, den echten Kadavergehorsam, die Einlötung in einen geistigen Zinksarg.

Selbst wenn der Führer, dem man so Gefolgschaft leisten soll, wirklich ein Genie wäre, statt eines pathologischen asozialen Individuums, könnte die kulturelle Entwicklung ihm seine Wünsche nicht erfüllen, ohne vor dem »Häuptling mit der Keule« abzudanken, wie Anatole France ihn nannte, als er die Insel der Pinguine schrieb. Der Gegensatz ist unverschleierbar. Daß um die jüdische Sache im Nazilager sich die Gesamtfrage der Kulturfeindschaft kristallisiert, ist vollkommen in Ordnung. Denn der »Häuptling mit der Keule« ist der Erbe der hunnischen und tatarischen Reiterschwärme, die mit der Beendigung der Eiszeit schubweise alle paar Jahrhunderte in die seßhafte Kultur des Mittelmeers einbrachen, wie sie in Ostasien das chinesische Reich immer wieder berannten. Auf unserer Halbkugel drücken daher die israelitischen Propheten, die griechischen Pollys, das römische Tribunat, der christliche Massenaufstand von Diokletian bis Savonarola, Humanismus, Reformation, Renaissance und die Reihe der europäischen Revolutionen, vom deutschen Bauernaufstand bis zur russischen Revolution, den Kampf aus, den die Entwicklung der Persönlichkeit mit der diktatorialen Autorität immerfort zu fechten hat und der gleichbedeutend ist mit der Vertiefung des menschlichen Bewußtseins und seinen Kulturschöpfungen. Proudhon hat den Satz ausgesprochen, daß die Freiheit nicht die Tochter der Ordnung sei, sondern ihre Mutter. Prägt man sich diese Wahrheit ein, so weiß man, daß Freiheit auch die Mutter aller lebendigen gesellschaftlichen Zustände ist, Unterdrückung immer die Mutter des Todes. Daher die Todesverherrlichung der Naziphilosophen ihr gutes Recht ist. Vorübergehende Vorteile sollten kaum imstande sein, für diese fundamentale Tatsache blind zu machen. Und gleichwohl haben die europäischen Völker die Wiederaufrichtung des altpreußischen Militärstaats aus dem Geiste Friedrich Wilhelms I. ruhig, ja mit Behagen angesehen. War der Grund dafür mangelnde Liebe zu ihrer Kultur? Hat Freud recht, wenn er in seiner großartigen Schrift von 1930 die Erkenntnisse entwickelt, daß grundsätzlich die Kultur dem Menschen Unbehagen bereitet und er sie deshalb nur zu gern abwirft wie einen zu engen Rock oder eine Hose, die zwischen den Beinen schneidet? Dann bedürfte es kaum noch jenes Schibolets, von dem wir vorhin sprachen, der Judenfeindschaft, um eine tiefe, unterirdische Bundesgenossenschaft der Massen mit dem Kulturhaß der Nazi zu aktivieren, zum mindesten in all den Ländern, die um der Freiheit willen noch nie gegen ihre Herrenkaste mit den Waffen in der Hand aufgestanden sind. Und wir dürften uns nicht wundern, diese Sympathie für die Erlöser von der Kultur in der Bevölkerung solcher Länder vorzufinden, auch bei jenen Bevölkerungsteilen, gegen die das Schibolet sich richtet – bei den Juden.

II. Hitlerjuden

Bei einer der vielen Gelegenheiten, in denen der deutsche Rundfunk als Speibecken für die Reden dient, die Nazigrößen angekündigtermaßen von sich zu geben pflegen, konnte man in den Straßen des jüdischen Stadtteils von Haifa, Glanz des Karmel genannt, das schlechte Deutsch und die miserable Aussprache eines dieser Herren, wo nicht des Führers selbst, in voller Länge, Breite und Wucht bewundern – so berichtet mir ein völlig zuverlässiger Freund. Männer standen umher und hörten die Großsprechereien und wilden Drohungen des betreffenden Propheten an; viele Arbeiter gingen vorüber. Der Ladenbesitzer, ein deutscher Jude, versprach sich offenbar von dieser selbstmörderischen Darbietung Kundenfang, und kein Passant trat in den Laden, um den Skandal zu verbieten – während doch immer dort ein deutscher Jude bei der Hand ist, wo Schulkinder in den Autobussen deutsch plaudern, um ihnen, jeder Deutsche ist ein Oberlehrer, mit rollenden Augen vorzuwerfen, sie hätten hebräisch zu sprechen. (Wenn die lustigen Buben ihnen dann hebräisch antworten, steht ihnen der schäumende Kinnbakken still, denn nicht umsonst läßt ein palästinensischer

Witz einen Graubart entrüstet fragen: »Bin ich ein Kind, daß ihr mit mir hebräisch redet?«) Aber auch der bürokratische Takt der Arbeiterschaft ging hier zu weit: er versagte es sich, den Hitlerpropagandisten zum Abstellen seiner Schleuse zu zwingen. Und auch von der Munizipalität oder den Gewerkschaften schritt niemand ein. Von diesem öffentlichen Skandal abgesehen, kann man aber, an Häusern vorübergehend, vielerorts hören, daß auch Privatleute diesem selbstquälerischen Masochismus ergeben sind, unfähig, sich mit der Inhaltsangabe zu begnügen, die sie am nächsten Tage im Blättchen lesen werden.

Die Untersuchung dieses Phänomens wird weit führen. Woher kommt diese Erschlaffung aller selbstbewahrenden Instinkte? Wieso versagt der sogenannte Nationalstolz, und was veranlaßt eine Menschengruppe, das Gift zu lecken, das ihre Feinde gegen sie verspritzen? Denn Tatsache ist, daß nur ein begrenzter Teil der palästinensischen Bevölkerung von antihitlerischem Geiste und Kampfgeiste getragen ist. Ein großer Teil dieser Judenschaft steht schweigend beiseite, und ein kleiner Teil bewundert Hitler schrankenlos und nennt ihn im vertrauten Kreise den größten Mann des Jahrtausends. Warum?

Jedes soziologische Phänomen läßt sich aufklären. Man muß nur die geeigneten Kategorien finden, um es einzuordnen.

Es braucht nicht gesagt zu werden, denn es versteht sich von selbst, daß die palästinensische Arbeiterschaft ihren Todfeind erkannt hat. Als Arbeiter wie als Juden und als Sozialisten ist sie von ihm bedroht, und obwohl ihr Sozialismus von ihrem Nationalismus an bestimmten Stellen der Ideologie durchfärbt ist, wirken hier diese beiden Prinzipien in gleicher Richtung. Die palästinensischen Arbeiterparteien sind nicht nur antihitlerisch, sondern auch antifascistisch gesonnen und haben, solange es gestattet war, ihre Sympathie für Spanien aktiv betätigt. Schon die jüdischen fascistischen Arbeiter dagegen stehen durchaus bewundernd vor den Führern der anderen Fascisten. Man könnte denken, daß es einem so klugen und gebildeten Mann wie Wladimir Jabotinsky nicht angenehm sein wird, das zuzugeben. Ihre Zahl ist gering, die Niederlage der Bewegung durch Jabotinskys Evakuationspolitik in Polen und Rumänien hatte sie noch mehr geschwächt als die deutliche Gleichsetzung von Fascismus und Antisemitismus bei den Herren Farrinacci und Franco, und obwohl eine Welle revisionistischer Belebung von einem bedauernswerten Dummenjungenstreich gegen einen arabischen Autobus nahe Rosch Finah ausging, bleibt doch diese profascistische Gruppe klein. Andererseits wird aus den Schulen des Landes immer wieder eine Hitler bewundernde Stimmung kleinerer Schülerkreise berichtet, deren Deutung mitgegeben werden kann, wenn die Elternschaften dieser Schüler und die Stimmung der Lehrerschaft untersucht werden sollen.

Die Eltern sind deutsche Juden oder polnische, rumänische oder litauische, aus bürgerlichen Schichten. Ihre ganze bewußte und mehr noch die unbewußte Mentalität entspricht derjenigen nichtjüdischen Bürger aus den gleichen Schichten ihrer Heimatländer. Eine sonderbare Erfahrung, die man in Palästina macht, aber eine Erfahrung: der jüdische Nationalismus verhindert nicht, daß bis zu 85 Prozent des geistigen und menschlichen Habitus seiner Träger von ihren Heimatländern durchgeformt ist, nicht von irgend etwas Jüdischem. Nun waren die entsprechenden Schichten des deutschen nationalen Bürgertums vor 1933 prohitlerisch gestimmt. Die antikommunistische Propaganda hatte ihr Werk getan auch bei den deutschen Juden: sie fürchteten um ihren Besitz und gaben sich dem Wahne hin, der deutsche Fascismus sei primär besitzfreundlich, erst sekundär antisemitisch. Von der Idee, daß der preußische Militarismus nur einen Besitz anerkenne, nämlich den, der ihm dienstbar und zinsbar ist, von dieser Einsicht waren sie meilenfern. Die Entfaltung uniformierter und gedrillter Massen bei der sog. Machtergreifung wirkte tief in ihre deutsche Seele. Seit über hundert Jahren bewundern sie Märsche, marschieren, stramm stehen und Disziplin. In die gleiche Richtung wirkte der naive Narzißmus, der ihnen zuflüsterte, wie mächtig der Mann sein müsse, der imstande war, sie, Deutsche seit Jahrhunderten, so radikal auszumerzen. Lähmend kam die Erfahrung hinzu, daß sich keine Hand gerührt und erhoben habe, als man sie entrechtete, diffamierte, ausraubte und vertrieb. Und die kurzsichtige Anbetung der hitlerischen Erfolge lieferte seit Saarplebiszit und Rheinlandbesetzung ihrer inneren Unterwerfung immer neue Nahrung. Daß die antisemitische Propaganda sie auch in ihrer neuen Heimat ungehindert beunruhigen durfte, die Araber aufhetzen, manche Teile der Beamtenschaft des Landes infizieren, unterstrich das Gefühl der eigenen Ohnmacht. Vielleicht waren sie wirklich so minderwertig, wie die Nazipropaganda es behaupten durfte? Vielleicht war es nicht nur ein Unglück, Jude zu sein, sondern Schlimmeres? Die gesetzvoll angestrichene, mit beamtenhafter Genauigkeit gehandhabte Willkür der Nazipraktiken brachte Jahr für Jahr neue Gruppen hitlerisch-präparierter deutscher Juden ins Land. Die zur Auflehnung fähigen, jüngeren Elemente wanderten im gleichen Zeitraum eher nach anderen Kontinenten aus als in das kleine, schwierige Palästina. Wollten die älteren mit der Heimat in Kontakt bleiben, so lieferten ihnen die Radioapparate, was wir am Anfang beschrieben haben.

III. Der bewundernde Osten

Bei den aus Osteuropa stammenden, bürgerlichen Judenschichten mögen die gleichen Motive mitwirken. Auch ihre Regierungen stehen, wenn auch allmählich zum Nachdenken geneigt, unter dem Eindruck der Machtentfaltung, die das Dritte Reich und Italien zuwege bringen. Aber erst nach einer Unterhaltung mit einem gut beobachtenden Einwohner Tel-Avivs erhielt ich den Schlüssel zur grundsätzlichen Hitlertreue ostjüdischer, bürgerlicher Schichten, die in dieser Stadt breiter dominieren als anderenorts. »Was wollen Sie?« sagte er, »diese Menschen haben Deutschland immer bewundert: im Kaiserreich den breiten Aufstieg und die politische Macht; im Kriege die deutschen Erfolge; in der Republik die Freiheit und Freundlichkeit der Atmosphäre und die kulturelle Leistung. Dieses Gefühl setzen sie einfach fort. Für sie ist Hitler gar kein so starker Einschnitt. Der nationale »Aufstieg« ist ja unleugbar, die Organisation funktioniert besser als je, den wachsenden Reichtum der profitierenden Kreise können sie genau verfolgen. Und an antisemitische Beamtenschaften waren sie unter Willy wie unter Nicky gewöhnt – vom Kriege gar nicht zu reden. Sie bewundern Deutschland, wie es sich auch anstreiche.«

Uns klingt das überraschend. Wir kennen den Riß, der von seinem Auftreten an über Friedrich II. bis in den Augenblick zwischen dem deutschen Geist und dem preußischen Militarismus klafft. Wir wissen, daß für Lessing Berlin ein Zuchthaus war, daß Goethe um diese Stadt einen Bogen machte, wo er konnte, daß Schiller erst während der preußischen Auflockerung nach Friedrichs II. Tode Berlin besuchte, daß Herder von Riga nach Frankreich zu Schiffe fuhr und Preußen vermied. Und daß heutzutage alle Lager des deutschen Geistes ihre Vertreter in der antifaschistischen Front haben, ob sie nun durch F. W. Foerster oder Franz Blei, Schickele oder Annette Kolb, Heinrich und Thomas Mann oder Bertolt Brecht und Johannes R. Becher vertreten werden (auf dessen wundervollen Gedichtband »Sieben Lasten« hier blitzartig hingewiesen werde). Für den Juden östlich der preußischen Grenze, also auch innerhalb des josephinischen Österreich, kamen Licht und Aufklärung aus der deutschen Sprachwelt. Mit zäher und aufrichtiger Dankbarkeit hielten sie ihm die Treue. Noch Fontanes bekannter Satz »Wahres Interesse für die deutsche Literatur hat doch nur die Karl Emil Franzos-Gegend« fußt auf dieser Tatsache. Und unentwegt, trotz Hitler, Goebbels und Rosenberg, zehrt das deutsche Ansehen auch im Augenblick noch von dieser Grundstimmung. Herr Hitler ist auf diesem Relief ein großer Mann.

Es ist schlimm, wenn in den Grundbau eines neuen Gemeinwesens List, Vergewaltigung, Raub, Lüge und der Anschein von Verträgen eingebaut werden, die in Wahrheit Erpressungen sind. So aber liegt es leider, dank der Abmachungen mit Deutschland, in einem Teil der palästinensischen Wirtschaft.

Man hätte von Anfang an wissen müssen, daß man sich mit Räubern nicht auf Vertragsfuß stellen kann. Man hätte, wie wir linken Geistigen alle, von vornherein den Satz annehmen müssen: qui mange du Nazi, en meurt. Man hätte sich nach den Erfahrungen des Krieges klar sein können: daß militaristische Wirtschaft Raubwirtschaft ist, Zerstörung unter dem Anschein überpersönlicher Bedürfnisse, nationaler Belange, uneigennütziger Verteilung. Statt dessen fielen die Juden auf die leeren Schälle der Naziparolen hinein, als hätten sie niemals die Erfahrung von 52 Monaten deutscher Kriegswirtschaft und der darauffolgenden Inflation mitgemacht. Wir werden noch sehen, welche Art Juden und warum. Der Verfasser würde nur lachen, wenn man ihm vorhielte, er verteidige mit dieser Haltung das Privateigentum an Grund und Boden, den Produktionsmitteln, den Lebensbedürfnissen notleidender Massen. Er läßt sich nur nicht dumm machen und geschultes Denken zur Abdankung zwingen aus Gründen des Nervensystems. Wenn nach den fürchterlichen Zerstörungen eines Krieges (Rußland) oder den Verwüstungen einer Jahrzehnte dauernden Militärdiktatur (Spanien) die überwältigende Masse eines Volkes beschließt, den Rest des Nationalvermögens neu aufzustellen, um gerechter Wirtschaft willen, so kann man die Opfer beklagen, die der einzelne Besitzende bringen muß, er, der durch Zufall oder Geschicklichkeit von den allgemeinen Verlusten weniger betroffen wurde als alle. Aber man kann ihn trösten, weil, wenn auch auf seine Kosten, Ideen und Sehnsüchte der Menschheit der Befriedigung ein wenig näher geführt wurden, die seit den Tagen der Propheten in den Massen wühlen und die Herzen der billig Denkenden beunruhigen. Die höhere Idee, die neue Gesittungsstufe, die sozialistische Tat adelt das Opfer und rechtfertigt die Schritte, die zu ihm führen. Wehe aber, wenn der nazistische Betrügergeist an die Enteignung einer kleinen Gruppe von Staatsbürgern geht, die sich zur Enteignung dadurch empfehlen, daß sie in der Welt der Krise keinen Freund haben; und wenn die Überfallenen und zu Beraubenden die liebenswürdige Redensart vom Gemeinnutz, der vor Eigennutz gehe, ernst nehmen und auf sich anwenden! Der Gemeinnutz, der darin besteht, daß alle alten Offiziere wieder eingestellt werden, alle unfähigen Kandidaten der Jurisprudenz oder der Medizin die fähigeren, mit der Leidenschaft zur Sache und zum Lernen ausgerüsteten verdrängen können; wenn die Bücher der begabten Schriftsteller verbrannt und verboten werden, damit die Leser gezwungen würden, diejenigen der unbegabten zu kaufen; wenn der Rassengrößenwahn in ein weiches und gemischtes Volk geschleust wird und die Vermögen von Juden mit ihren Geschäften und ihren gesamten Existenzen billig in den Besitz von Konkurrenten überführt werden – alles unter der Parole, daß Gemeinnutz vor Eigennutz gehe! Dann paßt dazu wunderbar die Verwendung des gesamten Volksvermögens, um Rüstungsindustrie und Kriegswille damit zu füttern, einen ganzen Erdteil unter Druck zu setzen und halb listig, halb brutal, wie ein alter Klopffechter zu beteuern, wie sehr man den Frieden liebe! Werden dann jüdische Vermögen, wie es in den ersten vier Jahren des Regimes der Fall war, nur teilweise geraubt, zum andern Teil aber den Beraubten und Vertriebenen unter bestimmten Bedingungen zur Mitnahme in eine neue Existenz überlassen, so kommen sich der dumme Jude und der geriebene Nazi beide womöglich noch als Gentlemen vor, die sich, über die gegenseitigen guten Umgangsformen entzückt, die Hände schütteln. Die Mitnahme dieses Geldes wurde und war in deutschen Waren gestattet, man weiß es – in Fertig- und Halbfabrikaten, die eine lange Liste füllten. Dank eines Abkommens zwischen England und dem Nazireiche kam diese Art Transfer zuallererst Palästina zugute. Mit den vertriebenen deutschen Juden wanderten Schiffsladungen deutscher Waren ins Land ein; bald gab es nur noch dieses Mittel, um Kapital aus Deutschland zu retten. Diesen Transfer besorgte eine Organisation, genannt Haavarah. Sie half deutschen Juden, eine Existenz außerhalb der Nazigrenzen aufzubauen. Sie und ihre Klienten standen in ständigem, freundlichem Verkehr mit den geschmeidigsten Nazistellen. Sehr viele der Neueinwandernden hatten in Deutschland Verwandte sitzen, die ihnen bei der Abwickelung ihrer Geschäfte behilflich waren.

Nun aber gab es doch als Antwort auf die Streichersche Pogromhetze und den Goebbelsschen Boykott der Juden einen Boykott deutscher Waren und deutscher Dienste – die schärfste Waffe gegen das Naziregime. Wie stand es damit in Palästina?

Palästina durchbrach den Boykott. Schlechten Gewissens, aber es tat so. Man mußte deutschen Juden helfen, ihr ehrlich und schwer erarbeitetes Vermögen den Nazihänden zu entreißen. Außerdem aber benutzten geschickte Kaufleute die günstige Gelegenheit, mit billigen Sperrmark gute deutsche Waren zu kaufen und sie unter dem Vorwande der Haavarah privatprofitlich an den Mann zu bringen. Dies geschah nicht ohne Gegenwehr. Die an Haavarah Interessierten wollten die rechtmäßig transferierten Waren mit einem unterscheidenden Stempel schmücken. Komitees, die an der einheimischen Produktion interessiert waren, versuchten unter der Parole Tozereth Haarez die Boykottbewegung in Palästina zu stärken. Aber solche Mittel waren ohnmächtig. Gegen gebrochene Grundsätze gibt es keine Palliative. Die Geschicklichkeit der Nazi – eine kurzfristige Geschicklichkeit – hatte immerhin zu Wege gebracht, an die Stelle einer einmütigen, großen und gerechten Entrüstung Geschäfte und Geschäftchen zu setzen. Für denjenigen, der den modernen Nationalismus mit skeptischen Blicken ansieht, wo er ihn auch trifft, konnte das keine Überraschung sein. Aber noch weniger ein Triumph. Pest ist Pest – auch wenn sie unter anderem den Pestverbreiter selber mitschlägt. Denn die Naziwirtschaft hatte von dem Haavarahgeschäft nur vorübergehend Nutzen. Der Widerstand derjenigen, die aus Charakter oder Vernunft dem zukünftigen Angreifer gegen Demokratie und Kultur weder Rohstoffe noch Devisen liefern wollten, behielt recht. Auf der Pariser Ausstellung sah jeder Urteilsfähige, was aus der blühenden deutschen Produktivität geworden war. Daß aber Palästina in der Front derer, die die Zivilisation zu verteidigen fest entschlossen sind, keine besonders starke Stellung einnimmt, dazu hat der geschickte Schachzug ausgereicht. Lügen haben kurze Beine, sagt das Volk.

V. Die deutschen Juden als Geiseln

In diese Kette fügt sich als würgendes Glied die Rücksicht ein auf die in Deutschland als Masse zurückgebliebenen Juden. Sooft wir auch öffentlich und privat der Überzeugung Ausdruck gegeben haben, man müsse sie als Ganzes zu den verlorenen Posten rechnen, sie »abschreiben«, wie der grausame Kaufmannsausdruck lautet – wie kann man das von Menschen verlangen? Diese in Deutschland zurückgebliebenen deutschen Bürger jüdischer Abstammung waren ein Teil unseres Umgangs und des lebendigen Volkskörpers, dem wir verbunden sind und bleiben, heute wie je. Als Deutsche wie als Juden betrachtet, gehörte ihnen unser Mitgefühl um so mehr, als wir wußten, daß sie sich nicht wehren konnten. Für diese zuallermeist bürgerlichen Menschen gab es kaum illegale Arbeit oder konsolidierten Widerstand. Ausgesetzt einer schmähenden und gemeinen Propaganda, von jedem öffentlichen Zuspruch und Trost von außerhalb des Dritten Reiches abgeschnitten, neigten sie vor wie nach ihrer Auswanderung dazu, falsche Perspektiven ihres eigenen Schicksals anzunehmen. Daher beschworen sie immer wieder ihre Angehörigen und die allgemeine Judenheit, um ihretwillen die Gegnerschaft gegen das Dritte Reich zu unterlassen oder zu verschweigen. Und wer wollte ihnen da nicht willfahren oder ihnen deswegen zürnen? Und doch wäre es uns Sachverständigen in Sachen Naziprogramm und Naziterror leicht gewesen, ihnen zu entgegnen. Auszugehen hatten wir dabei von dem grotesken Mißverständnis, das die Nazipropaganda allenthalben verbreitete: es seien die Akte der Naziwillkür Verteidigungsmaßnahmen des wahren Deutschtums in seiner edlen und echtbürtigen Notlage gegen eine fremde Infektion; und besonders seien die einzelnen Akte der ruckweise würgenden Erdrosselung Reaktionen auf jüdische Angriffe oder Aktivität. So abgetakelt dieser Schwindel ist: in jeder Neuauflage findet er Gläubige – oder er fand sie wenigstens, auch unter den deutschen Juden und in Palästina. Es half lange nicht, wenn wir an Hand unvorsichtiger Nazischriften und Bekenntnisse nachwiesen, wie wohlerwogen und vorausbeabsichtigt alle Schritte seien, die zur Vernichtung oder zum mindesten zur Versklavung des deutschen Judentums führten; wie wenig zu ihrer Motivierung das beitrug, was zu ihrer Tarnung allerdings verwendet wurde: die Verteidigung des freiheitlichen Geistes gegen die Verpestung deutschen Wesens und europäischen Friedens. Die deutschen Juden als Geiseln lähmten und lähmen von der Gefühlsseite her noch heute und vielleicht auf immer die Stoßkraft des in seiner Ehre und Existenz bedrohten Judentums, zum mindesten in Palästina, jener kleinen, schmerzhaft engen Zuflucht derer, die zu alt sind, um aktiv an die Gründung eines neuen Lebens gehen zu können. Zwar haben die bestialischen Ausschreitungen in Wien, die Morde in Dachau, die Besudelungen, Raubzüge und Massenfänge in Berlin das eine Gute: sie lüften die Nazimaske auch für diejenigen, welche aus innerer Lähmung nicht sehen können oder aus Klassenegoismus nicht sehen wollen. Und immer deutlicher wird sich das Gefühl durchsetzen: da man den deutschen Juden unter keinen Umständen helfen kann; da sie eine verlorene Kompanie sind, die den Rückzug eines größeren Truppenteils decken muß und der man es schmerzlichen Herzens überläßt, sich durchzuschlagen, in Gruppen oder als einzelne – soll man sich wenigstens in der Lösung der Hauptaufgabe durch ihr Schicksal nicht beirren lassen. Es geht um die Grundfrage menschlichen Zusammenlebens, ob es zukünftig auch im Herzen Europas von Freiheit, dem Sittengesetz, der freudigen Zusammenarbeit, gutem Willen und bescheidenem Lebensraum für alles, was Menschenantlitz trägt, bestimmt werden soll oder von den bedauernswerten Propagandisten der Gewalt. Die haben inzwischen wohl gemerkt, daß, sowie sie Gewalt entfesseln, ihre letzte Stunde gekommen ist. Aber es sind Wahnsinnige unter ihnen, deren Vernunft und Hemmung plötzlich aussetzen kann. Wenden sie sich nach innen – wehe den deutschen Juden! Brechen sie aus, um sich auf Europa zu stürzen, so dämmert hinter einem ungeheuren Unheil die Möglichkeit, die Lehre des Kriegsausgangs zu wiederholen, und zwar so, daß sie nicht wieder durch eine Dolchstoßlegende vereitelt werden kann.

VI. Zionistische Schwingungen

Die aufrichtigste Bewunderung unter den Juden wird Hitler durch zionistische Gruppen gespendet. In Deutschland ist Ungeheures geschehen, so begann ein bekannter K.I.V.-Führer seinen internen Bericht aus Deutschland im Jahre 1934. Hitler ist der größte Mann des Jahrtausends, verkündet demgemäß ein durchschnittlicher K.I.V.er im Jahre 1938. (K.I.V.er sind das jüdische Gegenstück deutschnationaler Studentenverbindungen und wurden durch den Zusammenschluß verschiedener jüdisch nationaler Studentengruppen ein Faktor innerhalb der bürgerlichen jüdischen Jugend.) »Ich liebe Hitler, denn er bringt unsere Brüder nach Erez Israel«, bekennt ein Volksschullehrer, Osteuropäer, vor seinen zehnjährigen Schülern. Am schlagendsten der Volkswitz: »In Tel-Aviv wird ein Hitlerdenkmal errichtet – Unserem Herführer«. Was geht hier vor?

Zionismus, d. h. Flucht aus der gegenwärtigen Umwelt

in eine romantische und unrealistische Zionsliebe trat immer auf, wenn in neuerer Zeit die Situation der Juden in einem ihrer Siedlungsländer unerträglich wurde. Im 19. Jahrhundert reagierten sensible, literarische Männer dreimal zionistisch: Moses Hess auf den Antisemitismus nach den Freiheitskriegen, I.L. Pinsker auf den russischen Antisemitismus der achtziger Jahre – nach dem 2. Russisch-Türkischen Krieg, 1877 – 1878, und Nathan Birnbaum und Theodor Herzl auf den Lueger-Antisemitismus, dessen Wurzeln im Zusammenbruch von 1866 zu suchen sind. Da in diesem Jahrhundert als Folge der Französischen Revolution alle Schwierigkeiten der großen Staaten aus dem Nationalkampfe unterdrückter Minoritäten um Anerkennung, Selbstbestimmung, nationales Territorium hervorgehen und gelöst werden, kleidet sich die Judenfrage für das Bewußtsein dieser Männer ebenfalls als Nationalitätenproblem ein: was Polen, Ukrainern, Tschechen recht ist, muß den Juden wohl billig erscheinen. Das nationale Territorium der Juden wird verständlicherweise in Palästina gefunden und so aus der Reichweite und dem Machtbereich der betreffenden Staaten wegverlegt, ins Gebiet der unbeliebten Türkei, was dem Zionismus billige Sympathien einträgt – bei den Nichttürken und Nichtarabern. Von da an reagiert ein Teil des deutschen Judentums wie des russischen und ostjüdischen zionistisch. Aber während die Ostjuden im Gebiet des ehemaligen Königreichs Polen und Litauens noch starke Charakteristika nationaler Minoritäten aufweisen, wehrt sich das assimilierte russische, deutsche und österreichische Judentum stürmisch gegen die zionistischen Versuche, es zu entwurzeln. Dadurch entsteht in den Zionisten eine Kampfhaltung nach beiden Seiten: gegen die entwertenden und beschmutzenden antisemitischen Attacken entwickeln sie ein jüdisches Nationalgefühl, das von den Vorstellungen vom auserwählten Volke mit gespeist wird, während sie andererseits nicht müde werden, den assimilierten Juden einreden zu wollen, ihre wahre Heimat sei Palästina, ihre wahre Sprache das sephardische Hebräisch, ihre wahre

Nationalliteratur der Talmud, das rabbinische Schrifttum, die hebräischen Responsen (rabbinischen Gutachten und Briefe). Die Folgerung, daß also auch der rabbinische Gottesglaube zu den nationalen Belangen des jüdischen Volkes gehöre, wird nicht gezogen, sogar bekämpft. Aber größter Wert wird darauf gelegt, daß diese Absonderung der Juden und »Rückkehr ins Land der Väter« freiwillig erfolgen müsse aus dem Gefühl der eigenen Würde und des eigenen Wertes, um der eigenen, nationalen Gestalt willen, ohne Aufgabe irgendwelcher Bürgerrechte und der Emanzipation, im Gefühl einer besonderen, jüdischen Aufgabe und einer Menschheit, die zu bereichern eh wie je auch die Aufgabe der Juden als Volk und geschlossen siedelnder Gruppe bleibe. Weswegen besonders der Nachkriegszionismus intensiv spiritualistisch und sozialistisch auftritt, der Stimmung unserer Nachkriegsjahre genau entsprechend. Soziale Gerechtigkeit, Überwindung der privatwirtschaftlichen Gesellschaftsgründung, Erprobung neuer Formen des Zusammenlebens, revolutionäre Kolonisation sind die Losungen des linken zionistischen Flügels. Der Plan der Besiedlung Palästinas soll von Gustav Landauer entworfen werden, verlangen die linken Gruppen der jüdisch nationalen Jugend, unter der Patronanz von Buber wie von Weizmann werden die verschiedensten sozialistischen Gemeinschaftssiedlungen begründet – Kwuzoth und Kibbuzim wie jene jüdischen Kooperativen, die Franz Oppenheimer angeregt hat.

Nur Marxismus wurde ausgeschlossen. Seine Vertreter unter den zionistischen Gruppen, die Poale Zion, spalteten sich bald und nahmen die Funktion der parlamentarischen Opposition auf.

VII. Die Belastungsprobe

Die Belastungsprobe mußte Hitler bringen. Freiwilligen Aufbruch in ein besseres, jüdischeres Leben verlangte der Zionismus. Wegschaffung jüdischen Unrats aus den herrlichen, arischen Volksreihen proklamierte das Nazitum, getreues Erbe des austrozaristischen Pöbelantisemitismus. Man hätte meinen müssen, daß es keine schärfere Gegnerschaft geben könne als die dieser beiden Nationalismen. Aber siehe da, die unterbewußten Fluchttendenzen bewältigten sofort den Überbau von nationaler Würde. Der Wille zur Selbstbehauptung ließ sich seinen Rahmen von der nazistischen Willkür anweisen. Die zionistischen Organisationen in Deutschland übernahmen die Rolle von Verhandlungspartnern mit den Nazibehörden. Um sie, nicht um die Gemeinden kristallisierte sich die Auseinandersetzung mit dem neuen Staate. Nicht der Schatten einer Anzweifelung ging von ihnen aus, daß diese in die Macht geschwindelten und gefälschten Pöbelantisemiten jetzt das deutsche Volk repräsentieren. Ihre nationale Würde beschränkte sich auf Selbstbehauptung; nur besonders mutige und klarköpfige Gruppen, wie sie sich etwa um die Redaktion der »Jüdischen Rundschau« der ersten Monate scharten, wagten die Zurückweisung des antijüdischen Affekts in der Öffentlichkeit. Zionistisch erzogene Männer konzipierten den Gedanken der Haavarah zugunsten Palästinas und beeilten sich, ohne die Reaktion des internationalen Judentums abzuwarten, zu Abkommen mit den Nazibehörden zu gelangen. Vielen von ihnen war die Internationalität des Judentums als geistiger Strukturfaktor der jüdischen Existenz fatal; nur als Realität erkannten sie sie an unter dem Namen Galuth oder Diaspora. Sich auf sie zu stützen, wagten sie nicht. Und doch wäre es im Jahre 1933 sinnvoll gewesen, nichts zu tun und die Initiative, jüdisches Vermögen aus Nazihänden zu retten, jenen Judenkreisen zu überlassen, die mit der Weltempörung in gleichem Schritte gingen. Aus dieser Nichttätigkeit wäre vielleicht ein jüdisches Clearing erwachsen; die Illegalität der nazistischen Raubzüge hätte von außen her zurückgewiesen werden müssen, nicht dadurch gedeckt werden, daß man ihre Grundlagen anerkannte. Der Schrei »Auf nach Palästina«, einst eine Fahne von Jugendidealismus und des jüdischen Teils der deutschen Jugendbewegung, hätte dem besseren Teil der nazistischen Funktionäre, dem mit dem Hakenkreuz getarnten, deutschnationalen Beamtenstab, dem irregeleiteten und redlichen nazistischen Jugendlichen niemals als Mäntelchen dienen dürfen, um darunter ein gutes Gewissen auszubilden. Und die gesamtzionistische Weltbewegung hätte niemals das lähmende und schauerliche Schauspiel erleben dürfen, das auf zionistischen Kongressen von dem Benehmen der deutschen Landsmannschaft ausging – zwangsweise ausgehen mußte. »Wie lange wollt Ihr noch auf beiden Beinen hinken?« fragte vor einiger Zeit ein Schriftsteller auf dem Karmel den König Ahab. Schauerlicherweise wird die Beendigung dieses Hinkens nicht von den Zionisten diktiert, sondern von den Hitlerschen..

VIII. Eine Utopie

Daß Hitler »Großes für sein Volk getan« habe, ist eine Meinung, die sich in den höheren Schulen Palästinas verbreiten konnte. Die Frage nach dem Wirklichkeitsgehalt dieser Hitlerschen Taten wird von der Jugend nicht gestellt. In fünf, sechs Jahren wird diese Jugend, schulentlassen, das politische Leben aufs stärkste beeinflussen. Immer wieder trifft man bei sonst ganz urteilsfähigen Juden hier eine Abneigung gegen die Emigrantenpresse, welche alles in schlechtem Lichte zeige, was im Dritten Reich geschehe. Ihre mangelnde Objektivität wird beklagt – von denselben Leuten, die heute noch der Überzeugung sind, die Deutschen hätten den Weltkrieg militärisch nicht verloren. Unwissenheit und Nichthinsehenwollen arbeiten zusammen mit den Nachwirkungen der republikanischen Selbstmordpresse und einer rührenden und echten Beziehung zur Heimat, zu Deutschland. So reagieren Zionisten und einstige Nichtzionisten, Leute wie wir gehören zu mehr oder minder achtbaren Sonderlingen, die ihre einstige deutsche Stellung nicht vergessen können.

Und doch hätten gerade Zionisten anders reagieren können. Sie hätten sich sagen können, wer den Reichstag anzündet, um politische Gegner vogelfrei zu machen, enthüllt einen Raubrittergeist, mit dem niemand irgend etwas gemeinsam haben kann. Wer geistige Menschen, Politiker, Arbeiter ihrer Gesinnung wegen zu lebenslänglicher Zwangsarbeit verurteilt, scheidet aus der Gemeinschaft derer aus, mit denen man irgend etwas gemein haben kann. Wer vollends erwachsene Männer zu Tode foltert, jenseits der Grenzen umbringen läßt, lungenschwindsüchtige Intellektuelle zum Tode verurteilt, dadurch, daß sie das Hochgebirge nicht aufsuchen dürfen; wer die Bestialitäten sadischer Untertiere in Konzentrationslagern zu verantworten hat und pornographische Irre öffentlich walten läßt zur Diffamierung jüdischen Seins und Daseins, der muß alles das verpesten, was er sonst auch erkennt und anerkennt. Gemeinschaft mit ihnen kann man nicht haben, sofern man sich selbst achtet. Man braucht noch gar nichts von den Erfordernissen ethischer oder ästhetischer Kultur zu verstehen; man braucht nicht einmal beteiligt zu sein an der Kündigung des Christentums durch den Wehrwillen; nichts von der Verpestung und Vergiftung, Beschmutzung und widerlichen Verzerrung braucht man zu verstehen, die deutscher Geist und deutsches Wesen, deutsche Literatur, Kunst und Kultur von den teils dummen, teils perfiden Schwirrkäfern erleiden, die von dem Nazimisthaufen aufsteigen. Man braucht nur normal zu empfinden, und gar als Jude, um sich zu sagen, was immer von dieser Bewegung und diesem Spülicht getragen und bejaht werden kann, kann von niemand anderem mit bejaht werden, er sei, wer er wolle. Diese Leute benutzen das Wort Nationalismus, verquicken es mit Sozialismus und tarnen damit die prussianistische Militärraubwirtschaft im besetzten Gebiet Deutschland. Also sind Nationalismus und Sozialismus verdächtig geworden; man kann sie erst wieder benutzen, nachdem man sie gründlich in Quarantäne gehalten hat. Volk, Blut und Boden? Worte und Dinge, die nicht mehr in den Mund genommen werden. Eine Staatsauffassung, die nur die Abstammung zum Charakteristikum des Vollbürgers macht? Also sind Jahrhunderte verbracht im gleichen Klima, sind die geographischen Gegebenheiten, sind die historisch-politischen Formungen, sind die geistigen Werte der Sprache viel wichtiger. Sie reichen tief ins Unterbewußtsein des einzelnen wie der Gruppe; die Blutromantik ist dagegen eine gedankenlos aufgenommene Verherrlichung des Spiels der endokrinen Drüsen. Die Verherrlichung des Bauerntums? Also wird es Zeit, daß die Landwirtschaft industrialisiert wird. Recht ist, was den Piefkes nützt? Also ist die römische Rechtsordnung, ist das talmudische und kanonische Recht unbesehen ehrwürdig, verglichen mit dem, was dort entwickelt wird. Diese Leute putzen sich mit Atheismus? Folglich muß dieser ganze Komplex noch einmal durchdacht werden. Sie attackieren Karl Marx und seine Schule? Folglich müssen wir uns mit dieser großen Gegebenheit eindringlich beschäftigen. Jedes Wort muß zurückgenommen werden, das auch diese Leute unterschreiben können; es kann erst wieder gelten, vorausgesetzt, daß es dann noch gilt, wenn diese Leute eingestampft worden sind. Ausdrücklich hat man sich seiner Kulturkritik wegen zu entschuldigen; sie hat Waffen geliefert Leuten, die sonst in Demut vor dem erstorben wären, was wir ihnen als angreifenswert verständlich machten. Und so weiter in jedem einzelnen Punkte. Reinliche Scheidung aus Gründen der Hygiene. Denn wer atmen kann in der Luft, die das Nazitum ausströmt, ist weder um seine Nerven zu beneiden noch um seine Einsicht. Entweder der Geist Europas in seiner deutschen Spielart oder der Geist des Prussianismus unter dem Werbersystem: eine Verbindung ist nicht möglich. Was das Leben lebenswert macht, was menschliche Gesittung und Kultur an Glückswerten und schöpferischen Taten hervorgebracht haben, das wird nicht erschüttert durch noch so dicke Propaganda, noch so bestechende Scheinerfolge. Dieses Entweder-Oder gilt in Alaska wie in Palästina, in Buenos Aires wie in Paris. Und kein

Mensch sollte das Recht haben, weil er einen eigenen Nationalismus aufrechterhalten will, seine Menschenwürde so preiszugeben, wie Juden es tun, wenn sie an der Hitlerei gute Haare finden. Es sind die drei goldenen Haare des KleinZaches, des Teufels im Märchen. Man muß sie ihm ausreißen, und er stinkt ab.

Die Insektenseele kehrt zurück

Eine Anzahl Ereignisse seit dem Ende des Weltkrieges 1918 war dazu angetan, unser Denken zu beunruhigen. Sie ließen sich in die Bemühungen nicht einordnen, die überall gemacht wurden, um die Erde für den Menschen wohnlicher zu gestalten. Widersprüche sonderbarer Art traten zutage und waren nicht wegzudisputieren. Die Vertreter der Völker, Regierungen, Parlamente und öffentliche Meinung drängten dazu, das Leben der Menschen im Frieden wie im Kriege weiterhin zu humanisieren, die Kindererziehung, den Strafvollzug, die Kriegsführung unseren modernen Begriffen vom Schutz der Schwachen anzupassen; gleichzeitig aber bewiesen alle Gruppenereignisse seit 1919 die Tendenz, Menschenleben für Nichts zu erachten und das Recht des Individiuums auf Schutz zu ignorieren, sobald Gesamtinteressen ins Spiel kamen.

Die russischen Bürgerkriegsgeneräle, die deutsche Gegenrevolution und der Aufstand des Faschismus fingen damit an, Menschen ihrer Gesinnung wegen zu verfolgen, zu quälen und zu töten. Der Einbruch der Hitlerpest in die deutsche Kultur, die Gestapo-Prozesse und Erschießungen, die Kriege in Abessinien, China und Spanien, späterhin der Überfall auf Österreich, die Tschechoslowakei und Polen und, ganz zum Schluß, die Seekriegsführung der Nazis und das Blutgemetzel ihrer Angriffsschlachten drängen das Problem auch demjenigen ins Bewußtsein, der die Entwicklung der menschlichen Zustände gern als Höherentwicklung begriffen hätte, als ein beständiges Fortschreiten weg vom Primitiven. Und dabei fand dieser Glaube seine Stütze an zwei unleugbaren Tatsachen: an der bewunderungswürdigen Erfindergabe, die sich seit dem Krieg in den Dienst unserer Massenbedürfnisse gestellt hatte, und an der immer kunstvolleren Organisation, mit der sich die Menschen auf gewissen Teilen der Erde derjenigen Gebiete ihres Zusammenlebens bemächtigten, die sich vor dem Weltkrieg jeder Erfaßbarkeit zu entziehen schienen: der Riesengebiete der Wirtschaft, des Geldwesens, der Meinungseinhämmerung, des geistigen Konformismus. Wir benutzen das Wort Massenbedürfnis, um mit ihm alles zu decken, was auf den Dienst an der Allgemeinheit abzielt – ganz gleich, ob es sich um Werkzeuge des Staates handelt, um Bewaffnung und Ausrüstung der Heere oder um die Befriedigung des Verlangens nach Kinokarten, Fahrrädern, Telefonen, Radioapparaten und Autos. Eine Zeit, die vergoldete Füllhalter und Rasierapparate, silberne Bleistifte und Puderdosen so erschwinglich herstellt, daß man nicht mehr, wie noch 1910, ein vermögender Mann sein muß, um sie sich zu leisten oder sie zu verschenken, hat auch das Recht, Riesenflugzeuge über den Ozean zu senden und den Verkehr durch die Luft so regelmäßig dicht und sicher zu gestalten wie 1910 die Dampfschifflinien.

Hält man neben diese Fakten aber nun die unsäglichen Greuel, die im gleichen Zeitraum an Millionen von Individuen verübt wurden und werden, all die Folterungen, Auspeitschungen, Luftbombardements, die Verschlechterung der Lebenshaltungen, den Abbau der Hygiene im Arbeitsprozeß und die fast gedankenlosen Ausrottungen wertvoller einzelner, so bleibt ein Widerspruch zu lösen, wie er seit langem in unserer Kulturgeschichte nicht auftauchte. Hinzufügen muß man als neueste Phase die schauerliche Rücksichtslosigkeit, mit der die Armeen des Nationalsozialismus alle Bedenken beiseite setzen, um sich den militärischen Erfolg zu sichern – Bedenken, an deren Einführung wir die Entwicklung und Zivilisierung der Kriegsführung maßen. Sowohl die Vernichtung nichtkriegführender Angehöriger von feindlichen Nationen wie die der eigenen Soldaten hat nichts Menschliches mehr, wenn man den Berichten glauben darf: die Massentötung scheint zum Ziel der Kriegführung überhaupt aufzurücken. Wir brauchen nur daran zu erinnern, daß die Geschichte der Kriegskunst früher uns eine Entwicklung vorführte, die mit möglichst *wenig* Gewaltanwendung möglichst *große* Resultate zu sichern suchte.

Der Weg unserer Zivilisation geht auf die Schonung des Individuums aus, das einen fest geprägten Wert darstellt. Sinn für die Einmaligkeit eines Exemplars ist nahezu ein Charakteristikum für seelische Reife geworden, für die Einsicht in die Tatsache, daß im Verlaufe des Lebens jeder jeden brauchen kann, sei es in engsten Kreisen, in weiteren und selbst in weitesten. Daher enthält die Humanisierung unserer Gesinnungen auch den Sinn für die Ökonomie unserer Gesellschaft, die es sich verbietet, blindlings Scharen solcher Wertträger zu vergeuden. Ein Gefühl der Vorsicht und der Weisheit sagt dem menschlichen Instinkt, er könne nicht voraussehen, welche Fähigkeiten in welcher Notlage auch immer der unbekannte Einzelne entwickeln werde. Da Mr. X spontaner Reaktion fähig ist, muß sich die Gesellschaft in ihrem eigenen Interesse seines Daseins so lange als möglich versichern und erfreuen. Das entspricht unserem menschlichen Zweckdenken.

Der entgegengesetzte Typus, den wir vorhin beschrieben und der das Individuum unter allen Umständen für nichts erachtet, findet sich in der Natur ebenfalls vertreten. Ein verlassener Seitenweg der biologischen Werdelinie führt zu ihm hin: der großartige Weg in das fremde Reich der Insekten. Ist es nicht, als ob die Insektenlinie von der Linie der anderen Lebewesen abzweigt, um, gleichsam im Sturm, den Begriff der Verstaatlichung im höchsten Sinne zu erreichen und auszubilden – einer Zivilisation, der nur eins vollkommen fehlt: Sinn für die Unverwechselbarkeit jedes Individuums und damit also Humanität? Läge im Plane unserer Schöpfung nichts, was diesem Begriffe entspricht und den Tatsachen, die er deckt, so hätte die Existenz des Menschen überhaupt keine Notwendigkeit für sich. Das Staatsleben, die völlige Gleichgültigkeit der organisierten Gesamtheit gegenüber dem Sonder-Ich ist sicher nirgendswo auf der Erde so ausgebildet wie bei den Ameisen, Termiten und Bienen. Ihr Staat ist sicherlich eine der bestangepaßten Lebenserscheinungen. Es hätte der menschlichen Gesellschaft nicht bedurft, wenn der Sinn unserer biologischen Kurven dahin gegangen wäre, nur die bestmögliche Gruppenorganisation für tierisches Sein zu erzielen. Aber offenbar war für warmblütige Wesen, für Wirbeltiere und Säugetiere, eine besondere Aufgabe vorbehalten: die Schaffung einer Gesellschaft von Individuen, deren Zusammenspiel nicht auf der Auslöschung, sondern auf der Einordnung und Steigerung des Einzelwesens ruht. Achtung des Ganzen vor dem Individuum, Achtung des Individuums für das Ganze auf der Basis freiwilliger Einordnung und nicht auf der des Zwanges, das scheint also zum Stigma der Ziele zu gehören, denen die Lebensentwicklung und Gestaltung zustrebt.

Unsere Beobachtung der Insekten lehrt uns zuallererst ihre Fremdartigkeit. Wir können uns von ihrer Seele nur dann einen Begriff machen, wenn wir nicht das einzelne Insekt, sondern den Haufen oder Staat, dem es angehört, zum Range einer Person erheben. Aber das ist nur eine Hilfsvorstellung. Die Fühllosigkeit des Staates gegen den Einzelnen und den Mangel, den Sitz eines Ichzentrums aufzuweisen, hätten wir mit dieser Hypothese wenigstens ausgeglichen. Dann geben wir der einzelnen Ameise, Biene oder Termite einen Rang etwa zwischen einer Zellengruppe, die einen unserer Finger oder Zähne ausmacht, und einem selbständigen Säugetier vom Range einer Maus. Nicht mehr. Der Soldat der Termite, der Arbeiter der Ameise, das Männchen der Biene werden bestimmt durch Funktionen, die sie innerhalb der Gesellschaft ausüben. Gleichzeitig aber entfalten sie technisch außerordentliche Fertigkeiten, wie wir sie auch bei einer Fülle ungesellig lebender Insekten beobachten. Wir brauchen an die Webekünste der Spinnen oder die Holzschneidekünste der Borkenkäfer nur zu erinnern und darauf hinzuweisen, wie sehr die Formen, mit denen unsere Maschinen sich der Aufgaben des Grabens oder Fliegens, Kriechens oder Laufens entledigen, zur unbeabsichtigten Nachahmung von Insektenformen geführt haben. Unsere Flugzeuge sind Libellen, unsere Autos Käfer, unsere Tanks Grabheuschrecken oder Raupen – womit wir ausdrücken, daß auch wir dem Formengesetz unterliegen, dem die Natur gehorchte, als sie in kleinem Maßstab mit solcher Bewältigung unserer Elemente Ernst machte.

Das Wesen der Insektenseele enthält auf alle Fälle diktatorische Verfügung über die Form und Funktion, die dem Individuum »Einzelinsekt« von seiten des Haufens oder der Natur zugestanden wird. Keine Wahl gestattet der Termite oder Ameise, zu beeinflussen, welche Funktion sie innerhalb der Gesamtheit übernehmen möchte, auf welche Weise sie ihrem Staate am liebsten dienstbar wäre. Wir wissen, daß diese Entscheidung von der Aufzucht des Einzelinsekts, der Art seiner Unterbringung und der Reichhaltigkeit seiner Ernährung abzuhängen scheint. Wer diese Entscheidungen fällt, auf wessen Impuls sie zurückgehen und welches Prinzip der Auswahl in welcher Form des Bewußtseins sich darin ausdrückt, vermögen wir nicht einmal zu erraten.

Dichter wie H.G. Wells oder Aldous Huxley, um nur Zeitgenossen zu erwähnen, haben uns menschliche Gesellschaften nach der Art der Insektenstaaten zu schildern versucht; über dieses Problem aber sagten sie nichts aus. Das Insekt gehorcht, es opfert sich, es kämpft, es ernährt seine Brut, es verteidigt seinen Haufen, es baut ihn unter Anwendung außerordentlicher technischer Geschicklichkeiten, es sammelt und wählt seine Nahrung, wobei es bis zu den Anklängen von Ackerbau und Viehzucht vorzuschreiten scheint (Ameisenarten) – alles ohne Freiwilligkeit, ohne moralisches Bewußtsein, wenn man so sagen darf, alles in Verfolg eines Zwanges, den wir am ehesten dem Gang der Räder in unserer Taschenuhr vergleichen können, um ihn zu verstehen. Das ist die Ameisenseele, hiermit fassen wir sie.

(II)

Wo immer wir ein einzelnes Insekt beobachten, wie es hin und her läuft, einen Weg sucht, Hindernisse, die wir ihm entgegen halten, immer wieder überwindet, dürfen wir uns nicht von dem Anschein der Freiheit und Improvisation bestechen lassen, den es uns bietet. Das einzelne Insekt scheint anpassungsfähig an viele Spielarten von wechselnden Bedingungen – der Haufen erweckt nicht einmal diesen Anschein. Jeder Naturfreund hat hundertmal beobachtet, mit welcher Starrheit und Sturheit Ameisen ihre Straßen aufrechterhalten, die sie zu gehen gewohnt waren – auch wenn inzwischen ein Haus des Menschen so gebaut worden ist, daß die Ein- und Ausgehenden unvermeidlich den Insektenzug zertreten müssen, der sich quer durch die Gartenpforte bewegt. Der Instinkt, der ihre Nahrungssuche leitet, verläßt sie gegenüber den Gefahren, die sich ihnen auf ihr entgegen stellen, wenn der Mensch seinen Honig oder sein Fleisch ihrem Zugriff entziehen will: jeden Morgen kann die Hausfrau an der gleichen Stelle mit Petroleum oder Benzin den gleichen Ameisenzug zerstören, wenn sie nicht von vornherein radikale Vorsichtsmaßregeln gegen ihn getroffen hat.

Ein solcher Ausbruch von Insektenhaftigkeit feiert seine Triumphe im Nazistaat. Er ist die vollkommene Verkörperung der Brutalität, der Achtungslosigkeit gegen das Einzelwesen, der Feindschaft gegen die menschliche Gesittung. Unter dem Schlagworte »Humanitätsduselei« hat er seit seinen ersten Jahren die Gesittung bekämpft, die auf den Schutz aller Schutzbedürftigen abzielt; unter dem Vorwand, den Starken und Gesunden gegenüber dem Kranken und der Masse der Schlechtgeratenen in sein Recht einzusetzen, hat er, ebenso von Anbeginn, die Gewalttätigkeit und Fühllosigkeit des Insektenstaates als Leitmotiv der menschlichen Gesittung verkündet. Zu gleicher Zeit proklamierte er das technische Können als das einzig Wertvolle, die militärische Form der Gesellschaftsordnung als die allein maßgebende und die Haufen- oder Massenhaftigkeit für gleichbedeutend mit Größe. Auch die Staats- und Gesellschaftsideen anderer zeitgenössischer Systeme weisen Züge auf, die nach der gleichen Richtung deuten, aber ihnen liegen wenigstens Zielvorstellungen zugrunde, die uns bekannten und vertrauten philosophischen Ideen entsprechen: das größte Glück der größten Mehrzahl oder die Einordnung jedes einzelnen am rechten Platz, entsprechend seinen Fähigkeiten und deren Erkennen. Der Nazistaat allein zielt auf die pure Macht ab, den größtmöglichen Beuteanteil einer möglichst kleinen Gruppe Auserwählter, und auf die militärische Gewaltanwendung als einziges Mittel, um diese Staatsidee zu realisieren.

Diese Insektenseele ist sehr alt. Sie entstand höchstwahrscheinlich unter uns unbekannten Gesetzen und Umständen in den Jahrmillionen, die uns vom Beginn der Tertiärzeit trennen und die von den Geologen verschiedenartig bemessen werden – zwischen 25 und 5 Millionen Jahre geben sie diesem Zeitalter unserer Erde, während sie sein Ende auf ungefähr 100 000 Jahre vor unserer Zeitrechnung anberaumen. So uralt also sind die Instinkte innerhalb der Linie des Lebens, die sich in der Tiermaterie erhalten haben und nach dieser Richtung wirken. Wir wissen von Organen unseres Körpers, daß sie, wie der Wurmfortsatz, der Blinddarm, ihre wesentliche Funktion heute verloren zu haben scheinen und rudimentär geworden sind. Ob sich innerhalb unserer seelischen Struktur als ein ähnliches Rudiment Tendenzen zur Insektenhaftigkeit erhalten haben, das vermögen wir nur vermittels unserer Phantasie als Möglichkeit aufs Papier zu werfen. Und gleichwohl muß irgend etwas in uns unter irgendwelchen uns unbekannten Einflüssen zum Treiben und Keimen gekommen sein, wenn wir seit dem Anfang des 19. Jahrhunderts mit dem Bewältigen und Benutzen von Dampfkraft und Elektrizität, von chemischen und Lichtenergien, von Ätherwellen und ihren verschiedenen Verwandlungen eine so abseitige, antihumane, allem Menschlichen fremde Entwicklung überhaupt durchmachen konnten. Das jedenfalls ist der Anblick, den uns die Ausbreitung der Nazimentalität in Mitteleuropa bietet.

Als die Pyramiden erbaut wurden und die Pharaonen den ersten Suezkanal, die babylonischen und assyrischen Könige ihre ersten riesigen Stadt- und Tempelanlagen schufen, müssen ähnliche Verhältnisse geherrscht haben. Wir sind weit davon entfernt, etwas von den kosmischen Einflüssen zu wissen, denen das Leben auf der Erde unterworfen ist und also auch der Mensch. Ob zu den Zeiten des Chufu, Chefren und Menkaure die Sonnenflecken und kosmischen Eruptionen oder Ausstrahlungen gleicher Art waren wie in der Epoche, die wir mit James Watt beginnen – mit Marconi, den Brüdern Wright, dem Ingenieur Sikorski vorläufig enden lassen wollen, das wissen wir nicht; Eroberungszüge gigantischer Art wurden damals von Tutmosis III. oder Ramses II. ebenso ausgeführt, und mit der gleichen Vergeblichkeit, wie in unserer modernen Epoche von dem genialen Napoleon bis zu dem höchst ungenialen Adolf Hitler.

Aber eines müssen wir unterstreichen, bevor wir diese Betrachtung beenden. Zwischen dieser und unserer Epoche bemaßen und bemessen wir den Fortschritt der Menschheit an ganz anderen Errungenschaften und Idealen. Zwischen ihnen und uns schuf der Mensch die Gesetzgebung auf dem Sinai, die Welt des Christentums, die mittelalterliche Charitas und die Erklärung der Menschenrechte durch die Französische Revolution. Mit ihr begann eine neue Entwicklung der Humanität, der Schonung, der Förderung und der Achtung für alles, was »Menschenantlitz« trägt. Von den Dichtern der Psalmen bis zu denen unserer Gegenwart ist in allen Sprachen ein Seelenleben gefordert und gefördert worden, das sich von der insektischen Maske und Starrheit so unterscheidet wie das Gesicht der Mona Lisa von dem einer Termite unter dem Mikroskop. Wenn wir sagen, die Menschheit stehe in diesem Jahre 1942 an einem Scheidewege, so haben wir ihre Entscheidung schon vorweggenommen, haben den Sieg desjenigen Prinzips bereits formuliert, das unserer Art zugeordnet und vorgeschrieben ist: den Sieg der Humanität. Er ist schwer zu erringen. Die Insektenhaftigkeit in uns hat Macht gewonnen, über Massen willfähriger Sklaven und unglücklich Unterworfene wie noch nie zuvor. Aber da in uns – was uns zu Menschen macht – die Prinzipien der Freiheit sind, der Wahl, des Widerstands gegen das Böse und der Überwindung reaktionärer und archaischer Lebensformen, sollten wir nicht daran zweifeln, daß die Insektenseele verurteilt und die humane Seele zu siegen vorbestimmt ist.

(III)

Man wird verstehen, warum wir dem Problem weiter nachhängen, das mit der Verwandlung einer uns vertrauten menschlichen Substanz, der des deutschen Volkes, der einst so liebenswerten Italiener, der freundlich lächelnden Japaner in grauenhaft fremde Insektenschwärme gegeben ist. Seit dem Anfang des Faschismus, dem Marsch auf Rom, sehen wir diese Verwandlung fortschreiten; heute ist sie so weit gediehen, daß die Taten der Angreifernationen von uns mit dem Impuls beantwortet werden, mit dem wir ein Hornissennest im Garten oder unter der Treppe, einen Skorpion in unserem Schlafzimmer bemerken: Ausrotten. Wir wehren uns gegen die Vernichtung oder Gefährdung unseres Lebens als Menschen. Ganz anders liegen die Fakten, die wir von dem Benehmen der Angreifer selber ablesen: Ihr Wüten gegen die Tschechen, Polen und andere Slawenvölker zwischen Weichsel und Don ist nur die Steigerung einer Angriffsbewegung, die schon mit Karl dem Großen begann. Wir sagten schon, welchen Ausgleich die Französische Revolution, durch die Erklärung der Menschenrechte, gegen den Einbruch und Ausbruch der Insektenseele darstellt. Gleichzeitig aber erinnern wir uns daran, daß diese Französische Revolution und ihr amerikanisches Vorbild erst 150 Jahre hinter uns liegt, indes der Trieb zur Ausrottung des einen Haufens durch den anderen unsere Geschichte nachweislich mehrere Jahrtausende ausfüllt.

Daraus folgt: Wir haben das Recht, von einer Regression zu reden; nicht von einem rätselhaften Rückfall, sondern von einem ziel- und zweckvoll unternommenen Rückgriff auf frühere Existenzformen. Wie das neurotische Kind im Pubertätsalter auf infantile, normalerweise längst überwundene Gewohnheiten zurückgreift, gestatten sich die Staaten der Faschisten und der Samurai die Anwendung von Methoden und Mitteln, die die Völker überwunden zu haben schienen, um noch einmal längst verjährte Ziele anzustreben. Dieser Atavismus wird sich an ihnen furchtbar rächen. Im Gesetz des Lebens liegt eine Aufgabe: die der Entfaltung nach vorwärts. Der naive Fortschrittsglaube des 19. Jahrhunderts unterschätzte die biologische Bindung, die die Menschengruppen noch heftiger umfaßt und färbt als das Einzelwesen, die Einzelseele. Gleichwohl zeichnet sich unsere Marschroute aus der Vergangenheit in die Zukunft deutlich ab als beständige Aufgabe, Wachsamkeit, Verpflichtung. Das Bündnis der Feudalaristokratien mit der kapitalistischen Denk- und Wirtschaftsweise kann nicht vom Mittelalter her bestimmt werden ohne lebensgefährliche Folgen für seine Initiatoren.

Ohne uns auf dieses weite Feld locken zu lassen, bescheiden wir uns für dieses Mal mit einem Blick auf die Grausamkeit des irrsinnig gewordenen Nazistaates. Niemand, der mit ihm zusammengekommen ist, kann an der Wahrheit all jener schauerlichen Berichte zweifeln, die seit 1933 die offizielle Geschichte des Dritten Reiches begleiten – auch sie nur das Fortspinnen jener Gewohnheiten, die als Spießrutenlaufen und Soldatenmißhandlungen die Geschichte des deutschen Militärs, aber nicht nur die seine, zieren. Sie sind Eigenheiten des autokratischen Systems, nicht der deutschen Seele. Wenn sie sich zur Zeit besonders den Slawen, Juden, Franzosen gegenüber offenbart, so übersieht man dabei, wie sehr die Substanz des deutschen Volkes selbst die ersten Opfer, Hekatomben von Opfern, für diese Grausamkeit liefern mußte. Daß der vom deutschen Kapitalismus – aber nicht nur vom deutschen – auf den Thron gebrachte Irrsinnige seinem getreuen Rauschning offenbarte, er sei bereit, 3 Millionen junger Deutscher seinen Wahngebilden zu opfern, veranlaßte diesen nicht, ihn mit dem nächsten Eichenstuhl unschädlich zu machen – da Herr Rauschning selber damals noch in Nazibahnen dachte.

Diese Grausamkeit kommt zustande dadurch, daß das Ich seine Brücken zum Neben-Ich zurückzieht, sich mit ihm nicht mehr identifiziert, die gemeinsame Basis des Erwachsenseins löst oder leugnet. Es wäre natürlich eine ebenso billige wie falsche Reaktion, wenn man als Antwort nun unsrerseits alle Brücken zu den infizierten Völkern zurückzöge oder abbräche. Das wäre affektives Denken und Handeln, nicht vernünftiges. Es täte den Nazis den Gefallen, um den sie seit 1922 kämpfen: daß man sie und ihren Nationalismus für die Deutschen und deutsches Volkstum hielte und akzeptierte.

Ein befreundeter und begabter Mann, Schriftsteller, berichtete mir vor ein paar Jahren über seine Erlebnisse in Buchenwald. Ihn rettete eine echt militaristische Schlamperei: man verwechselte ihn, der seine Antinazi-Pflicht vor der Weltöffentlichkeit brav getan hatte, mit einem harmlosen Operettenverfasser ähnlichen Namens, der nur seines Judentums wegen zu den Verhafteten gehörte. Er beschrieb nun, als das schauerlichste Phänomen seiner Beobachtungen, den völlig teilnahmslosen, durch nichts Menschliches mehr charakterisierten Gesichtsausdruck, mit welchem die Offiziere und jungen Mannschaften der SS zuschauten, wie die SA all diese Neueingelieferten von den Lastwagen herunterwarf. »Als Säcke sahen sie uns an«, sagte er, »nicht als Menschen.« Dies nun ist der Blick, mit dem der Soldat der Termitenwelt alles mustert, was nicht zu seinem eigenen Haufen gehört. Auf ihn antwortet die Umwelt, wie wir auf den Vetter der Termiten antworten, <den> [die] unappetitliche braune Küchenschaben: mit Ausrottung, wo immer er sich zeige. Das ist das Gesetz des Lebens.

Wir vermeiden dabei den Fehler, den Sir Robert Vansittart begeht, wenn er versucht, die englische Öffentlichkeit gegen das deutsche Volk aufzuhetzen, statt gegen das Bündnis zwischen Feudalismus und Kapitalismus vorzugehen, welches der Welt das Glück des Nazismus und Faschismus beschert hat. Er handelt so, als wollten wir uns in tobsüchtige Frauen verwandeln, welche alle Spinnen, Motten, Wanzen, Mücken und Ameisen auszurotten trachten, weil sie dem Insekt gegenüber, es sei groß oder klein, die Nerven verlieren. Das deutsche Volk hat seine furchtbare Schuld auf sich geladen. Wie sehr es für diese Schuld schon jetzt büßt und welcher Höllensturz von Scham, Grauen, Reue und Rache ihm noch bevorsteht, ahnen nur wir, die wir seine Substanz seit Jahrhunderten kennen. Zum Glück ahnt und achtet sie auch der Staatsmann Stalin, dessen Heere, wenn wir ihn einen Augenblick mit dem russischen Volk identifizieren, dem deutschen Volke den Weg zur Umkehr mit dem einzigen Mittel weisen, welches ein Staatsvolk zu verstehen scheint: mit den furchtbarsten Schlägen, die es je empfangen hat. Gleichzeitig aber betont der russische Heeresbericht, daß es sich um Faschisten und Nazis handelt, die hier jeden Tag zu Tausenden getötet werden. Ebenso betont die gleiche russische Staatsleitung durch den Mund ihrer Kommissare Stalin und Kalinin, daß das deutsche Volk und der deutsche Staat ewig sind, daß man mit ihnen wird rechnen und leben müssen und daß die Russen sich dessen bewußt bleiben. Dies bedeutet weder Staatsräson noch kriegführende Schlauheit, sondern den nüchternen Blick auf den biologischen Tatbestand.

Warum hat trotz aller Ähnlichkeit gewisser Symptomgruppen die Modernisierung des russischen Staates nichts mit den Gefahren zu tun, die wir die Rückkehr der Insektenseele nennen? Trotz Massenhaftigkeit, Mechanisierung und trotz aller Gruppenkämpfe, die der Russischen Revolution ihr Gepräge gaben, blieb ihr immer das Wesentliche einer echten Revolution erhalten: das Kennzeichen der *Entfaltung,* in welchem alle Revolutionäre, von Mirabeau bis Stalin, übereinstimmen.

Besonders glücklich formulierte es Lunatscharski, als ihn jemand fragte, was denn nun in Rußland anders geworden sei. »Das Licht in den Augen der Menschen«, antwortete der ehemalige Volkskommissar für Erziehung und Unterricht. Dieses Licht ist es, ein Menschenlicht auf unserem Wege weg vom Insekt, welches die Männer des

Februar und Oktober im Herzen des russischen Volkes angezündet haben. Heute steht es in hellen Flammen.

Unsere Intellektuellen mußten erst lernen, daß Revolutionen nicht geschenkt werden. Man kann sie nicht von außen importieren, und man darf sie sich nicht aus vorweggenommener Humanität ersparen wollen. Der Mensch darf so human sein, wie die Lage seiner getretensten Klasse es erlaubt. Einmal stellen diese Klasse die Frauen, einmal die Kinder, einmal die Ketzer, heute die Bauern und das Proletariat. Ihre Seelenhaftigkeit ist es, die uns als Maßstab dienen darf für den Grad, in dem wir uns von der Insektenseele wegbewegt haben. Und das ist ein Glück. Denn ginge es nach den Herrschenden: wir sähen deutlich, daß zwischen den Schwergerüsteten des deutschen Ritterordens und den schweren Tankmannschaften des Herrn Hitler das starre, wilde und fremde Gesicht des bösartigen Insekts jenes Bindeglied darstellt, ohne welches wir diese Phänomene an dieser Stelle nicht behandelt hätten. Damit das Gruppen-Ich des Menschen sich ausbreite, muß offenbar viel Blut die Flüsse Europas hinabgetrieben sein. Hoffen wir, oder vielmehr: seien wir überzeugt davon, daß es nützt.

Was heute noch dem blinden Affekt untersteht, gliedere sich morgen ins sittliche Reich des Bewußtseins ein.

Porträts und Präsentationen

Rathenau

Er war kein Kerl ersten Ranges, kein geistiger oder politischer Schöpfer ab ovo, kein Landauer; kein unermüdlicher Arbeiter vor den Bajonetten wie Rosa Luxemburg – niemals unbedingt stehend auf eigenen Urabsichten; nicht vulkanisch Gestaltung aus eignem Diktat in die geliebte und verachtete Welt der Menschen und des Geistes strömend, sondern sehnsüchtig einen Geist verkündend, den er an eigner Haut, im eignen Hause nicht erstgestaltend zu erproben vermochte. Ein Dilettant in vielen Sparten dieser Zeit, nicht imstande, sie zu zerstören und als frei-einiges Ich mit dem Ernstmachen, mit konsequentem Tun zu beginnen – jetzt und selbst und hier. Ein Feind der Mechanisierung und ihr Nutznießer, ein Freund beseelteren und geistigeren Menschenseins – innerhalb der bürgerlichen Gesellschaft. Einsam unter seinesgleichen durch das ausgezeichnete Gefühl für geistige Qualitäten (Stehr). Kein Gedanke von ihm wird bleiben; nur der Zickzack des Widerspruchs in seinem Leben: Kriegsverlängerer und Kriegsgegner, Glaube an deutschen Sieg und Glaube an Niederlage; Aufruf zur nationalen Verteidigung und Widerspruch gegen London kontra Erfüllungspolitik und Wiesbaden; Antikommunist gegenüber Rapallo. »Das macht: ich bin kein ausgeklügelt Buch – ich bin ein Mensch mit seinem Widerspruch.« Kein Programmreiter jedenfalls – ein lebendiger Mensch, ganz gegenwärtig erst als tätiges Wesen.

Er hatte nicht Mahlers fanatische Sachdienerschaft noch gar die erschütternde menschliche Schlichtheit (und Genialität) Einsteins; weder Entdecker acherontischer Gründe war er wie Freud, noch hatte er Husserls einsamst-geniale Fundamentierung der menschlichen Erkenntnis – und auch die gradlinie und wasserhelle Genialität Adolf Reinachs nicht, der sich erst taufen ließ, bevor er das geniale, das einzig bedeutende Denkerhaupt dieser Generation zwischen Dreißig und Vierzig der unvermeidlichen Granate hinhielt, und dessen eine Abhandlung vom »Apriori des bürgerlichen Rechts« alle Schriften Walther Rathenaus unvergleichlich überleben wird. Dieser Rathenau, schöpferischer Staatsmann ebensowenig wie konsequenter Mensch, ein westlicher Jude mit geschwächten jüdischen Impulsen – geschwächt, nämlich Theorie bleibend –, der die Lebensführung des Adels anbetete und dessen Wesen, ohne Kontakt mit irgendeinem Judentum und doch gelähmt, gereizt, beunruhigt von diesem Judentume bis in feinste Fibern – dieser malende und musizierende Denkdilettant, dieser ästhetische Politiker und kaufmännische Ingenieur, dieser geborene Diplomat, stark, weil klug und in sein Gegenüber hineinsehend, hineinfühlend: dieser Jude war sehr wenig Jude mehr. Und gar nicht genial. Aber er überragte alles, was er in seiner politischen Sphäre im heutigen Deutschland wie im vorigen antraf, um Haupteslänge. Und viel zu schade war er, viel zu schade, sich für diese Nation zerlöchern und zerkrachen zu lassen. Ein Jude mittleren Wuchses – aber viel zu schade.

Armer Walther Rathenau. Ihm hat sie nie Lust erweckt, die Feindschaft, die er traf. Er hat ihr nie in die Zähne gespuckt, und kein »Jetzt erst recht« konnte funkend aus ihm sprühn. Nichts Vulgäres, rabiat Urwüchsiges sprang mehr aus ihm – nichts vom starken lachenden Ostjuden ging in seinem Blute mit Taten schwanger. Eine Art modernen Seigneurs, Freund von Künstlern, Staatsmann aus Liebe zum Lande und zu sich selbst, ein Mann von wirklicher Kultur im Sinne geschlossen geschmackvollen Lebens – das etwa stellte er dar.

Aber, dreimal aber: tapfer wie ein Jude war er, zivil tapfer, unbewaffnet tapfer, aus gelassenem Unglauben an die Gefahr und aus erblassender und doch gelassener, ganz standhafter Überwindung des Glaubens an die Gefahr. Er wußte, er, nach Erzberger, sei der nächste in dieser Nation von Mitschuldigen am politischen Meuchelmord. Aber er blieb im Lande und arbeitete für dies Land. Sie konnten ihn erschießen, zum Rücktritt bringen, zur rettenden

Flucht zwingen nicht. Ihn nicht wie weder die Luxemburg noch Eisner noch Landauer noch Schottländer noch irgendeinen der vielen, vielen gemeuchelten Juden, die mit der unzerstörbaren Idee auf den Lippen und im Herzen sich abtun ließen wie Leviné. Wovor kniff das erlauchte Pack aus, das vier Jahre »die Verantwortung getragen« hatte, nach Holland, nach Schweden? Vor der Kugel und der Handgranate. Wovor trat Walther Rathenau keinen Schritt zurück, auch er, wie jene anderen Juden? Vor der Kugel und der Handgranate.

Und er war nicht der letzte Jude, der dem Pack die Stirne zeigte. Er hatte den Mut des Juden, einsam zu sterben und der viehischen Gewalt des ewigen Boche nicht zu achten. Er starb – in guter Verbundenheit.

Ein Jude mittleren Formats. Und viel, viel, viel zu schade für diese Nation.

Aber er starb ja auch nicht für diese Nation von Zeitungslesern, Stimmvieh, Geschäftemachern, Mördern, Abrückkern, Operettenliebhabern und Amtskadavern. Er arbeitete für den metaphysischen Deutschen, für die plastischen und leidenschaftlichen Mächte der Seele und des Landes, die er sah und die er liebte, und für sie auch starb er. Für die Möglichkeit, auf diesem Boden noch einmal Gesang aufsteigen zu machen wie Bachs, Gestalt wie Grünewalds, Religiosität wie Eckeharts, Politik wie Thomas Münzers, Weltbild wie Leibnizens, Erziehung wie Schillers und Fichtes, Gedicht wie Hölderlins und Claudius', Drama wie Kleists und Büchners, eines Lebens wie Beethovens, Wilhelm Humboldts und Goethes; für die zeugende und erhabene Seelenwanderung des ewigen Deutschen Raum schaffend, ging er hin – und dafür zu sterben lohnte wie für die viele Jugend von vierzehn bis achtzehn, für all die Kameraden und Scharen von Kameraden, ja dafür zu sterben war gut auch für ihn.

Eines von innen her bedrängten Lebens guter Schluß. Glücklich, wer seinen Tod so einfügen kann in seine zentrale Liebe. Ihm ist die Erde leicht und das Herz, gut ausruhend, sollte das unsre nicht noch immer schwer und grimmig schlagen machen. Gute Nacht, Walther Rathenau...

Lenin und Wilson

In dieser Dekade ist die Welt, zerbeult und verschieft, wie sie nach Krieg und Ruhrkrieg sich uns präsentiert, um zwei Männer großen Formats ärmer geworden. Verschiedenen Formats, mißt man sie aneinander; aber an dem Rest gemessen, der heute im Westen Staaten »lenkt« – ach die armen geschleiften oder geschobenen Lenker! – zwei Tote, die beide, jeder für sich, ein Stück bestimmender Welt mit sich nehmen. Beide die Richtkräfte größter Staatsgebilde, und beide angefeindet nicht nur in diesem Lande, verhöhnt, verleumdet, hinter einem Wall von Papierlügen dem Bürger verborgen; beide Träger von Ideen und zugleich Führer von Staaten, in denen also Geist und Macht sich personal und wesentlich vereinigen können, um jenen neuen, uralten, jenen wahren, jenen Mosestyp von Staatenlenker zu ermöglichen; beide von einem Werke, ihrem Werke, bei lebendigem Leibe ausgehöhlt und wie tot schon vor dem Tode, beide also wahrhaft Diener ihres Werkes und der Idee; beide vom Lauf der Welt gezwungen, ihren Ideen mit dem diametral entgegengesetzten Mittel zur Wirklichkeit zu verhelfen – der Pazifist führt »den Kreuzzug gegen den Krieg«, der Kommunist schließt Verträge mit hochkapitalistischen Gruppen und muß dem privaten Egoismus Konzessionen machen – beide polar gegeneinander in der sonst völlig ideenlosen, rein auf Machtzuwachs und Ausdehnung gestellten Kriegs- und Nachkriegswelt; beide den Willen groß auf die Zukunft der Erde gespannt, die beide mit dem Griff ihrer Hände erreichen zu können glauben, und beide betroffen von dem hartnäckigen Fleisch der Erde und ihrer Einrichtungen, die sich aus der furchtbaren Dagewesenheit einer ewigen Gegenwart nicht mit dem Ruck noch so mächtigen Griffs zur Zukunft verändern lassen wollen. Beide, endlich, darauf eingestellt, den Menschen zu ändern, indem man zunächst die Zustände ändert und rousseauisch von den veränderten Bedingungen das Zutagelassen der »ursprünglich guten« Natur des Menschen erwartend; beide aber vom Menschen desavouiert: der eine im Kampf um seine Ideen mit den »Siegern«, die sich seiner und ihrer bedienen wollten, um erst einmal zu siegen, der andere dadurch, daß der Mensch hartnäckig auf einer anderen Vernunft als der rein marxistischen besteht, daß er auf seiner Natur besteht, auf seiner Freiheit, auf der Hingabe an Prinzipien, die zu beseitigen nicht der Sowjetidee gelingt, sondern nur der Sowjetmacht: daß er sich zu keinerlei Heil zwingen lassen will, das ihm nicht innerlich zugeordnet ist, zugeordnet wie die eigene Sprache, der eigene Geist, das Klima des eigenen Landes. Beide tragische Gestalten, verehrenswürdig und im Anschauen befreiend von der Pest dieser Gegenwart, die wahrhaftig eine »Jetztzeit« genannt werden darf. Männer, Plastiker der Menschheit, um die schon bei Lebzeiten jene Aura war, die verrät, daß man sich unserer Lage einmal erinnern wird in der Formel: »damals, als Wilson und Lenin lebten« – Völkerführer.

Uns ist kein Raum hier, weder für Darstellung von Wilsons Leistung noch der Lenins. Aber wir erinnern uns, um von Wilson zu sprechen, wie im Kriege über den wüsten Egoismen der Parteien gleich Gestirnen die großen Maximen des Amerikaners aufgingen. Er brachte die Parole vom Krieg gegen den Krieg. Er prangerte das System der geheimen Verträge an und der verborgenen Diplomatie. Er verhinderte die offene Annexion des linken Rheinufers, er verwebte, zum erstenmal, in dem Pakt, den Siegergeist den Besiegten aufzwang, Idee und Realisationsversuch eines Völkerbundes mit schiedsrichterlichen Funktionen. Und wenn seine Formel »weder Sieger noch Besiegte« ebensowenig der Wirklichkeit standhielt wie seine berühmten vierzehn Punkte und das Selbstbestimmungsrecht der kleinen Nationen, so steht doch unerschütterlich fest, daß seine Ideale wahrhafte Ideale waren, daß ohne Wilson der Friede noch weit törichter, gewalttätiger, der Nachkriegszustand noch weit unerträglicher geworden wäre, daß Amerika keinen Fußbreit Landes und keinerlei politischen und wirtschaftlichen Machtzuwachs aus seinem Kriegseintritt und Sieg beanspruchte und daß Woodrow Wilson mit der vollen Kraft seines allzu geradlinigen, allzu amerikanisch-jungen Verstandes um alle seine Ideale gekämpft hat, ohne freilich der stählernen Gewandtheit von Clemenceau oder der unheimlichen Interpretationskunst Lloyd Georges, dieser keltischen Vertreter alter, intellektueller Kulturen, gewachsen zu sein, und ohne alle genauere Sachkunde in europäischen Dingen. Er unterlag auch aus persönlichen Schwächen, unterlag aber doch vor allem aus einem tief in der Sache selbst liegenden Grunde: er zwang Regierungen und Staatsvertreter verhandlungsweise zu ideellen Entschlüssen, die doch nur von innen her, als leidenschaftsgetragene Neugestaltungen der Welt, von revolutionierten, geisttragenden Völkern wirklich errungen werden können. Wilsons Demokratie hätte über die Staatsvertretungen hinausgreifen müssen, um das zu sein, was sie zu sein glaubte; sie blieb im Gegebenen und erlitt jene halbe Niederlage, die Völkerbund heißt, und jene volle der Verträge von Versailles, Sèvres und St-Germain.

Lenin dagegen steht wie ein Glücklicher dem anderen gegenüber. Sein und seiner Kameraden Werk: Sowjetrußland, besteht jetzt seine letzte schwere Probe, die auf innere Solidität, während es die auf äußere längst abgelegt hat, in Krisen wie jenes Hungerjahr 1921, im polnischen Krieg, gegen Denikin, Petljura, Koltschak, Wrangel und andere weiße Kondottieri. Was seit jenem Import russischer Revolutionäre aus der Schweiz nach Rußland in plombierten Waggons – dem tollsten Akt politischer Weisheit des alten deutschen Regimes – an übermenschlicher Tätigkeit, unermüdlicher Anspannung, wachstem Verantwortungsgefühl, tiefer Verbundenheit mit dem niederen Volke und immer wieder prüfender Denkarbeit in der Leitung des ins Unerprobte vorstoßenden revolutionären Gemeinwesens auf Lenins Teil fällt, das wissen wahrscheinlich nur seine Mitarbeiter ganz zu ermessen. Lenins menschlicher Wert aber erprobte sich, als er im Triumph derselbe Genosse Lenin blieb, der er im Kampfe mit dem

Zarismus wurde, still, bedürfnislos, menschlich sanft, bei aller Härte staatsmännischer Maßregeln, mit wissenden Augen die Unvollkommenheit des Werkes an der Größe des Ideals messend, stets gerichtet auf die Durchdringung der ungeheuren russischen Wirklichkeit mit den programmatischen Sätzen des kommunistischen Gedankens und durch nichts als seine persönliche Magie in der Führerschaft jener komplizierten Organisation von Räten und Parteien, Ämtern und Kommissionen gehalten, die den Willen der Massen Rußlands ausdrückt. Wir hier, Zionisten, befehdet von der Sowjetmacht als bourgeoise und kapitalistische Organisation, um unseres Selbsterhaltungstriebes ihr verdächtig, von ihren Erziehungsinstituten und deren scharfer Tendenz zur Assimilation der jüdischen Jugend an die russische und kommunistische Kultur im Kern unserer nationalen Substanz angegriffen, jeder Gewalt entgegengesetzt, auf Freiwilligkeit und inneren Anschluß an die Idee des jüdischen Heims in Palästina ganz und gar gestellt und als einen Kern des sozialistischen Ideals die durch Sympathie verbundene Gruppe, gemeinschaftlich in Arbeit und Verbrauch, erkennend: wir also, Gegner, wenn man will, müssen das Recht und die Freiheit haben, unsere Achtung vor so großen Toten und unsere Sympathie mit ihnen zu bezeugen, aus der Verbundenheit aller Diener am Geiste und am Heil der Menschen auf der Erde.

Darüber hinaus aber senken wir, nach dem schweifenden Blick über die beiden großen Reiche und Leistungsgebiete Wilsons und Lenins, das prüfende Auge auf unseren eigenen kleinen Bereich. Der Zusammenstoß zweier großer Ideen mit der Wirklichkeit, gibt er uns nicht für unsere eigene Idee zu denken und zu fürchten? Wir kolonisieren, um den Juden menschlich umzuformen, ein Land, dem unsere gestaltende Leidenschaft in Form der Sehnsucht von Jahrtausenden her gehört: wir bereiten einem Volke ein Heim, das sich als Masse im Galuth behaglich eingerichtet hat, obwohl stets befehdet durch den Affekt, der sich an jedes Anderssein heftet. Unserem Imperativ an die Juden fehlt der Machtapparat ebenso wie unserer Wendung zu den Arabern hin, und wir müssen demokratisch sein, weil Freiwilligkeit unser ganzer Reichtum ist. Schon haben wir um der Wirklichkeit willen von unseren Plänen einzelnes opfern müssen, was das Zusammenleben der Juden in erneuerndem Sinne zu fordern schien. Schon lassen wir das Galuth in Erez-Israel eindringen und verlassen uns auf die Anstrengung zur Erneuerung des Juden, die dort gemacht wird, und auf den umformenden Genius des Landes. Jetzt tritt in Gestalt von Jewish Agency und Investment Company das philanthropische und gewiß wohlwollende, aber von unserer Leidenschaft zur jüdischen Umformung keineswegs besessene Interesse bürgerlicher Judenmassen uns und dem Palästinawerke nahe und mit ihm, notwendig und mit allen Emblemen des Unvermeidbaren behaftet, eine Wirklichkeit, die sich auf das herrische Bedürfnis unseres Werkes berufen kann, ohne daß für sie unsere Ideale von Zukünftigkeit und von neuem Juden verbindlich sein müssen. Werden wir von unserem Wollen auch nur soviel retten wie Wilson und Lenin von dem ihren? Werden die stärksten Nerven und die willensstarken Augen, die uns gegeben sind und deren Dienst für das Land wir dankbar verfolgen, die Idee und das Gesollte unverrückbar im Sinne behalten, indes sie sich mit den Trägern des gegenwärtigen jüdischen Seins aufs intimste, in heroischer Pflichterfüllung, verbünden? Die Größe eines Mannes ist in der Treue seines Anhangens an den Geist und in der Weite, Reinheit und formenden Kraft dieses Geistes. Die Kraft der Wirklichkeit liegt darin, daß sie wirklich ist, nämlich machtvoll, gegenwärtig, froh in sich selbst und voll vom Bewußtsein ihrer materiellen Fülle. Muß man ihr entgegenkommen, so mit allen Sicherungen, die der Dienst am Geiste gibt: und steter Verbundenheit mit dem Volke, das, als organisches Wesen, zum Glück nicht nur Gegenwart hat, sondern keimhaft in ihr schon die Zukunft enthält. Zukunft, die vom Wesen her neu ist. Die zionistische Idee, die Erneuerung des jüdischen Volkes, ist seinen Führern anvertraut, mögen sie am Schicksal der großen Toten für das Lebendige lernen.

Der Schriftsteller Spinoza

Daß jemand ein Dichter oder ein Philosoph ist, bestätigt die Mitwelt selten; dies Amt der Erkenntnis und der Dankbarkeit bleibt der Nachwelt überlassen, die mit wachsendem Abstand Art und Größenmaße eines geistigen Mannes allmählich ausmißt und benennt. Den Zeitgenossen ist er eine Kraft unter vielen, die Sparte, in die er gehört, die Schriftstellerei, wird von einer Unzahl Kollegen ausgeübt, seine Dimensionen gehen vorerst nach innen, und die Welt, zu der sie sich ausweiten, ist nur dem Urteil der Freunde ersichtlich und jenem Selbstgefühl, das aus der Selbstkritik stammt.

Der stille Mann, der zu Lebzeiten wenig veröffentlichte, war ein Denk-Bolschewik. Daß er, um frei zu sein, sich sein Brot als Handwerker verdiente, nähert ihn nur noch mehr jener Klasse von Menschen, die östlich der deutschen Grenze gedeihen oder gediehen, den ostjüdischen Geistigen kleinbürgerlicher Zunft, die aus der engsten Enge die weitesten Gedanken entsenden und deren Intellekt von einer inbrünstigen Empfindung beflügelt wird. Dies unnennbare Ziel ihrer Inbrunst, die Anschauung des Göttlichen, sucht der eine im Reich des geistigen Seins, suchen die vielen im Reich des Religiösen; ihre Verwandtschaft wird bekräftigt durch die untrennbare Durchdringung, die bei dem einen Gott und Natur oder Welt, bei den vielen Gott und Alltag oder Welt verschränken. Daher ist das, was an Mystik in Spinozas Weltbild fließt, glasklar und eisgekühlt, bei den ostjüdischen Frommen — seien sie nun Chassidim oder Misnagdim — willensmäßig bewegter, bittender, rauchiger gleichsam vom Andrängen einer aufwirbelnden Seele — beide aber einerlei Materie und einerlei Gesetz. Um so elementarer fährt das Denken dieser Art Männer, dieses z.B. Spinozas ins behagliche Fleisch des Abendlandes. Und daß die Synagoge ihn ausstieß, bestätigt nur den Grad von Einfältigkeit, den die Macht verleiht, und gibt das Widerspiel zum Kampf der polnischen Rabbonim gegen den Geist des Chassidismus, der nur darum sich innerhalb der Gemeinde abspielte, weil das östliche Denken außerstande war, so westlich-griechische Formeln zu erfinden wie das berühmte Deus sive natura. Denn das, was dem Juden des Westens die Oberhand über die des Ostens verleiht, ist die Mischung mit dem Geiste des Abendlandes: Gemeinverbindlichkeit des Denkens, weltlichere Logizität, allgemeine Gültigkeit des Weltbildes und der Denkformen, der Daseinsvoraus-setzungen und der Daseinszielsetzung. Der jüdische Geist, sein Formwille und seine unbedingte Rücksichtslosigkeit, strömt im Westen in die Welt, er kreist im Osten in der Gemeinde. Er bricht im Westen ohne nationale Rücksichten ins Wahrhafte vor, er beschwört im Osten die Stand-haftigkeit des Volksbestandes, damit es nicht in Individuen auseinandersplittere. Daher muß der Westen zum Fluch greifen, um den Bestand zu wahren, der Osten braucht ihn nicht. Daher auch gerät der Westen auf zwei Jahrhun-derte in den Bann des jüdischen Denkers, der östliche Kulturkreis bemerkt ihn nur innerhalb des Gemeindele-bens, einer engen Literatur und des mündlichen Berich-tens.

Wir, in jeder Beziehung eine denkwürdige Epoche durchlebend, begreifen auf einmal, was es mit dem furcht-baren und verfemenden Ruf des Spinozismus auf sich hat-te, dessen sich Goethe so rühmte und gegen den Men-delssohn seinen Lessing postum zu schützen suchte. Es wird bald wieder soweit sein. Der Vorwurf des Kultur-bolschewismus und der Abscheu gegen die wunderbar einsame Tapferkeit S. Freuds bringen uns den Geschmack jener Zeit wieder auf die Zunge. Wer klar lebt, vermag klar zu schreiben. Wer die Folgerichtigkeit der Erkenntnis in seinem Alltag durchführt, wird im Aufbau des Buches, des Abschnittes und des Satzes unablehnbar vorgehen. Und wer die Einheit seiner Person und die der Welt erlebt hat, kann um keines noch so »heiligen Gutes« willen eine abschwächende Umschreibung für die Sache selbst setzen, mildernde Umstände statt der harten Wahrheit äußern.

So ist der Schriftsteller Baruch Benedict Spinoza ein großes Vorbild. Vor 300 Jahren geboren, vor 250 schon gestorben, hat er viel tiefer und opfervoller als jener gepolsterte Schopenhauer geistige Unabhängigkeit vorgelebt, ist er mehr als jeder andere das Symbol des freien Geistes und des tapferen dazu geworden. Wie sein Denken, und was davon, für uns Heutige noch gilt, steht auf einem besonderen Blatte. Daß seine Haupt- und Mittelachse zur Wahrhaftigkeit und zum Guten führt, zur Freiheit und Sittlichkeit, zum herrlich uneingeschränkten Vernunftgebrauch und zur Reinigung der menschlichen Personen und Sitten – das ist bewiesen. Das kühl darlegende Wort und die freiwillige Armut des Daseins belegen beide: hier regiert intellektuelles Gewissen als höchste Instanz. Und so sehen uns die ausdrucksvollen Augen des Spinoza beunruhigend und beruhigend an – diese großen dunklen Blicke aus blassem, bartumrahmten Judengesicht, die das jüngst identifizierte Bildnis zeigt.

Wer sich unangreifbar machen will, schränke seine Lebenszone ein. Wer tapfer schreiben will, lebe von der eigenen Arbeit. Wer denken will, lehne ab, für eine Macht zu denken. Wer sich an die Zukunft binden will, binde sich an das eigene Gewissen. Und wer das Unbedingte in sich pochen fühlt, kümmere sich nicht um Liebe und Haß der Zeit, sondern allein um die beschwichtigende Zustimmung jener inneren Stimme, die noch vor der Frage auf dem Totenbette standhält.

Arlosoroff-Gedenkwort

Ein sozialistischer Aufbau war die Bedingung, unter welcher sich eine ganze Gruppe europäischer Juden für den zionistischen Aufbau Palästinas einsetzte. Dies war schon vor dem Kriege so. Religiöser Sozialismus, zugleich auf der Bibel und auf Proudhon fußend, hatte vielen von uns die Entscheidung nahegebracht, in Palästina dem Problem der Gewaltanwendung auszuweichen und die Einwirkung auf Massen durch die Einwirkung auf Seelen zu ersetzen. Nicht den Umbau der Wirtschaft durch unmittelbaren Einsatz organisierter Kräfte hielt man für richtig, um die Erneuerung des Menschen und des gesellschaftlichen Lebens zu erzielen, sondern die Erneuerung des Menschen und seiner Lebensformen sollte vorangehen, um dann, gleichsam von selbst und naturnotwendig, die gerechtere Wirtschaftsweise aus sich erwachsen zu lassen, ein edleres Verhältnis des Arbeiters zu seiner Arbeit und zu sich selbst. Der Abbau des Egoismus durch die Liebe zur Arbeit und zum Boden sollte die Erneuerung des Juden bringen, den Klassenkampf überflüssig machen und die marxistische Geschichtsauffassung ersetzen. Und all das sollte sich in dem »leeren Lande« Palästina abspielen, um so durch die Einwirkung der Vergeistigung zu gleicher Zeit das Volk und das Land aufzubauen, eine neue Gesellschaft mit neuen, gerechten Lebensformen erschaffen, die hebräische Sprache zum Träger des neuen nationalen und sozialistischen Lebens machen.

Wir waren jung, alle, und die harten Erfahrungen des Krieges fehlten uns. Der Geist hatte sich noch nicht demaskiert, die Schule, durch die in Rußland drei Generationen gegangen waren, fehlte all denen, die in Deutschland und Österreich-Ungarn aufwuchsen. Sie auch vermochte der schwunglose und unernste Weg der Sozialdemokratien dieser Länder nicht zu locken, und so stellte sich der deutsche Reformismus hindernd vor die Gedankenwelt der mächtigsten Theoretiker sozialistischer Weltbetrachtung, Marx und Engels, ohne deren Kenntnis niemand wagen kann, Gesellschaftskritik zu treiben. Wir wagten das. Dieses Wagnis hatte viele Ursachen, und da all das so ganz vergangen ist, brauchen wir uns vor diese Form der Jugendbewegung weder anklagend noch verteidigend zu stellen. Der idealistische Schwung tschechischer, polnischer und irischer Freiheitsbewegungen verschmolz für uns ganz von selbst mit der jüdischen Renaissance, wie wir die zionistischen Ideen und Lebenskreise nannten, mit dem Versuch, die abnorme Lage des jüdischen Volkes zu normalisieren, das Volk ohne Land mit dem Land ohne Volk zu verschmelzen, in neuem Geiste und neuen Formen. Zurück zu einem Judentum, von dem wir uns ein Wunschbild machten, in eine neue Gesellschaft hinein, wie wir sie uns erträumten: das war die Stimmung einer edlen jüdischen Jugend in den Jahren vor dem großen Krieg. An Männern wie Gordon, Gustav Landauer und Buber orientierte sie sich wie an beständigen Sternen. So entstanden sozialistische Jugendgruppen, zusammengefaßt im Hapoel Hazair, in Volksheimen Berlins und Wiens, in den kleinen und größeren Zentren Polens, Galiziens, Rumäniens. Aus diesen Kreisen, das vergesse man nicht, gebaren sich die Kwuzoth des Emek und des Galil; aus ihnen auch entstammte geistig der junge Chaim Arlosoroff.

Ich traf ihn unmittelbar nach dem Kriege in den Zirkeln, in denen die Verwirklichung des Zionismus leidenschaftlich erörtert wurde, und in den großen Versammlungen, die damals das deutsche Judentum, erschüttert vom Zusammenbruch des imperialistischen Deutschland, mit der werdenden zionistischen Wirklichkeit vertraut zu machen begannen. Er erschien größer, als er war, schlank, mit langen Armen, gewölbten Augen und einem vorstrebenden Kinn. Seine Magerkeit gab ihm etwas Fanatisches, etwas Mönchisches beinahe, und ebenso wirkte er, wenn er vom Rednerpult herunter in die Massen sein »Lernt hebräisch!« hineinrief. Er war sich vollkommen klar über seinen Weg zur Verwirklichung des Zionismus, soweit man in jener überhitzten und allzu spiritualisierten Zeit das Wort Verwirklichung verstehen konnte. Wir meinten damit: die Vermählung von Sozialismus und Zionismus, von jüdischem Aufbau und verbindender Gesinnung, die eine neue Epoche zu eröffnen versprach. Arlosoroff war damals jung, er hatte seine Gymnasiastenjahre und seine ersten Semester in Deutschland verbracht, aber als russischer Mensch und hundertprozentiger Jude. So kam es, daß seine Leidenschaft, der Elan, mit dem er sich vorwärts stürzte, ihm eine Gefolgschaft und Genossenschaft junger Männer und Frauen sicherte und man in ihm einen wichtigen Führer des sozialistischen Zionismus sah, noch als dieser in Europa in mehrere Gruppen gespalten war und sich in Bruderkriegen aufzureiben drohte. Arlosoroff stand – wie gesagt – beim Hapoel Hazair, der nationaleren der beiden Richtungen. Seine geistige Arbeit und seine politische Organisationskraft halfen sehr, den deutschen Hapoel Hazair zu einem wichtigen Faktor zu machen. Niemand zweifelte daran, daß sein Aufenthalt in Berlin nur ein Durchgangsstadium war und daß er sich erst in Palästina voll entfalten würde, in Berührung mit dem Land, für das er kämpfte, in Verbindung mit den Genossen und Massen, die er liebte und deren Zukunft er unablässig zu sichern suchte, deren Gegenwart Gegenstand seiner beständigen Aufmerksamkeit war. Innerhalb des Zionismus führte er den linken Flügel. Es ist aber vielleicht noch nicht vergessen, daß in jenen Jahren nach dem Kriege Zionismus von vornherein eine Angelegenheit freiheitlich gestimmter Juden war. Der deutsche Zionismus z.B. unterstützte damals in weitem Maße die vernünftigen Forderungen, die aus der jüdischen Arbeiterschaft das Rückgrat des jüdischen Neubaus zu machen suchten.

Unsere Gemeinsamkeit, mit der wir nebeneinander auf der sozialistischen Seite des Zionismus fochten, ward gelöst, als ich, krank vom Kriege, nach Süddeutschland ging und er kurze Zeit darauf nach Palästina. Von da an las ich nur noch von ihm. Mein Weg ging ganz in die Literatur und in die Linke hinein, und er durfte es, weil ich die Genossen der Berliner Zeit voller Eifer in geschlossener Gruppe am Werk wußte, diejenigen, die sich in der Politik und in der Arbeiterbewegung ausdrückten und selber fanden, wie es mein Gesetz war, mich in der Erzählung oder im Drama auszudrücken und zu finden. – Wir begegneten uns erst wieder 1932, als ich staunend und entzückt das Land betrat. Wir hatten uns alle verändert, aber keiner wahrscheinlich so sehr wie er, und so zu seinem Vorteil. Er schien breiter geworden, runder, humorvoller. Die Berührung mit der Wirklichkeit hatte ihm außerordentlich gut getan, ohne daß sie seine wesentlichen Vorzüge im mindesten erschüttert hatte: die Vertrauenswürdigkeit seines Wortes, die innerliche Reinheit und Zuverlässigkeit seiner jüdischen und sozialistischen Gesinnung, die Fähigkeit, zu den Massen zu sprechen und sie, und mit ihnen die ganze zionistische Bewegung, Schritt für Schritt zur Verwirklichung dessen zu führen, was dem Land und seinem Zustand, den Juden und ihren gegenwärtigen Mitteln angemessen war. Man wußte nach einer Viertelstunde Gesprächs mit ihm: hier war der seltene Fall eingetreten, daß ein junger Mensch innerhalb der Politik und der praktischen Arbeit gewachsen war in die Breite und in die Höhe, ohne daß er von der schönen reinen Linie seiner Jugend abgekommen war. Wir alle kennen die Gefahren des wirklichen Lebens für den jungen Idealisten. Wir wissen, daß ihn allzuleicht die Alternative bedroht, zu übertreiben oder abzufallen; unreif zu bleiben und an Potenz zu verdunsten oder vor der billigen Wirklichkeit zu kapitulieren. Chaim Arlosoroff hatte ihr nicht nur standgehalten. Er hatte gelernt, über ihre Gefahren, Tücken und grotesken Umwege zu lachen, sie zu benutzen. Er stellte sie in den Dienst der Idee und der guten Sache und schöpfte aus unantastbarer Hingabe seine Kraft. Seine Forderungen waren uns damals phantastisch erschienen, als er ununterbrochen auf dem Erlernen der hebräischen Sprache bestand. Aber sie hatte sich als realistisch erwiesen. Er hatte im voraus gewußt, was Palästina brauchte. Mit derselben unbestechlichen Wirklichkeitstreue stand er jetzt an der Spitze der zionistischen Linken, machte er jetzt gesamte zionistische Wirklichkeitspolitik. Aus seinem Fanatismus war eine gradlinige Entschlossenheit geworden, aber der Humor des reifen Menschen und der Sinn für die Kräfte, die in Palästina wirklichkeitsformend jeden Tag am Werke waren, die jüdischen wie die nichtjüdischen, sorgten dafür, daß seine Leistung als Politiker den Boden nicht verließ, auf dem Politik allein sinnvoll und lebenbringend entsteht: den Boden des Möglichen. Je länger man ihm zusah, je länger man mit ihm sprach, um so größer war die Freude und Beruhigung, mit der man seine Gegenwart genoß. Hier war endlich einmal ein jüdischer Junge aus der dünnen Luft der Debattierzimmer ins tätige Leben hinausgetreten, hinausgewachsen, ohne Verbildungen zu erleiden. In ganz Palästina mit seiner Fülle von politisch tätigen Menschen fand ich keinen, der mir so sehr die Sicherung der Zukunft zu verkörpern schien wie er, und als ich abreiste, entschlossen, im nächsten Jahre zurückzukommen, tat ich es mit dem freudigen Gefühl, solange Chaim Arlosoroff auf die politische Gestaltung unseres Jischuws einen Einfluß hatte, keine ernsthafte Gefährdung seiner Entwickelung fürchten zu müssen. In jedem von uns ist ja immerwährend eine Art schlechten Gewissens wach; es ist, als müßten wir unsere Existenz am Schreibtisch, während die Massen kämpfen und leiden, beständig entschuldigen; als dürften wir uns nur unserem künstlerischen Handwerk so lange hingeben, als die Gesellschaft nicht unser unmittelbares Eingreifen verlangt: ein Eingreifen mit dem gesprochenen Wort und dem geschriebenen, dem journalistischen, das unmittelbar zu den Zeitgenossen spricht, warnend und fordernd. Und nur das Dasein so lauterer und wirklichkeitsgerechter Altersgenossen, wie Arlosoroff einer war, gibt uns gleichsam das Recht, beruhigt unseren eigentlichen Aufgaben nachzuleben wie er den seinen.

Und nun sehe ich, daß mir bereits jenes schmerzliche

Wort in den Text geschlüpft ist, das mich seit seiner ruchlosen Ermordung ununterbrochen berührt: wie Arlosoroff einer *war*. Das jüdische Volk hat seit dem Ausbruch des Krieges gegen die Juden in Deutschland schwere Verluste erlitten, aber keinen, der sich an zukunftszerstörender Härte mit der Ermordung Arlosoroffs messen könnte. Es war schlimm, daß Alsberg sich erschießen mußte oder Kurt Tucholsky Gift nehmen, daß Theodor Lessing jenseits der Grenze, Erich Mühsam im Konzentrationslager ermordet wurden, daß Jakob Wassermann viel zu früh verstarb, daß Einstein und eine Anzahl anderer großer Forscher von ihren schöpferischen Lehrstühlen verjagt wurden; viele Schriftsteller und Literaten, Schauspieler und Musiker, Maler und Architekten flüchten mußten, eine ganze geistige Jugend ausgetrieben wurde, kümmerlichem Broterwerb zu, und schließlich das stolze deutsche Judentum moralisch und materiell zum Wrack erniedrigt wurde. Aber für alle diese Dinge gibt es entweder den Schlußstrich oder eine Wiederaufnahme der Arbeit in der Emigration. Wer aber sollte uns Chaim Arlosoroff ersetzen? Wer die Arbeit für das jüdische Volk dort wiederaufnehmen, wo sie plötzlich zerrissen wurde? Wer wird seine Besonnenheit haben, seine ruhige Hand in der Behandlung erregender politischer Schwierigkeiten? Seinen guten Humor in der Einschätzung dessen, was der Tag ihm in den Weg wälzte? Wer seine Kraft, den Irrtum zu vermeiden und die richtige Linie zu halten, die das Mögliche mit den unbedingten Notwendigkeiten in Einklang bringt? Daß wir alle einen Menschen verloren haben, der uns liebenswert schien, das mag noch hingehen; diese Zeit ist nicht dazu angetan, nach unseren Freunden öffentlich zu trauern. Wie im Kriege fallen ihrer zu viele und verschwinden, aber es ist empörend, und es treibt uns das Blut und die Wut ins Gehirn, daß gerade dieser Baum plötzlich gefällt wurde, der so gerade aufgewachsen war, so breit ausladend dastand, soviel Schatten und Zuflucht zu spenden berufen war. Wir haben keine Zeit, rachsüchtig zu sein. Aber wir haben die Pflicht, um Arlosoroffs willen mit eiserner Entschlossenheit und ohne falsche Schonung diejenigen an der Wiederholung mörderischer Taten zu verhindern, die blind, leichtsinnig und verbrecherisch eine faschistische Hetze gegen ihn entfesselten, gegen Chaim Arlosoroff, der auch von den Vertretern des arabischen Volkes gehört wurde und so die Sicherung palästinensischer Zukunft mitverbürgen half. Das Andenken an ihn wird erst verwehen, wenn die letzten Trümmer der letzten jüdischen Kwuzah vernichtet worden sind oder wenn das, was er als jüdisches Volk liebte, von den allgegenwärtigen Spekulanten zum Migraschismus erniedrigt worden ist.

Freunde, die Arlosoroff in den letzten Tagen seines Lebens sprachen, erzählten, wie stark ihn der Aufmarsch beeindruckt hatte, das Aufgebot der braunen Bataillone, die er die Straßen Berlins füllen sah mit ihrer straffen Disziplin, ihrem siegerhaften Auftreten. Der Antisemitismus des Hitlerfaschismus vermochte nicht, ihm das Ganze jener Wochen verdächtig zu machen, in denen nur wir Eingeweihten die Teufelsfresse des Nazitums hinter den verlogenen Legalitätsbeteuerungen der Parteigangster gewahrten. Jetzt sieht jeder, was in Deutschland geschah: ein Raubzug wie im Kriege, mit ideologischer Verbrämung wie im Kriege. Damals aber hatten mit wenigen Ausnahmen die Nazis eine gute Presse in der Welt. Für die Zionisten hatte eine witterungslose und fast schwachsinnige Ernstnehmerei ihres theoretischen Überbaus die Widerstandskraft geschwächt und ein Erliegen vorbereitet — wie im Kriege. Arlosoroff machte davon keine Ausnahme. Aber wer ihn kannte, wußte, daß er seinen Eindruck am Benehmen der Nazis nachprüfen würde, unbestechlich, und einen Irrtum zugeben und wiedergutmachen, wenn er einen begangen hatte. Und seine Bekehrung, falls eine nötig war, hätte auf die deutschen Zionisten wie auf jene palästinensischen Kreise heilsam, ja erschütternd gewirkt, die zutiefst bedauern, daß die Hitlerei antisemitisch ist, also auch gegen sie gerichtet, und nicht bloß feindlich gegen die Arbeiter und den schöpferischen Geist. Auch hier hat die Kugel des Mörders das Wichtigste zerstört: das Beispiel einer Einsicht, das Beispiel einer Umkehr, die klare Fragestellung, ob der palästinensische Aufbau auf die linke Seite der Welt zu zählen sei oder auf die rechte. Wir wissen oder wir glauben zu wissen, wie Arlosoroff sich entschieden hätte: für sich, für die palästinensische Arbeiterschaft und für die Ehre des Zionismus.

Eine Osereth

Durch Zufall kenne ich den Lebensverlauf einer Osereth[1] hier im Lande ganz genau. Das will sagen: die Geschichte ihrer Familie im 19. Jahrhundert und bis zum ersten Drittel des 20. Und ich halte es für nützlich, auch anderen Menschen davon zu erzählen.

Die Familie P. hatte ihren Namen erst um das Jahr 30 (1830) angenommen, und zwar dadurch, daß sie ihren ursprünglichen Namen O. ins Hebräische übersetzte. Es war eine ehrliebende Familie, eines ihrer Mitglieder hatte durch unerlaubte kaufmännische Handlungen die Gerichte beschäftigt, so beschloß die Verwandtschaft, sich von dem befleckten Namen zu trennen. Dies geschah in einer kleinen schlesischen Stadt und in voller Öffentlichkeit, gerichtsnotorisch. Die kleine Stadt, katholisch und seit dem 17. Jahrhundert von Jesuiten stark beeinflußt, war stolz darauf, ihre Juden niemals ausgetrieben zu haben. Ihr geistiges Leben sah auf eine lange Vergangenheit zurück. Auf ihrem Marktplatz stand das Denkmal ihres berühmtesten Sohnes, der der bedeutendste deutsche Lyriker des 17. Jahrhunderts gewesen war und auch in der Einbürgerung Shakespeares in Deutschland eine wichtige Rolle gespielt hatte.

Einige Männer der Familie P. besaßen gute Bücher und lasen viel. Ihre Geistigkeit ging auf die zahlreichen Töchter dieser Generation über, deren ich noch mehrere kannte – alte Frauen, alte Fräuleins, als ich ein Kind war, und alle unverwischbar in mein Gedächtnis eingegraben. Eine dieser Töchter wurde die Großmutter der Osereth. Als ich sie die letzten Male sah, war sie an achtzig alt, eine schwierige und ungeduldige Greisin, voll innerer Güte, die eine Vorleserin sehr plagte, weil sie ihr die moderne

---

1 Hausgehilfin in Palästina.

Literatur ihrer Jugend vorlesen mußte, die Romane von Dickens, die das junge Mädchen sehr langweilten. Ihre Töchter erzählten mir, wie sehr die Mutter sie ihres Mangels an politischem Interesse wegen zu tadeln und herabzusetzen pflegte. »Wir«, sagte sie immer »wir jungen Leute von 1848 hatten andere Gedanken im Kopfe und andere Interessen im Herzen als ihr mit eurem Geldverdienen und Reisen machen. Wir hatten Ideale, wir kümmerten uns um den Kampf innerhalb der Gesellschaft.«

Diese Frau hatte einen Mann geheiratet, der aus Plozk in Polen eingewandert war. Er war genauso merkwürdig wie sie, nur in völlig anderer Weise. Er war nach Preußen gekommen, hatte sich zum Militär gestellt, war angenommen worden, diente die damalige Dienstpflicht von drei Jahren bei der Infanterie – er war riesengroß, breitschultrig, mit hellen grauen Augen. Von Beruf war er Schneider, ihn übte er nach seiner Verheiratung aus, sein Geschäft erweiterte sich, nahm fertige Waren, Konfektion in Anfertigung und Verkauf, es blühte. Er wurde ein wohlhabender Mann. An den Markttagen versorgte sich die Bevölkerung des flachen Landes mit Kleidungsstücken bei ihm, denn die Volkstrachten mit ihren unabnutzbaren Tuchen wurden von der modernen Zeit und Lebensstimmung unaufhaltsam verdrängt. Den Sinn seines Daseins aber sah der Großvater der Osereth nicht in dieser Beschäftigung im Laden und der Werkstatt. Seine Leidenschaft gehörte drei Dingen, dem Talmud, dem Schachspiel, seiner Flöte. Außerdem besaß er eine unheimliche Gabe: er träumte Wahrträume, die ihn von kommendem Unheil unterrichteten. Von dem letzten dieser Träume weiß ich aus dem Munde einer seiner Töchter. Damals war seine Frau sehr krank, eigentlich hoffnungslos. Er sagte dieser Tochter eines Morgens früh: »Ich fürchte, es wird etwas mit der Mutter geschehen, diesmal war es sehr nahe an mir.« Was dieses »es« war, erklärte er nicht, fügte die Tochter hinzu, er gab niemals Erklärungen solcher Dinge, wie ich ja auch ungern davon spreche. (Diese Tochter nämlich hatte seine Gabe geerbt.) Am Abend war er tot. Es war wirklich dicht an ihm gewesen: ein Schlaganfall.

Er hinterließ drei Töchter und einen Sohn, den Vater der Osereth. Ich kannte Bilder von ihm, auf denen ein junger Mann von dem damals neuen Fahrzeug herunterlächelte, dem Veloziped, jenem Urtyp des Fahrrads, mit einem mannshohen Vorderrad und zwei kleinen Hinterrädern. Er machte den Krieg als Unteroffizier mit, er hatte eine Tocher aus angesehener jüdischer Familie der Provinzialhauptstadt zur Frau, alle seine Schwestern waren verheiratet, einer seiner Schwager ein reicher Mann. Er besaß keinen Sohn, aber eine Tochter, die Osereth, ein kluges Kind, gut aussehend, eine ausgezeichnete Schülerin des Lyzeums. Sie sollte studieren, das war alsbald beschlossene Sache. Sie interessierte sich sehr für Medizin, aber die ärztliche Laufbahn galt schon als überfüllt; so ging sie von den Ärzten zu den Arzneien über, studierte Pharmakologie, machte ihre Examina, war geprüfte Apothekerin. Während ihres Studiums lernte sie einen jungen Juristen kennen, und sie heirateten, etwa zwei Jahre vor dem Hitler-Einbruch.

Inzwischen hatte die Krise begonnen, die sich erst auf dem flachen Lande und gleich darauf in den Städten bemerkbar machte, die von Landkundschaft abhingen. Der Kampf um die schmäler werdende Käuferschaft wurde von der heraufkommenden Nazipartei schnell ins Antisemitische umgelenkt. Die jüdische Gemeinde dieser Stadt war niemals ausgetrieben worden, aber jetzt wurde sie ausgehungert. Immer mehr Familien verließen den einst blühenden Ort. Der Kaufmann A., Vater der Osereth, blieb. Er war Kriegsteilnehmer, preußischer Unteroffizier, politisch immer bürgerlich und staatstreu: man mußte versuchen, diese schlechte Zeit zu überstehen. Sie würde vorübergehen wie so manche andere. Antisemitismus hatte es immer gegeben, aber die Juden überdauerten ihn, wenn sie nur aushielten. Das Geschäft wurde immer schlechter, die Lebenshaltung bescheidener. Die Zeichen der Zeit immer lesbarer. Immer heftiger wühlte, von der Republik ungestört, die Reaktion gegen die Juden, und schließlich kam Hitler. Die jungen Menschen, der Rechtsanwalt und die Apothekerin, begriffen eher, was los war, als die älteren Leute: ihre Augen, durch die jüdische Jugendbewegung geschult, richteten sich auf Palästina. Sie gingen auf Hachscharah, warfen ihr Studium hinter sich, lernten Landarbeit, harte Arbeit; und im Jahre 33 erhielten sie ihre Zertifikate. Eine Zeit verbrachten sie in Zelten als Mitglieder eines Kibuz; dann war das Klima stärker als sie, ging die Arbeit über ihre Kraft. Sie zogen in die kühlste Stadt des Landes, nach Jerusalem, wo sie Verwandte hatten. Der Rechtsanwalt arbeitete im Steinbruch, die junge Frau als Osereth. Ihre Arbeitgeberin ist mit ihr sehr zufrieden; anscheinend herrscht eine gute Beziehung zwischen ihnen.

Ihre Eltern aber wohnen nicht mehr in der kleinen schlesischen Landstadt. Der Vater hat das Geschäft nicht halten können, denn die Landleute kaufen nicht mehr an der alten Stätte, beim Juden A., bei dessen Vater schon die Eltern gekauft hatten. Sie zogen nach Norden, versuchten es in einer ähnlichen Landstadt der Mark Brandenburg, in Gemeinschaft mit einem anderen jüdischen Kaufmann. Auch dorthin folgte ihnen der Boykott und der Ruin. Sie werden, längst von Organisationen und Verwandten unterstützt, Unterschlupf in Berlin suchen; dort wird sich der letzte Akt des Dramas abspielen. In dem schlesischen Städchen aber, in dem die Familie so lange blühte, zeugen nur noch eine Anzahl Gräber von der Vergangenheit. Sie hat ihre Juden nicht ausgetrieben, die Stadt mit der Jesuitenkirche und dem alten Gymnasium, sie sind »von selber« fortgezogen, hinausgequetscht durch den kalten Pogrom. Vor ein paar Tagen hielt ich eines der Bücher in der Hand, das aus der Bibliothek der Urgroßeltern jener Osereth stammt: Novellen des bedeutendsten österreichischen Erzählers Adalbert Stifter, mit dem Bild des Verfassers in Stahlstich und der Jahreszahl 1846.

Merkwürdiges Phänomen: Adolf Eichmann

Als wir uns an die Existenz des Tausendjährigen Reiches mit all seinen schauerlichen Einbrüchen in unsere Zivilisation gewöhnt hatten, bedurfte es außerordentlicher Merkwürdigkeiten, um uns immer aufs neue nachhaltig zu beschäftigen. Daß aus der langweiligen und durch nichts ausgezeichneten Gegend jenseits unserer oberschlesischen Grenze ein von der ganzen Welt angeschautes Monstrum werden könnte, aus dem polnischen Grenzbahnhof Oswiecim nämlich der Höllenort Auschwitz, hätten wir *niemals* geglaubt – und doch weiß das heute jedes auf unserer Hemisphäre lebende Geschöpf.

Und ebenso merkwürdig erschien es uns, als während der ersten Kriegsjahre in Palästina das Gerücht kreiste, der Mufti von Jerusalem Hadsch Emin el Husseini verhandle mit einem Nazi namens Eichmann über die Vernichtung der europäischen Judenheit. Der Haß gegen uns Juden entsprach durchaus der Mentalität jenes Sprosses der reichsten Großgrundbesitzerfamilie Judäas, einer Effendifamilie also, den Husseinis, deren Fellachen und Pächter von den einwandernden jüdischen Landarbeitern aufgerüttelt und unzufrieden gemacht wurden. Waren jene doch daran gewöhnt worden, Saatgut mit 50 Prozent verzinsen zu müssen und von dem Ertrag der gepachteten Felder mehr als diesen Anteil an den Großgrundbesitzer und Effendi (Herr) abzuführen. Daß andererseits in vielen europäischen Großstaaten die Kleinbürger von den gleichen jüdischen Kräften in ihrer Unterwürfigkeit aufgestört wurden und in die Gefahr gebracht, durch uniformierte Söhne ihrer eigenen Klasse im Auftrage der Herren erschossen zu werden als Träger revolutionärer Aufstände, das gehörte zu den Flußquellen jener antisemitischen Welle, die unsere beiden Jahrhunderte, das 19. wie das 20., erschütterte.

So verband die große Herrin des Landbesitzes und der Industrie mit ihren ergebenen Dienern und Funktionären der gleiche Masseneffekt, und es bedurfte nur jenes elektrischen Funkens, der den zweiten Weltkrieg zur Explosion brachte, um den Mufti von Jerusalem, den geistlichen Rechtsberater der zweitwichtigsten Moschee des Islam, mit dem in SS-Uniform verkleideten Schreibtischfunktionär aus der Berliner Kurfürstenstraße zusammenzubringen.

Man muß sich den nüchternen strebsamen Angestelltentyp einmal anschaulich vorstellen, den dieser Adolf Eichmann verkörpert. Daß er jemals in die Lage kommen würde, fünf bis sechs Millionen Menschen ausrotten zu helfen, wäre keinem Märchenerzähler eingefallen. Die massenmörderischen Helden europäischer wie orientalischer Herkunft residierten niemals hinter einem Schreibtisch. Sie saßen zu Pferd oder zu Kamel an der Spitze ihrer fanatisierten Heerhaufen und hieben selber auf die Feinde ihres Glaubens ein, gleichgültig ob sie Tamerlan hießen oder Kublei Khan oder Aurengzeb oder Kalif Omar.

Es bedurfte einer Entwicklung zur organisierenden Kartothek, zur Listenführung und zum Fragebogen, um Kreaturen wie Eichmann aus dem Nichts herauszuheben, in dem sie eigentlich immer zu Hause waren. Daß Typen dieser Art kein Gewissen haben, sagt uns die Geschichte der Klassenkämpfe seit dem Mittelalter und erst recht der Neuzeit. Daß sie auch völlig ohne Phantasie sind und sich in keiner Weise entsetzen können, wenn man sie vor die Folgen ihrer Taten stellt, verwundert uns ebensowenig. Einen Typ wie diesen Eichmann stellte man vor die Berge von Kinderschuhen in Auschwitz, von Frauenhaaren und Zahnprothesen, und er wird zufrieden vor sich hinnicken: Er hat beim Verwirklichen der Befehle gedient, welche die Führer des Dritten Reiches ihren Mörderscharen übermittelten.

Der Funktionär hinter dem Schreibtisch ist ein Massenmörder, dessen Weste keine Blutspritzer befleckt. Er hat dazu verholfen, daß die Bevölkerung eines Staates gleich der Schweiz, Dänemarks oder Finnlands in Asche verwandelt wurde, aber seine Finger blieben so sauber, daß er sich mit Gattin und Kindern zu Tisch setzen konnte, auch wenn er nicht mehr Zeit hatte, sie sich zu waschen.

Sein Unglück war, daß das jüdische Volk über die ganze Erde zerstreut ist, so daß es überall noch Menschen gibt, Erwachsene, mit dem Gefühl für Gerechtigkeit und Vergeltung Ausgestattete, die seine meisterhafte Organisation nicht erreichen konnte. Daß in diesem Zusammenhang noch Hunderte von Namen auftauchen werden, die sich mit ihm oder seinem Herrn Globke in den Ruhm teilen, die Bevölkerung Europas um fast sechs Millionen intelligenter Menschen verringert zu haben, macht manche Leute zittern.

Zwar nicht ihn, aber Telefon-Existenzen gleich der seinen, die an der »Endlösung der Judenfrage« ebenso beteiligt waren wie er – vielleicht nicht so prominent, mehr im geheimen wirkend, an möglicherweise noch höheren Stellen und heute noch geschützt von Bonn, einst berühmt als Geburtsstätte Ludwig van Beethovens. Aber merkwürdig bleibt, daß jener Balladendichter recht hatte, als er zu unseren Lesebüchern ein Poem beitrug:

»Die Sonne bringt es an den Tag«. Diesmal scheint die Sonne über Jerusalem, der Stadt des ehemaligen Mufti und des Staates Israel, in welcher der Gott der Gerechtigkeit verehrt wird, der Vergeltung.

Das Zeugnis: »Jiskor«

Rezension zu: »Jiskor. Ein Buch des Gedenkens an gefallene Wächter und Arbeiter im Lande Israel«

Worum handelt es sich hier? Nicht um einzelne, so prachtvoll eigen, einzeln und deutlich jeder der gefallenen Wächter palästinensischer Felder auch aus diesem Buche tritt. Nicht um Helden, so heroisch ihr Leben und so schlicht und schwer ihr Sterben sie auch davongetragen haben möge. Und nicht um ein Buch – obwohl es viele Stellen von großer Ruhe und Stärke und einige Stellen von sehr bewußter und verneinenswerter Mache enthält. Hier ist das erste Zeugnis von der Art des neuen jüdischen Menschen und der Kraft des neuen jüdischen Lebens; ein Zeugnis: und damit ein Denkmal, an dem vorüberzugehen, ohne es ganz in die Seele aufzunehmen, niemandem gestattet ist, der es mit unserer, mit seiner jüdischen Sache ernst und ehrlich meint. Und wie arm wäre er, wenn er vorüberginge! Welche Kraft, welch herrliche Heiterkeit spricht aus diesen Seiten, die dem Tode gewidmet sind und den Toten! Welche strahlende Reinheit der Atmosphäre in diesen Lebensläufen, welche Männlichkeit und Schlichtheit und wieviel Jugend! Ja, nur der begreift diese Erinnerungen und Gedenkworte ganz, der sie als Ausdruck der Jugend erfaßt. Die Jugend ist es, die hier triumphiert; die neue Jugend aus dem alten Judentum. Und darum ist dem Buch eine so verjüngende und entzückende Kraft gegeben. Nicht, weil in ihm zum ersten Male das jüdische Land selbst gegenwärtig ist, sein Licht, seine Erde, seine Hügel und Gewässer, seine Mühsal und Fruchtbarkeit; nicht, weil hier endlich die Arbeit der Gegenstand des Erzählens ist, wie sie der Gegenstand des Lebens der Gefallnen war, die Arbeit der Hände und des ganzen Leibes, der ganzen freigelassenen und ihr verschenkten Seele;

auch nicht, weil hier Juden mit ihren Leibern und Leben Zeugnis ablegen für die neu erstandene Wahrhaftigkeit und Völligkeit des jüdischen Wesens, die ersten und ganz schlichten Verkörperer der Erneuerung; und nicht schließlich, weil all diese Menschen, geboren in Rußland, Amerika oder im Lande selbst, sich auf herrliche und ergreifende Art eingesetzt und dargebracht haben, um nach der Schöpfung auch die Verteidigung der neuen Siedelungen, nach der harten Arbeit auch die harte Wacht gegen den Bedroher der Frucht selbst zu leisten, und als in die Erde gesenkte Grundsteine jüdischer Landnahme sich dem geliebten Boden einverleiben ließen – nein, weil hier Kameraden von Kameraden reden, vom jungen hingerissenen und heilig nüchternen Bruder, darum ist diese Schrift des Todesgedenkens so unendlich heiter und befreiend, so ganz das Denkmal der Auferstehung und des Lebens selbst, so glanzvoll erhellt und strahlend vom reinen leuchtenden Südhimmel. Welch eine Reinigung! Und welch ein Wunder: ein jüdisches Maskirbuch, das vom Leben und seiner Unzerstörbarkeit, das von Jugend strahlt, von jüdischer Jugend unmittelbar entzündet ist! Die Gestalten dieser Wächter und ihre Wacht stehen in der Helle des ewigen Morgenrots.

Das Land hat diese Gestalten nicht geschaffen, es hat sie entbunden. Geschaffen aber hat sie jene erschütterndste Form der jüdischen Jugendbewegung, die russische Revolution, der russische Sozialismus. (Ich weiß sehr genau, daß dieser große Strom aus vielen Quellen genährt wurde, daß der Anteil der jüdischen Jugend nur eine von vielen Quellen ist; auf sie aber kommt es hier an.) Dem jüdischen Urantrieb zum gerechten, wahrhaften und brüderlichen Leben, dem jüdischen Drang zur Tat und Selbstdarbringung, der unter der Ängstlichkeit des Ghettos und dem zaristischen Beamtenterror nur schlummerte, nur wartete, nur bleich und langsam keimte, kam der Weckruf des verwandten, des russisch-christlichen Urantriebs zum gerechten, wahrhaften und brüderlichen Leben, der russische Wille zur unbedingten Folge und zum kameradschaftlichen Opfertod so dringlich nahe, daß Ghetto und Terror, Familie, Religion und Obrigkeit schemenhaft veraschten; die jüdische Jugend folgte sich selbst, indem sie ihm folgte, und während sie glaubte, nur russisch, nur menschlich, nur international sozialistisch zu arbeiten und zu sterben, betätigte sie ein Judentum von unablenkbarer Treue – wie der ukrainische, der polnische Sozialist ihr Volkstum lebten, wenn sie sich der Revolutionsfreiheit, der Freiheit leidenschaftlich zuwandten. Von ihnen lernte der Jude, erwachsen im Engen des Gesetzes und umgeben von den Generationen des Gesetzes und des Dienstes, die ganze hinreißende, jubelnde, todentschlossene Melodie der Freiheit – und er ahnte nicht, daß er damit nur um so tiefer Jude ward und die Brücke, strahlend, schnell geschlagen und immateriell wie Gottes Regenbogen, zu jenen Juden errichtete, die den Römern um der rasenden Wut ihres Freiheitsdranges und Widerstandes willen Grauen und Achtung abzwangen. Hier, unter den Juden Rußlands, fand die jüdische Seele sich selbst wieder. Ganz Freiheit, ganz Tat, ganz Entschlossenheit, trotz nächtelanger Diskussion ohne Phrase, trotz jahrelangen Denkens unangekränkelt von des Gedanken Blässe, trotz tiefster Armut ohne eine Spur von Besitzgier, rein, stark, gebräunt, der Arbeit hingegeben, ohne den Ideen zu entsagen, der Menschheit dienen wollend und darin jüdisch; und geradeaus denkend, lebend, sterbend: so tritt der junge Jude aus dem Jungbrunnen der Revolution.

Wie in jedem natürlichen und großen Vorgang geht die Tatsache dem Denken voraus. Nicht als Programm, nicht als elende Trompete des Wollens, sondern als Besinnung, als stille Klärung und wahrheitsvolle Zergliederung des Getanen folgt die geistige Formulierung der gelebten Wirklichkeit. Die jüdische Jugend Rußlands hatte ihr Judentum lebend vollstreckt, indes sie sich von ihm zu entfernen, es zu verneinen meinte; danach besann sie sich und erkannte dies Judentum als ein, als ihr Judentum an. In der sozialistischen Bewegung Rußlands stellten sozialistische Juden die Gruppen des jüdisch-sozialistischen

Volkstums trennend auf – ohne die große Menschenge-
meinschaft zu verlassen. Aus den jüdischen Arbeiterparteien gestaltete sich die zionistische Arbeiterpartei in dem
Augenblick, wo zur wiederentdeckten Wirklichkeit der
jugendlichen Judenseele die Wiederentdeckung der jüdischen Sehnsucht trat: Leben auf dem Lande; Leben im
eignen Lande. Ohne einen Punkt sozialistischen Bekenntnisses aufzugeben, stellten sie jenes Land an die Spitze
dieses Bekenntnisses: das heißt, sie begannen sich zur
Übersiedelung vorzubereiten, sie gingen hin und nahmen
Arbeit auf. Die eigene Sprache im eignen Land: das war
nur ein Schritt weiter: man sprach sie. Und während der
bürgerliche Zionismus sich an Reden und Schekeln be-
trank, indes der offizielle kämpfte, organisierte, schließlich
dem Lande zu dienen begann, ging der proletarische mit
dem herrlichen Kinderlachen und den Tänzen der Schom-
rim mitten durch all die affektierte und echte Problematik
ins Leben hinein und in den Tod.

Das Land hat diese Gestalten nicht geschaffen, es hat
sie entbunden. Stellt einen Trupp der üblichen westjüdi-
schen Jünglinge (Jünglinge?) in dieses Land, und es wird
bestenfalls aus ihnen entbinden, was sie sind: junge ver-
fettete Bourgeoisie, ergebene Diener am großen Kompro-
miß. Land wird zeugend in späten Geschlechtern: wenn
die Sonne und der Wind, die Atome des Wassers und der
Luft, wenn die Abendröte und der Sternenhimmel, wenn
die Nähe des Meeres und der Wüste, wenn die Arbeit am
Boden und die Hitze des Mittags die Seele aufreißt, schleudert, peitscht, verzückt und demütigt, wenn die Körper
neu aufgebaut sind und die Gebärden entnüchtert wurden, wenn alles in allem der Mensch neu und dem Boden
entwachsen ist, dann mag das Land zeugen. Die Generation der Einwanderer wird entbunden von ihrem Innern:
es tritt heraus, bestenfalls gesteigert und erhöht. Dies ist
die Tat des Landes an den jungen Arbeitern. Es gibt ihnen
das letzte Element zum Aufbau vollen Menschentums:
nach dem Elemente der brüderlichen sozialen Ideen, nach
dem der Freiheit und dem des Volkstums das Element

Natur. Vielleicht stammten sie aus litauischen Städten, in denen der Begriff des Ausflugs, des Spaziergangs unbekannt ist. Vielleicht saßen sie in Südrußland – man sagt, falls man sich etwas vormachen läßt, heute Ukraina –, an großen Strömen, am Rand der Steppe, am Meere, und hörten in sich schwermütig süß und fremd das Wort: Rußland. Hier aber warfen sie sich der verzückenden Natur hin als ihrem Lande, wie der Schwimmer ins Meer sich wirft, und es nahm sie auf, tragend und beseligend, wie das Meer den Schwimmer empfängt: unser Land. Die Natur: Erde, Bäume, Weite, Sonne und Mond, Pferd und Rind, Getreide und Blume werden Bestandteile der Seele und ihrer Lust, vollenden und reinigen den jüdischen Menschen wie jeden Menschen; die Natur erst und sie endgültig macht das Leben lebenswert und den Tod leichter und schwerer, und schließlich: leichter.

Daß dies Land ihnen den Tod und mit ihm eine schüchterne und einfache Unsterblichkeit schenkte, nachdem es ihnen die Arbeit und das Leben geschenkt, führt schon in die Problematik ein, mit der es noch auf lange behaftet ist. Einige starben an der Arbeit, die meisten von den Kugeln der Araber. Kamen sie also als Eroberer und Feinde? Nein; sie arbeiteten auf den Feldern und bei den Herden. Und also empfanden die Araber sie als Feinde zu Unrecht? Ja. Warum? Sind das Menschen, denen der schaffende Jude ein Greuel ist? Nein. Und dennoch Kugeln? Warum? Hier ist eine Frage, wert, daß man ihr sehr ernst zwischen die Augen schaue. Das Buch antwortet nicht auf dies Warum. Seien auch wir also stumm, geben wir es als eine strenge und stete Aufgabe weiter, dies Warum. Es wird jedem von uns mit seinen Folgerungen zu schaffen machen.

Gibt uns so ihr Tod eine Frage auf, so ihr Leben mehrere, nicht minder schwere. Eine von ihnen sei hier gestellt; gestellt und nicht beantwortet, eine, vielleicht zwei; und nicht beantwortet, weil der Zionist ein sehr gewandter Antworter geworden ist, dem die Propaganda eine wundervolle Eleganz im Antworten eingeübt hat (Eleganz, das Ideal der Schneider und Schuster, mit Einstein zu reden), so daß jede Frage zum Schweigen gebracht wird, noch ehe sie als Frage, in der ganzen Fülle und Schwere ihres Wesens, zum Bewußtsein sprechen konnte. Diese jungen Menschen lebten in »genossenschaftlichen Siedelungen«. Ein prachtvoll erfundenes Wort, um die Tatsache des Kommunismus, die Tatsache des gelebten Kommunismus vor dem bürgerlichen Zionisten zu verstecken. Diese Jünglinge und ihre Gefährtinnen lehnten den Einzelbesitz ab; sie lebten in gemeinschaftlichem Eigentum; sie starben für etwas anderes als Eigentum. Begreift man? Hört man wenigstens her? Hier ist eine andere Ordnung als die bürgerliche aufgestellt und besiegelt worden; diese jungen Juden, Pioniere des Zionismus, wie der Zionist stolz erklärt, bekämpfen den Individualbesitz... Ist dies nicht eine Frage in ihrer Fülle? Und gleich folgte eine zweite: sie gaben nichts auf die Thora und den Talmud; sie lehnten auch diese Schöpfungen des großen Judentums ab, entweder von vornherein oder allmählich vom Leben überwältigt: ist dies nicht auch eine Frage, an alte und neue Strenggläubigkeit und ihre Herolde gerichtet? Und dies sind die neuen Juden? Dies ist die neue repräsentative Jugend des jüdischen Volkes?

Sie ist es, dies ist zum mindesten für einige von uns keine Frage mehr. Sie, und nicht der liebenswürdige Blau-Weiß. Sie, und nicht die Turner. Sie, und keineswegs jene jungen Herren, die mit bunten Mützchen und harmlosen Schlägern die deutsche »Jugendbewegung« in ihrer vermodertesten, falsch-romantischesten Form ergötzlich kopieren und die, indem sie mit hebräischen Bröckchen und historischen oder grammatischen Lektionen aufwarten, in aller Unschuld auf feierlichen Biergelagen mit geschwellter Hemdbrust die zarte, erlesene, zur Führerschaft bestimmte Oberhaut der jüdischen Jugend zu sein sich anmaßen. Während der führende, geistig und körperlich strenge und junge Teil der deutschen Jugend sich längst um neue Gemeinschaftsformen bemüht und sie fand, tobt die Jugend der jüdischen Bourgeoisie sich aus und tut sich zusammen in »Verbindungen«...?

Wir andern aber, Kameraden, heute gebunden und verstrickt, lebend oder dem Tode benachbart, im Felde des
europäischen Selbstmords oder an seine Peripherie geschleudert, in einem Zentrum jüdischen Lebens oder ganz
vereinzelt – wir anderen, Kameraden, blicken auf jene
mit Sehnsucht und Ehrfurcht. Die große Verwandlung hat
begonnen; das Gewissen schlägt die Augen auf; Judentum
wird immer tiefer verschenkte Menschlichkeit, das Nationale eine Form der menschlichen Hingabe und des Lebens. Bereiten wir uns in unsrer Seele! Laßt die Läuterung
anheben und gedenket! »Jiskor elohim nischmat...« Kameraden! Chawerim!
Wilna

Ruf zur rechten Zeit

Dem Buche *Hugo Bergmanns*, von dem hier, allzu kurz, die Rede ist und dessen Titel *»Jawne und Jerusalem«*[1] den wahren Wert des darin Enthaltenen keinesfalls ahnen läßt, ist eine zeitgemäße Bedeutung beizumessen, die nicht zu überschätzen ist. Wessen bedarf das zionistische Judentum vor allem? Der Durchtränkung mit Wirklichem. Nicht der Zionismus, der einzelne Zionist, nicht das Judentum, der einzelne, lebendige, existente Jude ist unsere dringlichste, bitterernst zu nehmende und bitterschwere Aufgabe. Man ist seit jeher froh gewesen, davon wegzusehen, und man braucht sich jetzt in den großzügigsten Ausblicken, die der politische Moment uns öffnet. Um so eindringlicher nehme man die Gelegenheit wahr, von einem so tiefen Kenner des heutigen Judentums, von einem so ganz lebendigen, so ehrlichen und unerbittlich konsequenten Menschen wie Bergmann die Wahrheit zu hören: daß die jüdisch-nationale Aufgabe *jenseits* all dessen liegt, was durch Politik, Organisation, Bewegung ausgedrückt und bewältigt werden kann. Woran geht man heute? An die irgendwie, nur möglichst schnell und möglichst großzügig durchzuführende Auffüllung Palästinas mit Juden. Was aber ist nach Bergmann (nach Herzl, nach Buber, nach allen redlichen Denkern) das Wesen und Ziel des Zionismus? »Durch die Errichtung einer jüdischen Gemeinschaft und zwar mehr durch den Prozeß des Errichtens als durch die vollendete Tatsache der fertigen Gemeinschaft« – (zweimal lesen! noch einmal lesen!) »soll das jüdische Volk zu einem würdigen, sittlichen Dasein geführt werden«. (S. 9.) Mag sein, daß uns der Augenblick vor die Notwendigkeit zu Massenhandlungen stellt; um so weniger darf der Handelnde, will er nicht ganz gewis-

---

1 Jüdischer Verlag, Berlin, 1919

senlos werden, diese wesentliche Erkenntnis, diese unsere echteste Aufgabe, das, was den Zionismus von jeder Siedelungsgesellschaft unterscheidet und scheidet, auch nur für kurze Zeit aus dem Herzen verlieren. Nehmen wir Palästina wie irgendein anderes Volk, so hätten wir auch Uganda in gleichem Geiste ergreifen können; nicht das Land, sondern der mit dem Lande identische Geist Zions ist es, der jedem Zionismus und dem Zionisten Wesen und Würde gibt. Mahnworte solcher Art stehen in Bergmanns Schrift buchstäblich auf jeder Seite, ohne daß sie doch von polemischem Geiste ist. Hier hat nur statt, daß die nationale Idee des Judentums, und damit des Zionismus, einen Menschen ganz und gar erfaßt hat; nicht aber so, daß ein nur politisches oder gar organisierendes Wesen aus ihm wurde, indem ein Agitator an Stelle eines Menschen trat: sondern der Mensch mit all seinen Sinnen, Verflechtungen und Verpflichtungen durchtränkte sich mit Judentum und spricht sich nun aus, so natürlich und umfassend, so klar und redlich, wie ein Mensch nur reden kann. Und dies sein Sein wird ihm bewußt als etwas von jedermann zur Forderndes, nicht im Sinne der Höhe, wohl aber in dem der Richtung des Wirkens: »Der *Jude* soll, wo immer er tätig ist« (auch außerhalb der jüdischen Gemeinschaft, fremde Äcker pflügend und besäend) »als Jude tätig sein können; der Mutterboden unserer Arbeit soll, wie dies bei jedem normalen Volke der Fall ist, unsere Gemeinschaft sein; ihr – und durch sie der Menschheit – soll der Segen alles dessen zuströmen, was wir tun.« (S. 11.) Aus dieser Totalität und Rundheit des Judeseins kämpf Bergmann gegen das bloße Bekenntnis zum nationalen Judentum, gegen den Zionismus als Ornament, gegen die organisierende Tätigkeit als Loskauf vom jüdischen Leben. Der Zionist, der sich damit begnügt, organisiert zu sein und andere zu organisieren, gleicht dem »Wohltätigen«, der sich mit einem jährlichen Beitrag zum Verein gegen Hausbettelei von jeder Wohltätigkeit losgekauft hat: »So kann es denn geschehen, daß der Eintritt in die zionistische Organisation das beste Mittel ist, um sich

gegen die moralischen Forderungen des Zionismus zu ver-
schließen«. (S. 15.) Und wer wollte leugnen, falls er nur
die durchschnittlichen Zionisten wirklich kennt, daß ein
erschreckend großer Teil von ihnen diesem Manne
gleicht? Bergmann spricht aus, was überall wirklich ist;
und mit diesem Blicke für die Wirklichkeit der Situation
wird er Dolmetsch M. J. Berdyczewskis in dem Aufsatz,
der dem Buche den Titel gibt. Jerusalem: das mit all seinen
Organen erdhaft lebende, als soziologisch faßbares Gebilde vorhandene jüdische Volk der Antike (und, ganz
schwach und verzerrt, des Ostens) wird gegen Jawne gestellt, gegen das leiblos spirituelle Judentum, gegen das
Galuth, in dem der Judenmensch verdorrt und verstaubt
und in dem nur der »Jude« als abgezogener, abgeschie-
dener Geist in einer künstlichen Umwelt, dem ewigen
Ghetto, dem selbstgewollten, selbstgeschaffenen Ghetto
geisterhaft und unheimlich existiert. »Die jüdische Kultur
hat aufgehört, die Summe der Produktivität der einzelnen
Juden zu sein«; »wir schielen immer nach der Kultur eines
anderen Volkes, weil wir keine eigene profane besitzen.«
(S. 39.) Ist das nicht die Einleitung zu dem großen Disput
mit dem traditionsergebenen Judentum, welches jetzt allen Ernstes daran denkt, die lebende Wirklichkeit des palästinensischen und modernen Judenlebens in die Formen
zu pressen, die nie auf lebender, blühender Erde, die nur
in der Spirit-Umwelt des Ghettos so gegolten haben, wie
dieses traditionelle Judentum sie heute propagiert – zu
einem Disput, der unabwendlich ist, immer dringender
wird und dem der Zionist mit dem Hinweis auf die »reli-
giös-neutrale« Haltung der Organisation und auf den Mis-
rachi nicht länger ausweichen sollte? Gerade mit dem Mis-
rachi wird und muß die Auseinandersetzung beginnen, so
erfordert es die Achtung vor dem Problem und die Kameradschaft zu unseren misrachistischen Brüdern, denn
mit ihnen wird der Kampf unter Richtungsgenossen, Weg-
genossen ohne Gift und Haß möglich sein; und zwei Pro-
ben solcher unpolemischer Auseinandersetzung, die tiefsten Stücke des Buches, gibt Bergmann, wenngleich er

sich mit dem einen gegen Maurenbrecher (S. 80) und mit dem zweiten (S. 86 »Kiddusch haschem«, uns seit dem Buch »Vom Judentum« teuer) gegen niemanden zu wenden scheint. Aber weil »gegenüber dem religiösen das nationale Judentum Rückkehr zur Weltlichkeit und Wirklichkeit ist« (S. 21), schwingt hinter all solchen Untersuchungen die Frage mit, wie sich diese Realität, dies religiöse Judentum, mit unserem neuen Suchen und Finden endlich ehrlich abfinden werde. Es hieße das Buch ausschreiben, wenn alle die Stellen hier in einen Zusammenhang gehoben werden sollten, in denen Bergmann mit den anderen, ebenso dringlichen Problemen der Stunde in redlicher, vornehmer und sachlich-leidenschaftlicher Berührung ist. Er hält eine Mitte inne, zu der sie alle hinstreben, und darum schneiden sie sich in ihm; weil er aber ein so herzhaft Erkennender ist, vermögen sie ihn keinen Augenblick aus dieser Mitte zu entführen. Er, der ausgezeichnete Hebraist, erklärt: »Der nationale Jude will auch das Hebräische, aber nur weil er hofft, daß die Juden dadurch ganze, innerlich geeinigtere Menschen werden. Wo die Gefahr besteht, daß das Hebräische etwas Unnatürliches wird und das Menschentum darunter leiden könnte, wird er diese Forderung fallen lassen«. (S. 21.) Wie rein ist hier der Kern ausgesprochen, und wie ebenso klar lautet sein Bekenntnis zum Jiddischen: »Unser Volk ist da, weil es seine Volkssprache, die jiddische hat« (S. 31); und jeden Einwurf zugunsten des Hebräischen als purer Parole schneidet das Wort des Wissenden ab: »Man ist in zionistischen Kreisen theoretisch für das Hebräische und spricht faktisch – polnisch oder russisch« (ebenda). Überall, noch einmal und immer wieder gesagt, rührt dieses Buch an die *wirklichen* Fragen, an die schmerzenden Nerven dieser so geliebten und so gefälschten zionistischen Bewegung. Aller Schematismus, jedes abgezogene, in Formen, Vereinsfakten und Phrasen selbstzufriedene Wesen findet sich von ihm enthüllt und durch nichts als das ruhig-feststellende Wort geistig angeprangert; alle Laster einer von Juden dieser Zeit getragenen Organisation ent-

schleiern sich... Steht nicht auch in ihr alles auf Reden,
Beschlüssen, wirklichkeitslosen, das Leben des Zionisten
keineswegs ergreifenden, umformenden, reinigenden
Worten, Begriffen, Ideen, Phrasen? Was unterscheidet den
normalen Zionisten vom nichtzionistischen Juden, sobald
man sich mit den »wirklichen Volksfragen beschäftigt, mit
der jüdischen Familie, der Erziehung (nicht bloß der
fälschlich allein so genannten jüdischen), dem Liebesle-
ben, der Volksgesundheit, mit der Berufswahl, mit der von
Juden gelesenen Presse, mit ihrem religiösen Leben« (vgl.
S. 20)? Nichts, nicht wahr? Aber ein namenloser Unterschied sollte in der Tat bestehen: der Unterschied zwischen dem, der eine Veränderung zu wollen in Worten
vorgibt, und dem, der seinen Willen kundtut, dies zu ändern.

Wirklichkeit... Wirklichkeit: ich höre die ärgerlichen
und beleidigten Stimmen der jungen Juden, die Bergmann
unterbrechen wollen und rufen: »Was soll uns Wirklichkeit? Wo bleiben wir, der Geist, die Idee«? Nun, er, der
Geist, ist hier am Werke. Er arbeitet, er dient. Dem die
Wirklichkeit mißachtenden Zionismus antwortet Bergmann: »Der Gedanke hat die Wirklichkeit zu bewältigen,
nicht sich ihr zu beugen« (S. 18); »Wir sind Wirklich-
keitsmenschen, nur daß unsre Wirklichkeit nicht von heute, sondern von morgen ist« (S. 68); und befragt, gegen
wen der echte Nationalismus der Juden am härtesten zu
kämpfen habe, als gegen seine boshafteste Verführung und
Verfälschung, würde Bergmann wohl entgegnen: »Er bekämpft allein das Wurzellose und darum wirkungslose
Geistige welcher Art immer, weil er den Geist verwirklichen will«. (S. 22.) Ist dieser »Geist« nur außerhalb des
Zionismus zu finden? Hat er sich nicht schon kräftig in
ihn verfilzt und eingewuchert?...

Ich breche ab. Es gibt viele Probleme noch, die Bergmann in seiner stillen, männlichen Art ergreift und klärt:
überall aber, ob er nun den kapitalistischen Geist aus
Palästina verweist, ohne die romantische Irrung gegen
die maschinellen Arbeitsmethoden, sofern sie menschlich

bleiben, mitzumachen, ob er die ökonomische Unabhängigkeit und die innere Neutralität der zukünftigen Judensiedlung miteinander in Beziehung setzt (S. 69), ob er über die Arbeit oder über die Araber spricht – und gerade über diese spricht er so menschlich klug als jüdisch würdig (S. 55): überall ist nicht die theoretische Meinung eines Schriftstellers ausgedrückt, sondern die wirkliche zentrale Notwendigkeit des jüdischen Lebens läßt sich hören, diese Notwendigkeit, welche fast Weisheit ist und die so schmucklos und klar daherkommt, wie Weisheit immer tut. Und so begreifet: dies ganze Buch, jeden dieser Aufsätze muß jeder Jude gelesen haben, der sich Zionist nennt. Denn es ist der Ruf zur rechten Zeit, weil solcher Ruf zur Besinnung, von solchem Rufer kommend, immer an der Zeit ist. Wer Ohren hat zu hören, der höre.

Eine verschollene Schrift gegen den Antisemitismus

Nicht der Heiterkeit entbehrt die recht vergessene Tatsache, daß jene heut meist von deutsch geschriebenen Büchern behauptete Groteske, es fehle dem Juden an schöpferischem Vermögen, durchaus nicht dem deutschen Originalgenie entstammt, sondern eine übersetzte Entdeckung ist – und mit ihr der ganze »wissenschaftliche« Antisemitismus. Er hat einen Vater, dessen er sich allerdings nicht zu schämen braucht, einen, der feinsten epikureischen Geister Frankreichs und des 19. Jahrhunderts überhaupt: *Ernest Renan*, der ja nicht nur für ihn dem noch größeren »Alten von Ferney« verpflichtet war. Behalten wir im Geiste die Voraussetzung – eine höchlich dixhuitieme Voraussetzung, nicht wahr –, die Religion der Juden sei eine kraß barbarische Sache, die als Schöpfung nicht zähle, so konnte, an der antiken und der kirchlich-christlichen Kultur messend, um 1850 der gelehrte Franzose seine These, es gäbe nur barbarische Zeugnisse jüdischen Geistes, so wissenschaftlich-allgemein formulieren, daß er dem semitischen Rassengeiste überhaupt das Produktive absprach. Wie er sich mit dem doch verbürgten Bestehen hochkultivierter arabischer Reiche abfand, ist uns unbekannt; man wußte von ihnen und ihrer geradezu entscheidenden Einwirkung auf das Entstehen der mittelalterlichen Ritter- und Minnekultur wahrscheinlich nichts; noch weniger aber ahnte man damals etwas von den gigantischen Schöpfungen des semitischen Geistes in Gestalt der assyrisch-babylonischen Urkulturen, denen Europa ja alle seine Grundlagen verdankt, wie man heute in jeder Schule lernt. Renan nun hatte das Mißgeschick, zu postulieren, unmittelbar bevor die Entzifferung der Keilschrift gelang – vor jenem Akt also, der uns den Zugang zur semitischen Kultur katexochen erstmalig erschloß. Als nun die junge

Wissenschaft der Assyriologie ihre ersten Entdeckungen zusammenfassend vorlegen konnte, zögerte Renan, dieser saubere und klare Geist, nicht, daß das Voreilige seiner Setzungen – wenn ich mich recht erinnere, *Salomon Reinach* gegenüber – zuzugeben und seine These öffentlich zu *annullieren*. Aber falls er damit sie aus der Welt der Erörterungen und Irrtümer, in die er sie gesetzt, wieder entfernt glaubte, sollte er die Zähigkeit falscher Annahmen und die zärtliche Sorgfalt des menschlichen Geschlechts für Irrtümer überhaupt unterschätzt haben. Sie war jetzt in ihr, sie lebte ihr vom Vater unabhängiges Leben wie jedes gezeugte Wesen, ging von einer Sprache in die andere und sitzt noch heute, wiewohl recht entkräftet, an ehrenvoller Stelle im antisemitischen Geiste – sofern man diesen mit dem ehrlichen und herrlichen Namen eines Geistes bezeichnen will. In Klammern, aber mit Nachdruck sei jungen jüdischen Studenten, die auf der Suche nach einer nicht überflüssigen und zugleich für die jüdische Sache belangvollen Doktordissertation sind, als Thema angeraten, die antisemitische Literatur Frankreichs, als den Ursprung schlechthin jeder antisemitischen Argumentation, mit der deutschen zu vergleichen; er würde zu staunen haben über die konkrete Abhängigkeit, die er in allen Fällen feststellen müßte, und den von uns apriorisch behaupteten Satz: »Alle Nationalismen sind einander gleich« am Einzelfall dokumentarisch erhärten, damit ein sehr instruktives und praktisch verwertbares Beispiel von Soziologie gebend. Diese Abhängigkeit wird nebenbei von den modernsten deutschen Antisemiten so wenig geleugnet, daß sie sie vielmehr praktisch ausbeuten; im Hoheneichen-Verlag zu München erschien 1921 ein dickes Machwerk, von einem Alfred Rosenberg bearbeitet: Gougenot des Mousseaux, »Der Jude, das Judentum und die Verjudung der christlichen Völker«, das als Motto eine Fälschung trägt und dank seines »wissenschaftlichen« Apparates zur einführenden Kenntnisnahme Lesern mit widerstandsfähigen Magennerven hier niedriger gehängt wird.

Jene noch nicht existierende Dissertation wäre nicht die erste, die sich mit Antisemitismus befaßt. In einer kleinen Studie zu gänzlich abgelegenem Gegenstand fand ich eine Prager Dissertation der 90er Jahre über dieses Thema erwähnt, und indem ich ihr nachforschte, kam mir das Buch zu Händen, dessen der Titel dieses Nachtrags Erwähnung tut. Da es vergessen ist, hat es von vornherein die Wahrscheinlichkeit für sich, ausgezeichnet gut oder schlecht zu sein; es ist aber ebenso vortrefflich wie umfangreich, und das will etwas heißen. Sein Verfasser ist der österreichische Graf Dr. Heinrich von *Coudenhove*; es erschien 1901 unter dem Titel »Das Wesen des Antisemitismus« bei Calvary u. Co., Berlin.

Was die Lektüre des Buches zu solch hellem und stillem Genuß macht, das ist zunächst die Person des Autors, worunter hier allerdings nicht die soziale, sondern die geistige gemeint ist. Man hört einem Menschentyp zu, den es fast nicht mehr gibt, indem man es liest: einem Weltmann nämlich von bester Erziehung, aus kultiviertestem Milieu stammend, dessen Blick auf das Leben ohne Vorurteile und dessen Weltkenntnis die des im Wirklichen wirkenden Tätigkeitsmenschen ist, nicht die des Schreibtischlers; er, Sohn einer Frau, die im besten Niveau deutscher Gesellschaft des vorigen Jahrhunderts, im Kreise Franz Liszts, ihren Platz hatte, kirchlich-geistig erzogen, wird nämlich Diplomat, sieht als solcher den ganzen Fernen Osten, vertritt zuletzt Österreich als Botschafter in Tokio, beweist seine gründliche Freiheit von der modernsten aller geistigen Erkrankungen, indem er eine Japanerin heiratet, und lebt schließlich auf seinem böhmischen Schlosse Studien, denen wir unser Buch verdanken und von deren Gründlichkeit wir uns dank seiner zweifelsfrei unterrichten können. Nur im alten Österreich war, innerhalb deutschen Kulturgebietes, ein Aristokrat denkbar, der ausgesprochen judenfreundlich eingestellt ist, weil er Juden kennt, zugleich aber mit dem damaligen Führer der Antisemiten befreundet ist, dem Professor *Wahrmund*, der ohne Spur von Dünkel demokratisch fühlt – was ja

Voraussetzung bleibt, wenn man das Anrecht aller Menschen anerkennt, ihrer Rasse oder Hautfarbe wegen nicht a priori verachtet zu werden, der ausgezeichnet schreibt, weil er unbeirrbar denkt, und von dessen treffender Unterrichtetheit ich den Leser durch jene kleine Renanepisode gern überzeugt sähe. Selbstverständlich beschränken sich seine Kenntnisse nicht aufs 19. Jahrhundert und Europa; er kennt und stellt sie dar, die beiden orientalischen Parallelen zu unserer menschlichen oder unmenschlichen Sonderstellung, die Parsi in Indien und die Armenier in Kleinasien – anno 1900, notabene –, und seine Darstellung des Zusammenlebens von Juden und Christen bis zum Jahre 1200 etwa, in welchem Zeitraume des »Judenwuchers« nirgends Erwähnung geschieht, scheint mir in der Erinnerung mustergültig, soweit ich mich darauf verstehe. Ein ungewöhnliches Buch, ein sachliches, ein unterrichtetes und freudiges, ein guteuropäisches, ein menschliches Buch. Im Grundpunkte und Kern der Untersuchung allerdings sind wir anderer Überzeugung als Coudenhove; und doch hat er auch hier das Richtige gesehen, ohne es freilich richtig, nämlich gründlich genug, interpretieren zu können – ohne seine Schuld. Er nämlich erklärt als Grund des Antisemitismus den religiösen Fanatismus; nicht also wirtschaftliche oder sonstwie äußerliche, d. h. zufällige Ursachen, sondern eine Grundkraft der menschlichen Seele. Hätte er sich die Frage stellen können: was ist denn das, Religionshaß, Fanatismus; was wirkt dahinter oder darunter?, er wäre wahrscheinlich bis zu jenem *Kern* des Problems vorgedrungen, den ich an anderer Stelle zu zeigen versuche. Aber Voraussetzung dafür bleiben zwei Fakta, die er nicht mehr erlebte: erst mußte das menschliche Unterbewußtsein von Freud erhellt und dann das Wesen des heutigen Menschen vom Weltkrieg umfassend entlarvt worden sein, ehe jener Kern überhaupt erfahrbar wurde. Unser Verdienst also reduziert sich fast auf die zweifelhafte Ehre, wachen Denkens in dieser herrlichen Epoche zu leben.

Unbegreiflich nach allem aber bleibt, daß dieses Buch,

im Kampf gegen den Antisemitismus eine glänzende und scharfe Waffe, aus unserer Kenntnis so lange *verschwinden* konnte. Wie nichts geeignet, zwar nicht auf den Judenfeind, wohl aber auf die breite entscheidende Zwischenschicht zu wirken, die dank wirtschaftlicher und allgemeiner Anlässe stets dabei ist, sich gegen uns stimmen zu lassen, hätte es immer wieder neu aufgelegt und mit Subventionen von uns verbilligt werden müssen. Man hätte dabei das gute Bewußtsein haben dürfen, zugleich den Juden und der Sache der Wahrheit und der Erziehung des Menschen zu dienen. Es ist vielleicht noch nicht zu spät dazu; und es hat wohl Sinn, just an dieser Stelle dazu aufzufordern. Oder sollte es eine gleich undankbare Unternehmung bleiben, für die Juden wie für die menschliche Gesittung vom Leder zu ziehen?

Der Mensch ist ja wohl von allen irdischen Wesen das unbelehrbarste, rückfälligste, gegen den Zwang zum Besserwerden rachsüchtigste, wie seine Geistesgeschichte lehrt.

Anhang

Detlev Claussen
Zeugnisse einer jüdischen Odyssee

> Nur Antifaschismus und Demokratie allein
> sichern den Juden die nackte Existenz. Überall.
> Auch im eigenen Lager. Sich nichts vormachen!
> Keine Wunschphantasien in der Politik.
>
> *Arnold Zweig, 1933*

> In geschichtlichen Dingen darf man ex post
> nicht klüger sein wollen, als man es damals
> angesichts der damaligen Möglichkeiten sein
> konnte.
>
> *Helmuth Plessner, 1959*

Die Wahrnehmung von Arnold Zweigs Œuvre wird durch
seine lebensgeschichtliche Entscheidung, Palästina noch
vor der Gründung des Staates Israel zu verlassen und 1948
seinen Wohnsitz in der Sowjetischen Besatzungszone zu
nehmen, beschädigt. Der Kalte Krieg hat Arnold Zweig
im Westen heftige antikommunistische Attacken eingetragen, in der DDR wurde ihm die durchschlagende Wir-
kungslosigkeit eines realistischen Klassikers beschert. Arnold Zweig selbst es schwergefallen, sich dem Druck
öffentlicher Stellungnahmen zu entziehen. Noch der Le-
bensabend wurde ihm vergällt, als 1967 in den sozialistischen Ländern eine antizionistische Propagandakampa-
gne anlief und er sich der infamen Umarmungsversuche
aus dem Hause Springer erwehren mußte. Der glaubwür-
dige Publizist Bruno Frei berichtet vom sympathischen
Altersstarrsinn Arnold Zweigs, der sich nach den eigenen
Worten des Autors darin äußerte: »Indem ich absolut
nicht das will, was man will, das ich wollen soll...«[1] Ein

---

1 Diese Geschichte läßt sich nachlesen bei: Manuel Wiznitzer,
Arnold Zweig. Das Leben eines deutsch-jüdischen Schriftstellers.
Frankfurt a. M., 1987, S. 202.

Jahr nach dieser Äußerung, am 26. November 1968, starb Arnold Zweig und wurde auf dem Dorotheenstädtischen Friedhof in einem Staatsbegräbnis beigesetzt.

Man hat Arnold Zweig unterschiedliche und widersprüchliche Etiketten angeheftet und Attribute verliehen, derer er sich aber auch selbst bediente. »Der Autor über sich« – dieses Thema variiert er als ein Maskenspiel über Jahrzehnte; man kann diese bisweilen selbstironischen Auskünfte aber auch als Dokumente einer Selbstfindung lesen. Das modische Stichwort »Identität«, mit »jüdisch« oder »deutsch« als Beiwörtern versehen, drängt sich auf. Bei näherem Hinsehen jedoch erweist sich das Schlagwort als allgemeine Sprechblase, hinter der die Individualität verschwindet. Arnold Zweigs mühsamer Weg zur Psychoanalyse eröffnete ihm die Chance, den Etikettenschwindel des Identitätsversprechens zu durchschauen und die Wirklichkeit des Besonderen, des Nicht-Identischen zu erfahren. Seine lebensgeschichtliche Erfahrung eröffnete ihm einen spezifischen geschichtlichen Blickwinkel. Isaac Deutscher hat für diese besondere Lebensweise den Begriff des »nichtjüdischen Juden« gefunden, in dem sich individuelle Freiheit und gesellschaftlicher Zwang verschränken.[1] Dieses Paradox spiegelt sich in seiner »antwortlosen Antwort« auf die Frage nach dem »Jüdischen in meinem Wesen und Schaffen« (1925).

Wer Arnold Zweig verstehen will, muß sich auf die zeitgeschichtliche Erfahrung einlassen und auf die billigen Triumphe des nachträglichen Besserwissens verzichten, das in einer verspäteten Nation wie der deutschen mit ihren gesellschaftlichen Systemwechseln im 20. Jahrhundert sich besonderer Beliebtheit erfreut. Die Lebensgeschichte als identische Einheit zu erfahren bleibt in der Moderne eine Illusion des Individuums, die aber nach der Lehre Sigmund Freuds »eine intellektuelle Funktion

---

1 Isaac Deutscher, Der nichtjüdische Jude. Essays. Vollständige Neuausgabe, Berlin 1988.

in uns«[1] verlangt. Arnold Zweigs politische Essayistik zeigt, daß er sich diesem Systemzwang individueller und kollektiver Identität nicht immer hat entziehen können. In seinem »Lebensabriß« von 1956 wird dieser Widerspruch zwischen einer gesellschaftlichen Erfahrung, die eine sich aus sich selbst entwickelnde Einheit des Lebens undenkbar macht, und dem Wunsch, dem eigenen Denken und Handeln einen geschichtlichen Sinn zu geben, deutlich spürbar. Der Text zerfällt in zwei Teile – in einen aus Haifaer und einen aus Berliner Perspektive.

Die Niederlassung in Berlin nach der Rückkehr aus dem Exil hatte zu heftigen Konflikten im Hause Zweig geführt. Beide Söhne konnten in der DDR nicht heimisch werden. Aus Zweigs Briefwechsel mit Lion Feuchtwanger wird eine schmerzliche Ehekontroverse um die Wahl des Wohnortes deutlich: »Ich habe es nur wenige Jahre vor und seit Hitler leicht gehabt. Jetzt fällt der Geldkomplex völlig weg, der mir sonst zu schaffen machte... Alles gilt fast nichts, was ich durchzustehen hatte, verglichen mit der Verwirrung Ditas, eines so klaren Herzens und Geistes... Sie will nur zurück, nur nicht hier leben müssen, in den Trümmern und bei diesen Menschen, die so viel Grausiges getan haben. Nur wieder nach Israel will sie...«[2]

Beatrice Zweig, genannt Dita, erkrankt ernsthaft, muß sich in Behandlung begeben, die erst nach längerer Zeit anschlägt. Mit der Krankheit verwoben bleibt aber der Schock über die Massenvernichtung der europäischen Juden. Arnold Zweig hatte seit seiner Kindheit ein großes Vertrauen in die europäische Kultur – speziell die deutsche – gesetzt. 1887 in Niederschlesien geboren, in Oberschlesien großgeworden, teilte Zweig die östlich-jüdische Tradition, die deutsche Kultur als Inkarnation humanisti-

1 Sigmund Freud, Totem und Tabu. In: Freud, Gesammelte Werke. Band 9. London 1916, S. 117.
2 Arnold Zweig an Lion Feuchtwanger, 2. April 1949. In: Lion Feuchtwanger/Arnold Zweig, Briefwechsel 1933–1958. Band 1 und 2. Berlin und Weimar 1984, Band 2, S. 12.

scher Zivilisation zu betrachten. Der individuelle Bildungsweg Arnold Zweigs bis 1914 führt noch einmal im Zeitraffer durch die moderne jüdische Emanzipationsgeschichte seit 1750, die ihn zum Anhänger der europäischen Avantgarde macht. Aus dem frühesten Text dieser Ausgabe »Zum Problem des jüdischen Dichters in Deutschland« (1913) spricht geradezu ein Bekenntnisdrang zur philosophischen Moderne (Bergson, Husserl, Scheler), aber ebenso eine Ahnung der Assimilationsproblematik. Er fordert eine »jüdische Selbstbesinnung«, die mit dem Kennenlernen des Ostjudentums an der Ostfront des Ersten Weltkriegs für viele junge Juden aus Deutschland zum Beginn einer Revolte gegen die assimilatorische Elterngeneration wird. Gershom Scholem, der selbst zur zionismussympathisierenden Protestgeneration gehörte, stellt in der »Rückschau« allerdings fest, daß »bei vielen dieser Menschen [i.e.s. assimilatorischen deutschen Juden – D.C.] Illusion und Utopie ineinanderflossen und das vielleicht antizipatorische Glücksgefühl weckten, zu Hause zu sein«[1].

Zu dieser gesellschaftlichen Gruppe hatte Arnold Zweigs Familie nicht gehört, wohl aber die seiner Beatrice. Beatrice und ihre Schwester Miriam kamen aus jener ersten Generation jüdischer Bürgerkinder, die im Zionismus die Form einer Jugendrevolte gegen ihr Elternhaus fanden. Arnold Zweig dagegen entstammte einem kleinbürgerlichen Hintergrund, der noch die Großelternoder gar Urgroßelterngeneration des westlichen Judentums gekennzeichnet hatte. Das 19. Jahrhundert, Victorianismus und Belle Époque, hat man treffend für die Juden als Zeit der Verbürgerlichung charakterisiert. Deutschland bildete die Schnittfläche des westlichen und des östlichen Judentums, das zeitverschoben in die Moderne eintrat. Die Verbürgerlichung führte aber auch, wie von vielen traditionellen Juden vorhergesehen, zur Auf-

1 Gershom Scholem, Zur Sozialpsychologie der Juden in Deutschland 1900–1930 (1978). In: ders., Judaica 4. Frankfurt a. M. 1984, S. 253.

lösung der jüdischen Tradition, der orthodoxen Lebens-
praxis und zur Entsolidarisierung. Über Arnold Zweigs
Liebe zu Beatrice, einer jungen Frau vor 1914, schwebte
der böse Schatten einer Mesalliance. Die Klammer, mit
der die gesellschaftliche Kluft zwischen jüdischem Groß-
und Kleinbürgertum, Westen und Osten, Berlin und
Schlesien überbrückt werden konnte, wurde in gemein-
samer kultureller Aktivität gesehen. An den Barrieren der
bürgerlichen Klassengesellschaft scheint sich der jungen
jüdischen Decadence aber ein Ausweg aufzutun, den es
für die normale bürgerliche Jugend als Südseesehnsucht
oder Orientkult gibt: der Zionismus als palästinensische
Utopie.

Zweigs erste literarische Produkte berichten von diesem Konflikt, und auch seine politische Essayistik, in der
er eine ästhetische und politische Position sucht, belegt
den Widerspruch zwischen kultureller und politischer
Utopie. Intellektuell propagiert er unmittelbar vor dem
Krieg 1913 eine jüdische »Selbstbesinnung«, die es überhaupt erst ermöglicht, »Nichtjuden jüdische Probleme
auch nur begreiflich zu machen«. Die Voraussetzungen
für ein historisches Verstehen sind nach den martiali-
schen Ereignissen und politischen Massenmorden des 20.
Jahrhunderts nicht gerade leichter geworden. Die Attribute »zionistisch« und »sozialistisch«, die Zweigs Publizistik verwendet, erscheinen gegen Ende des Jahrhunderts in einem völlig anderen Sinnzusammenhang als am
Beginn der Epoche. Zionismus läßt sich Anfang des
20. Jahrhunderts nur als Zwillingsbruder der sozialen
und nationalen Emanzipationsbewegungen begreifen, die
ebenso konstitutiv für die Moderne geworden sind wie
die bürgerliche Hauptströmung, gegen die sie oft rebel-
lierten. In Zweigs politischen Essays vermischen sich die
Anerkennung bürgerlicher Liberalität, die Forderung
nach kultureller Autonomie und die Phantasie sozialer
Gleichheit.

Der spezifische Zionismus Arnold Zweigs wird in den
Texten deutlich, die in den Abschnitten »Judentum zwi-

schen Utopie und Pogrom« und »Palästina – Rückkehr zur Zukunft?« versammelt sind. In der heutigen Öffentlichkeit werden oft voreilig Zionismus mit der israelischen Unterdrückungspolitik in den nach 1967 besetzten Gebieten und Sozialismus mit dem stalinistischen Gulag-System gleichgesetzt. Eine Lektüre der Zweigschen Esssayistik kann der Rekonstruktion einer historischen Atmosphäre dienen, in der man sich angesichts einer europäischen Bürgerkriegsentwicklung politisch entscheiden mußte, ob man wollte oder nicht. Im Ersten Weltkrieg versank eine Welt, in der noch die »Aufzeichnungen über eine Familie Klopfer« (1911) und die »Novellen um Claudia« (1912) entstanden waren. Arnold Zweig, der ein Leben als »jüdischer Dichter in Deutschland« geführt hatte, begrüßte zunächst den Krieg, den man unter Juden zumeist als Abwehrkampf gegen den zaristischen Pogromismus verstand. Zweigs Erfahrungen an der Front veränderten seine Vorstellungswelt, machten ihn mit der »politischen Physik« vertraut, die auf dem Kontinent die alten Monarchien in Schutt und Asche legte, in denen die überwältigende Mehrzahl der Judenheit lebte.

Der Weltkrieg, von Zweig nicht als Unterbrechung, sondern als verschärfte Form des menschlichen Zusammenlebens erlebt, hatte nicht nur seine unmittelbare Identifikation mit der deutschen Kultur erschüttert, sondern ihn in der Gewißheit bestärkt, nicht allein von Juden abzustammen, sondern Teil eines unterdrückten jüdischen Volkes zu sein. Das Ostjudentum, das sich im Großghetto des russisch-polnischen Ansiedlungsrayons und im Grenzgebiet von Zarenreich, Deutschland und Österreich-Ungarn aufhielt, geriet im Krieg zwischen die Fronten. Die russische Februarrevolution wurde von der Mehrheit der Juden begeistert begrüßt, weil sie den jüdischen Sonderstatus aufhob und bürgerliche Emanzipation versprach. Die konterrevolutionären Parteien bedienten sich der Pogrome und organisierten Massaker, um die ländliche Bevölkerung für sich zu gewinnen. Im russischen Bürgerkrieg war es für die Juden eine Frage von Leben und Tod, ob die Roten oder die Weißen ein Gebiet beherrschten.[1] Für die Nationalisten der kleinen Völker standen die Juden entweder unter dem Verdacht, den alten Dynastien gegenüber loyal zu bleiben oder mit den »Bolschewisten« zu sympathisieren. Eine antisemitische Welle ging durch Ost- und Mitteleuropa nach 1917.

Arnold Zweig wäre wahrscheinlich als einfacher Schipper vor Verdun zugrunde gegangen, wenn er nicht 1917 nach Ober-Ost in die Presseabteilung versetzt worden wäre. Dort fehlte es ihm nicht an Gelegenheit, in Wilna und Kowno das Leben der Ostjuden zu studieren, ihre Enttäuschung über das deutsche Besatzungsregime und den harten Generationskonflikt kennenzulernen. Der politische Antisemitismus in Deutschland hatte nach Professor Treitschkes Vorbild die Ostjuden verleumdet und die deutschen Juden gemeint – wie Zweig in »Außenpolitik und Ostjudenfrage« (1919/20) pointiert darlegt. Die Mehrheit der Westjuden stand dem nach Westen drängenden Volk aus dem Osten reserviert gegenüber. In »Juden auf Wanderschaft« hat Joseph Roth die Menschen aus dem Osten in einem wunderschönen Porträt festgehalten, das 1927 die westliche Öffentlichkeit aufrütteln sollte. Noch engagierter ging Arnold Zweig im Essay »Das ostjüdische Antlitz« zu Werke, den er 1919 seinen Eltern widmete. Sein Zionismus hatte sich aus einer geistesgeschichtlichen Strömung in ein politisches Engagement verwandelt: »Die Juden des Ostens wollen auf ihre jüdische Art leben, in eignem Kulturkreis, eigenem Glauben und eigenen Sprachen.«[2]

1 »Das jüdische Leben war ständig von der Konterrevolution bedroht, und da sollte man den Kampf gegen die Bolschewiki fortsetzen, die doch die Juden vor Pogromen schützten?« Edmund Silbemer setzt die Zahl der Pogromopfer vorsichtig zwischen 50.–60.000 Toten an (Kommunisten zur Judenfrage. Opladen 1983, S. 147).
2 Arnold Zweig/Hermann Struck, Das ostjüdische Antlitz. Erstauflage Berlin 1920, S. 8.

Die eigene Erfahrung trieb Zweig über die kulturelle Bewunderung des Ostjudentums hinaus, die ihm schon von Martin Buber her vertraut war. Zweig erfährt im Osten die Juden nicht nur als eine exotische traditionelle Quelle, sondern er sieht die Ostjuden als Volk einem Modernisierungsprozeß ausgesetzt, der sie entweder an revolutionäre Strömungen anderer Völker assimiliert oder ihnen die Chance gibt, eine politisch-kulturelle Autonomie zu erobern. »Daß nur so wenig, daß nicht schlechthin alle gute Jugend der Juden in die Wege des europäischen, organisierten, internationalen Sozialismus tritt – das ist das größte Wunder, welches heute am Judentum geschieht.«[1] Im Krieg ist aus dem jugendlichen Novellisten und Dramatiker, der 1915 sogar den Kleist-Preis erhielt, ein freier Publizist geworden, der nach seiner Demobilisierung als zionistischer Redner durch die Lande reist und überall in der deutschsprachigen jüdischen, sozialistischen und liberalen Presse zu lesen ist. Der Entwicklung der Weimarer Republik steht er skeptisch gegenüber, sein Talent widmet er einer scheinbar hoffnungslosen Sache eine sozialistisch-zionistischen Agitation und einer Aufklärung der Öffentlichkeit über antisemitische Aktivitäten. Der Zionismus bedeutet für ihn eine Art Rettungsanker, der jüdische Tradition mit der Moderne verbinden soll. Noch lebt die Mehrheit der Juden in Osteuropa; bis an den Vorabend des Hitlerschen Überfalls wählt sie in Polen jüdisch-sozialistisch und spricht jiddisch. »Jüdischer Ausdruckswille« klingt heute mehr als antiquiert formulierte Behauptung denn als attraktives politisches Programm. Aber in dieser Formulierung steckt Zweigs Wunsch, das durch den Antisemitismus bedrängende Dilemma von Assimilationszwang oder Zwangsgemeinschaft hinter sich zu lassen, weder Apologet noch Verräter zu sein. Er sucht einen Ort für die Juden, wo sie »jüdisch nicht nur sein, sondern auch bleiben können« (Heutiger Zionismus, 1925).

1 Zweig/Struck, Das ostjüdische Antlitz, S. 136.

Aus dem Krieg ist Zweig zwar als politischer Aktivist und unermüdlicher Publizist heimgekehrt, aber er fühlt seine literarische Kreativität ernsthaft behindert. Seine Kräfte als Romancier werden erst durch eine Psychoanalyse freigesetzt, die es ihm über die Linderung seiner Neurose hinaus ermöglicht, eine neue Produktivität zu entfalten. In diesen Zusammenhang gehört seine Schrift »Caliban oder Politik und Leidenschaft. Versuch über die menschlichen Gruppenleidenschaften, dargetan am Antisemitismus« (1927). Seine Widmung des Buches an Sigmund Freud bedeutet den Beginn einer langen Freundschaft mit Freud, für die er durch die persönliche Erfahrung der Psychoanalyse vorbereitet ist, denn schließlich »verdanke ich Ihrer neuen Seelenkunst persönlich die Wiederherstellung meiner gesamten Person...«[1] In eben diesem Jahr erscheint Arnold Zweigs erster Roman, der zu einem Welterfolg wird: »Der Streit um den Sergeanten Grischa«. Der Krieg wird als zivilisatorischer Zusammenbruch dargestellt, in dem der Rückfall in die Barberei tatsächlich geschieht. Dieser Zivilisationsschock wird von den Zeitgenossen als Erfahrung abgewehrt – mit Arnold Zweigs Worten: »verdrängt«[2]. In Freud hat Zweig einen Briefpartner gefunden, mit dem er sich theoretisch austauschen kann, der aber auch nicht vor schroffer Ablehnung Zweigscher Vorhaben zurückschreckt.

Wenn man den Briefwechsel zwischen Zweig und Freud verfolgt, drängt sich einem der Gedanke auf, daß Freud den psychologischen Antisemitismustheoretiker weit weniger freundlich rezipiert als den Romancier und Drama-

1 Arnold Zweig an Sigmund Freud, 18. März 1927. In: Sigmund Freud/Arnold Zweig, Briefwechsel. Frankfurt a. M. 1981, S. 9 (Fischer-Bücherei).

2 Arnold Zweig nimmt die psychoanalytischen Termini technici in die Alltagssprache seiner Figuren hinein (Vgl. »Pont und Anna«, 1925). »Verdrängung geschichtlicher Ereignisse ist inzwischen schon zu einem alltagssprachlichen Standard geronnen, der die psychoanalytische Exaktheit vermissen läßt. (Vgl. Alexander und Margarethe Mitscherlich, Die Unfähigkeit zu trauern. München 1977, S. 39.)

tiker. Das Dilettieren, daß Zweig manchmal nicht schert, bleibt Freud zutiefst zuwider. Die Gruppenpsychologie Zweigs bleibt für Freud allzusehr der von ihm inzwischen ad acta gelegten Völkerpsychologie verwandt, deren Vorliebe, kollektive Subjekte wie Individuen zu behandeln, er nicht teilt. Die Annahme eines »kollektiven Unbewußten« lehnt Freud rundweg ab; jede Analogiebildung aus dem Seelenleben des Individuums, obwohl er selbst mit ihr arbeitet, betrachtet er mit Mißtrauen. Noch 1932 arbeitet Zweig recht umstandslos mit Kollektivcharakteren. Am 29. Mai schreibt er an Freud: »Meine Aufgrabung des Krieges mach ich als Deutscher ebensosehr wie als Jude: als Deutscher, der nicht dulden kann, daß dieses Volk von seiner großen schrecklichen Leistung und Leidenszeit ein falsches kitschig eitles Bild herumträgt, als Jude, der sich gegen die Anwürfe wehrt, die der antisemitische deutsche Differenzaffekt gegen den Juden im Zusammenhang mit dem Kriege schleudert.«[1] Freud antwortet lakonisch am 18. August 1932: »Wenn Sie mir von Ihren Grübeleien erzählen, kann ich Sie von dem Wahn befreien, daß man ein Deutscher sein muß. Sollte man dieses gottverlassene Volk nicht sich selbst überlassen?«[2]

Zwischen beiden Briefen liegt Arnold Zweigs erste palästinensische Erfahrung, die aus einem Utopia die Bekanntschaft mit einem hinreißenden Land und seinen fundamentalen Konflikten machte. Was dem Theoretiker Zweig nicht gelang, einen gesellschaftlichen Konflikt durch die subjektiven Erfahrungen des Individuums zu begreifen, glückt dem Romancier. »De Vriendt kehrt heim« durchleuchtet den Palästinakonflikt mit literarischen Mitteln am Beginn seiner Entstehung. Sechzig Jahre nach seinem ersten Erscheinen liest man das Buch, das frisch und lebendig geblieben ist, mit Staunen. Wer Arnold Zweigs Essays aus dem IV. Abschnitt dieses Bandes kennt, kann sich ganz auf die literarischen Qualitäten beschrän-

---

1 Sigmund Freud/Arnold Zweig, Briefwechsel, S. 55.
2 Ebenda, S. 56.

ken. Der Autor analysiert die palästinensiche Realität mit wachem Blick, er erträgt den Konflikt zwischen zionistischer Utopie und gesellschaftlicher Realität. Psychisch läßt sich danach auch der Bruch mit Deutschland produktiv umsetzen. Fast zeitgleich mit der Machtübernahme der Nationalsozialisten in Deutschland vollendet er seine bittere »Bilanz der deutschen Judenheit«. 1933 begreift er hellsichtig als Ende einer deutsch-jüdischen Geschichte, von der er schon im Essay »Jüdischer Ausdruckswille« (1932) prophezeit hat, sie werde »einmal ebenso verklärt werden wie, trotz aller Verfolgungen, die jüdische Blütezeit auf der spanischen Halbinsel«.

Das offiziöse Bewußtsein der beiden deutschen Nachkriegsstaaten hat die Weimarer Republik verächtlich behandelt – als eine Art Durchgangsstufe zum Nationalsozialismus. Ebenso ist man mit dem Kaiserreich und der Habsburger Monarchie verfahren. Die nachträgliche Besserwisserei schlägt mit Einseitigkeit und abstrakter Negation, schlimmstenfalls mit geschichtlicher Blindheit. Der Sinn für die Moderne, die gesellschaftliche Ambivalenz, geht verloren. Aus diesem Grunde ist es notwendig, angesichts der historischen Ereignisse sich nicht den Affekten zu überlassen und nicht einfach das Gegenteil von gestern zu tun, sondern Geschichte aufzuarbeiten. Arnold Zweigs Essays aus den zwanziger und dreißiger Jahren ermöglichen es, die geschichtliche Atmospähre zu rekonstruieren, die – nachträglich betrachtet – zur Vorgeschichte von Auschwitz geworden ist. Die unmittelbare Nachkriegszeit, die Zeit des europäischen Bürgerkrieges, zeigt eine heftige publizistische Aktivität von Arnold Zweig, der seine Erfahrungen aus dem Kriege mit dem Aufkommen eines gewalttätigen Antisemitismus in Verbindung bringt. Der Zusammenbruch gesellschaftlicher Autorität in Rußland, Deutschland und Österreich-Ungarn und die nachwirkende Aufhebung des Tötungstabus im Kriege geben dem Antisemitismus eine neue Militanz. Zweig begreift den Antisemitismus nicht nur als politische, sondern auch als eine intellektuelle Herausforderung. Der alte Liberalismus sah im Antisemitismus nicht mehr und nicht weniger als die dumpfe Wiederkehr des Mittelalters, der neue Sozialismus hielt ihn für »nichts anderes als eine Reaktion mittelalterlicher, untergehender Gesellschaftsschichten gegen die moderne Gesellschaft«[1]. Beiden Erklärungen wohnt ein Rationalismus inne, der an der beständigen Wiederkehr des Antisemitismus scheitert. Arnold Zweig begnügt sich nicht mit dem Schein eines »ewigen Antisemitismus«, sondern ist bemüht die gleichzeitige Geschichtlichkeit und Ungeschichtlichkeit in immer neuen Versuchen zu begreifen. Die fortschreitende Erkenntniskraft der Psychoanalyse kommt seinen Erklärungsversuchen zugute. Psychoanalyse – anders als Adlers Individualpsychologie und Jungs »kollektives Unbewußtes« – kommt der Materialität und damit Trägheit von antikultureller Aggression näher. Zweig begreift Antisemitismus als allgemeinverbreitetes Phänomen der kontinentaleuropäischen Moderne, das erst unter bestimmten gesellschaftlich-politischen Voraussetzungen seine volle Destruktionskraft enfaltet. Seine Aufmerksamkeit für den Pogromantisemitismus, der nach 1918 die Mehrheit der deutschen Öffentlichkeit gleichgültig läßt, prädestiniert ihn zum Seismographen des nationalsozialistischen Aufstiegs.

Zweig verschließt seine psychologische Erklärung nicht gegen soziologische Erkenntnis. Vielleicht durch die eigene kleinbürgerliche Herkunft sensibilisiert, entwickelt er seine nichtmarxistische Theorie des Kleinbürgers, die zur Erkenntnis des nationalsozialistischen Aufstiegs beiträgt. Im Kleinbürgertum erkennt er die eigentlich produktive Schicht der deutschen wie der jüdischen Kultur. Modernisierung und Krieg machen aus beiden Teilen einer Schicht Kontrahenten, die beide um das Wohlwollen

---

1 Friedrich Engels, Über den Antisemitismus. Aus einem Brief nach Wien, veröffentlicht am 9. Mai 1890. Zitiert nach: Marx/Engels, Werke. Band 22, Berlin 1963, S. 50. Vgl. Detlev Claussen, Vom Judenhaß zum Antisemitismus. Materialien einer verleugneten Geschichte. 2. Auflage, Darmstadt 1988.

der gesellschaftlichen Autorität konkurrieren. Die Juden in Deutschland werden zum wehrlosen Spielball der machtausübenden Klassen, die deutschen Kleinbürger zum Massenanhang des Nationalsozialismus, der ihren gesellschaftlichen Abstieg keineswegs verhindert. In Zweigs Soziologie des deutschen Antisemitismus liegt schon der Stoff für seinen großen Roman »Das Beil von Wandsbek« verborgen, der dem »Selbstmord eines Henkers« nachgeht. »Es wäre ein wirklicher Roman«, schreibt er Mitte 1938 an Freud, »– und er müßte den im Nazismus begrabenen Menschen darstellen, der so oft vergessen und übersehen wird. Der geschändete Deutsche ist ja nicht bloß im KZ-Lager, sondern auch in seinen Henkern.«[1] Bei der Verfilmung dieses Stoffs in der DDR wird Zweig allzu große Nachsicht mit einem faschistischen Mörder entgegengehalten werden. Der Westen Deutschlands war bis Ende der sechziger Jahre an Stoffen dieser Art wenig interessiert.

Nicht nur in Deutschland, sondern auch in den Ländern der Anti-Hitler-Koalition ging die Zeit des Antifaschismus schnell vorüber. Unmittelbar nach Kriegsende versuchte Arnold Zweig, geschlagene deutsche Soldaten in englischen Kriegsgefangenenlagern über Ursachen und Folgen des Nationalsozialismus aufzuklären. Zweig war sich schnell der einzigartigen Ungeheuerlichkeit der Massenvernichtung bewußt geworden, aber die Gewalt der Abwehr, die das schlechte Gewissen der Welt hervorbrachte, überraschte ihn. Für einen Bericht aus den Todeslagern fand er nach 1946 weder in Palästina noch in den USA einen Verleger: »Gewiß bezeugt die oberste Schicht unserer Erlebnisse die ungeheure Schuld, die das deutsche Volk auf sich geladen hat. Aber dann brauchte die außerdeutsche Welt keinen Grund zu haben, sich die Ohren zuzuhalten, wenn hier die Wirklichkeit der nazifaschistischen Epoche eine Zunge bekommt und

1 Arnold Zweig an Sigmund Freud, 29. Mai 1932. Akademie der Künste zu Berlin, Arnold-Zweig-Archiv.

spricht.«[1] Zweig hoffte nach Deutschland zurückkehren zu können, um dort an einer antifaschistischen Aufklärungsarbeit teilzunehmen. Für seinen Bericht fand er erst 1951 unter dem dunklen Titel »Fahrt zum Acheron« einen kleinen Verlag. Nur sehr wenige Gelegenheitsarbeiten die hier zum Teil dokumentiert sind, machen seine vom hohlen Staatsantifaschismus der späteren DDR sich unterscheidenden Erkenntnisse publik.

Auch essayistische Arbeiten zu den Themen Judentum und Antisemitismus erschienen kaum noch nach seiner Übersiedlung nach Berlin. Hat Zweig sich der parteikommunistischen Lehre unterworfen und sich zu diesen Themen ausgeschwiegen? Es sei daran erinnert, daß er nach Europa mit einem Manuskript im Koffer zurückkehrte – »Freundschaft mit Freud« betitelt –, das auch nach der Vollendung des Textes in der Schublade verblieb.

Zweig sah sich in der palästinensich-jüdischen Öffentlichkeit seit Erscheinen des Romans »De Vriendt kehrt heim« (1932) Schwierigkeiten ausgesetzt. Der Briefwechsel mit Freud dokumentiert seine bitteren Enttäuschungen von der neuen jüdischen Gemeinschaft. Seine Essays aus den dreißiger Jahren bezeugen seinen kritischen Blick auf die verhärteten Fronten des Palästinakonflikts. Für ihn als Schriftsteller deutscher Sprache gab es in einer Ivrit sprechenden Öffentlichkeit keinen Platz. Auf einer Versammlung in Tel Aviv wurde er von militanten Hebraisten sogar tätlich angegriffen.[2]»Selbstvergottung und Fremdenverneinung« – die Kategorien seiner eigenen Massenpsychologie – erkannte er in der zionistischen Realität wieder (»Nazi und Juden«, 1937). Nach 1945 war es ihm in Palästina unmöglich geworden, seine Existenz zu fri-

1 Arnold Zweig, Vorrede nach 16 Monaten, 20. Mai 1947, wiederveröffentlicht in: Engpaß zur Freiheit. Aufzeichnungen der Frau Hilde Huppert über ihre Erlebnisse im Nazideutschland und ihre wundersame Errettung aus Bergen-Belsen. Manuskriptbearbeitung Arnold Zweig. Berlin 1990. (Fußnotentext).

2 Am 30. März 1942 im Esther-Kino Tel Aviv. Vgl. Jost Hermand, Arnold Zweig. Reinbek bei Hamburg 1990, S. 101.

sten, er suchte eine neue Heimat. Selbst der kleine Markt für Exilliteratur war zusammengebrochen. Die literarisch tonangebende englischsprachige Welt interessierte sich nicht mehr für das, was sie für Anti-Nazi-Literatur hielt. Die britischen Behörden verweigerten Zweig die Einreise, nach Schloß Dobris in Böhmen wurde er eingeladen. Eine Chance, sein Haus in Berlin-Eichkamp wiederzubekommen, sah Zweig nicht. Unter diesen Auspizien schien ihm das Angebot der Sowjetischen Militäradministration und des Kulturbundes zur demokratischen Erneuerung Deutschlands verlockend, sich in der Sowjetischen Besatzungszone niederzulassen. 1948 unterstützte die sowjetische Außenpolitik tatkräftig die Gründung des Staates Israel. Die Stalinsche Propaganda war unterwiesen, zwischen Deutschen und Nazis zu differenzieren. Ilja Ehrenburgs Anti-Fritz-Agitation war gerügt worden. Die Sowjetunion ging 1948 gesetzlich gegen den Antisemitismus vor, während bei nationalistischen Unruhen in Mittel- und Osteuropa schon wieder Pogrome veranstaltet wurden. Vieles sprach für eine Niederlassung im Berliner Osten – nur der bald spürbare Mangel an Demokratie im neuen deutschen Staatswesen, das sich selbst demokratisch nannte, mußte mit »Wunschphantasien« überbrückt werden, vor denen Arnold Zweig 1933 eindringlich gewarnt hatte.

In den Archiven der Akademie der Künste lagern Tagebücher, Briefe und Ausschnitt-Sammlungen, die belegen, wie genau Arnold Zweig den Kalten Krieg beobachtete, der im stalinistischen Machtbereich die Antizionismus- und Antikosmopolitismus-Kampangen und eine neue Schauprozeßwelle mit antisemitischen Aspekten zeitigte. Allein der Tod Stalins verhinderte ein Übergreifen auf die DDR. Die Künstler hatten sich der Anti-Dekadenz- und Formalismus-Attacken Shdanows zu erwehren. Hanns Eislers Faust-Oper fiel dieser Politik zum Opfer. Sein Nachbar Zweig versuchte ihn zu verteidigen und beklagte sich über das geistige Klima in Briefen bei Feuchtwanger, der seinerseits von den Verdächtigungen McCartys bedroht wurde. Arnold Zweig begann, seine Arbeiten zu Judentum und Zionismus als Konterbande zu betrachten, die er in die sozialistische Öffentlichkeit einschmuggelte – bei öffentlichen Auftritten, in vereinzelten Zeitungsartikeln.

Trotz öffentlicher Vereinnahmung durch das Regime wurde Zweig zum Einzelgänger.[1] Seine Romane und Essays erfuhren nachträgliche Korrekturen und Lektorierungen. Auch Auslassungen in seinen Briefen stimmte er zu. Nach dem Zusammenbruch des Zensursystems ist es an der Zeit, die Archive zu öffnen und das Unbekannte und zu Unrecht Vergessene zugänglich zu machen. Arnold Zweigs politische Essayistik gehört dazu.

---

1 An den aus der KP nach dem Ungarnaufstand ausgeschlossenen Studienfreund aus Münchener Tagen Georg Lukács schrieb Zweig am 11. März 1958: »Vielleicht liegt alles daran, daß ich niemals in eine Partei einzuordnen war und als Einzelgänger und Vorausläufer meinen eigenen Weg aufzuspüren und durchzuhalten wußte.« (Akademie der Künste zu Berlin, Arnold-Zweig-Archiv.)

Quellenverzeichnis

Lebensabriß. In: Der Greifen-Almanach auf das Jahr 1957. Hrsg. von Karl Dietz. Rudolstadt 1956, S. 70–78.

Das Jüdische in meinem Wesen und Schaffen. In: Jüdisch-liberale Zeitung, Berlin, 5. Jg., Nr. 42, 16. Oktober 1925, S. 1.

Der Autor über sich selbst. In: Frankfurter Zeitung und Handelsblatt, 2. Morgenblatt, Frankfurt a. M., 72. Jg., Nr. 921, 11. Dezember 1927, Beilage Literaturblatt, 60. Jg., Nr. 50, 1927, S. 5.

Meine Unfälle. In: Gustav Kiepenheuer zum 50. Geburtstag. 10. Juni 1930. Im Auftrag des Gustav Kiepenheuer Verlages zum 50. Geburtstag seines Gründers Gustav Kiepenheuer als einziges Exemplar hergestellt. (Leipzig 1930), S. 134–138.

Zum Problem des jüdischen Dichters in Deutschland. In: Die Freistatt, Berlin-Steglitz, 1. Jg., Nr. 5, 22. August 1913, S. 375–380.

Die Internationalität der Juden. In: Selbstwehr, Prag, 13. Jg., Nr. 29, 1919, S. 2–3.

Außenpolitik und Ostjudenfrage. In: Neue Jüdische Monatshefte, Berlin, München, 4. Jg., Heft 11/12, 1919/20, S. 244–249.

Nochmals zur »Tragik des deutschen Juden«. In: Hochland, München, 18. Jg., Heft 12, 1920/21, S. 748–751.

Arbeit und Glaube. In: Leipziger Jüdische Zeitung, Leipzig, 2. Jg., Nr. 17, 27. April 1923, S. 4.

Der Jude als Schöpfer. In: Israelitisches Wochenblatt für die Schweiz, Zürich, 23. Jg., Nr. 13, 1923, S. 2–3; Nr. 14, S. 2–3.

Der Jude in der deutschen Gegenwart. In: Der Jude, Berlin, (1925); Sonderheft: Antisemitismus und jüdisches Volkstum, S. 1–8.

Heutiger Zionismus. In: Die Weltbühne, Charlottenburg, 21. Jg., Nr. 4, 1925, S. 124–127.

Spanien, Portugal... In: Leipziger Jüdische Zeitung, 4. Jg., Nr. 7, 15. Februar 1925, S. 1–2.

Wozu Chanukah? In: Jüdische Wochenzeitung für Wiesbaden und Umgebung, Wiesbaden, 1. Jg., Nr. 12, 16. Dezember 1927, S. 1.

Die Juden und die Berliner Aufklärung. In: Das jüdische Magazin, Berlin, 1. Jg., Nr. 3, 1929, S. 4–6.

Feiertage. In: Jüdische Zeitung für Ostdeutschland, Breslau, 7. Jg., 1930, Nr. 39, 36. September 1930, S. 1.

Jüdischer Ausdruckswille. In: Europäische Revue, Leipzig, 8. Jg., Nr. 8, 1932, S. 521–528.

Jüdischer Ausblick auf das Jahr 5708 (= 1947). In: Unbekannte Zeitschrift, S. 1; Arnold-Zweig-Archiv der Akademie der Künste zu Berlin.

Beginn und »Endlösung«. In: Programmheft zu: »Affäre Blum« (von Erich Engel und R. A. Stemmle). Volksbühne Berlin, Spielzeit 1960/61, S. 4–7.

Unser Palästina. In: Das Jüdische Echo, München, 6. Jg., Nr. 6, 1919, S. 69.

Das jüdische Palästina und der Orient. In: Das jüdische Echo, München, 8. Jg., Nr. 33, 1921, S. 407–409.

Papst, Judentum und Palästina. In: Der Jude, Berlin, 6. Jg., Nr. 12 1921/22, S. 723–728.

Ingenieure im Neuen Land. In: Danziger Echo, Danzig, 20. Juni 1936.

Das Skelett der Palästina-Situation. [Teil 1–6:] Palästina 1938. In: Pariser Tageszeitung, Paris, 3. Jg., Nr. 696, 27. Mai 1938, S. 4; *Der Geist des Bauens*. In: Pariser Tageszeitung, 3. Juni 1938, S. 4; *Wahn als Wirklichkeit*. In: Pariser Tageszeitung, 17. Juni 1938, S. 4; *Vergebliche Wirklichkeit*. In: Pariser Tageszeitung, 22. Juni 1938, S. 4; *Das Skelett der Palästina-Situation*. In: Pariser Tageszeitung, 24. Juni 1938, S. 4; *Folgerungen von heute*. In: Pariser Tageszeitung, 1. Juli 1938, S. 4. *Der palästinensische Knoten*. In: Sonntag, Berlin, 3. Jg., Nr. 43, 1948, S. 5.

Zum Befreiungskampfe Israels. In: Start. Illustriertes Blatt der jungen Generation, Berlin, 3. Jg., Nr. 52, 1948, S. 5.

Antisemitismus. Begriff und Theorie. In: Jüdisches Lexikon. Band 1: A–C. Hrsg. von Georg Herlitz und Bruno Kirschner. Berlin 1927, Spalte 331–334.

Die antisemitische Welle. I.: Grotesk-Antisemitismus und Mittelstand. In: Die Weltbühne, Charlottenburg, 15. Jg., Nr. 15, 1919, S. 381–385; *II.: Das antisemitische Problem.* In: Die Weltbühne, Nr. 16, 1919, 5. 417–420; *III.: Antisemitismus und Jüdischer Kongreß.* In: Die Weltbühne, Nr. 16, 1919, S. 442–446.

Schweigen. In: Freie Zionistische Blätter, Heidelberg, 1. Jg., Nr. 1, 1921, S. 56–64.

Deutsche Intellektuelle. In: Freie Zionistische Blätter, Heidelberg, 1. Jg., Nr. 2, 1921, S. 34–44.

Die Summe. In: Jüdische Rundschau, Berlin, 28. Jg., Nr. 97, 20. November 1932, S. 1–2.

Nazi und Juden. I. Vier Jahre Judenboykott. In: Die neue Weltbühne, Prag, Zürich, Paris, 33. Jg., Nr. 12, 1937, S. 355–358; *II. Warum Antisemitismus?* In: Die neue Weltbühne, Nr. 13, 1937, S. 384–388; *III. Was man schon vorher wußte...* In: Die neue Weltbühne, Nr. 15, 1937, S. 462–464; *IV. Die Stoßkraft des Nazismus.* In: Die neue Weltbühne, Nr. 16, 1937, S. 487–491; *Die jüdische Leistung.* In: Die neue Weltbühne, Nr. 17, 1937, S. 519–521.

Hitler und Antihitler. Die Dialektik des nationalsozialistischen Geschehens und seiner Ausstrahlung. I. Die Kulturfrage. In: Pariser Tageszeitung, Paris, 3. Jg., Nr. 737, 14./15. Juli 1938, S. 6; *II. Hitlerjuden.* In: Pariser Tageszeitung, Nr. 743, 22. Juli 1938, S. 4; *III. Der bewundernde Osten.* In: Pariser Tageszeitung, Nr. 749, 29. Juli 1938, S. 4; *IV. Die »Haavarah«.* In: Pariser Tageszeitung, Nr. 755, 5. August 1938, S. 4; *V. Die deutschen Juden als Geiseln.* In: Pariser Tageszeitung, Nr. 761, 12. August 1938, S. 4; *VI. Zionistische Schwingungen.* In: Pariser Tageszeitung, Nr. 767, 19. August 1938; *VII. Die Belastungsprobe.* In: Pariser Tageszeitung, Nr. 773, 26.

August 1938, S. 4; *VIII. Eine Utopie*. In: Pariser Tageszeitung, Nr. 779, 2. September 1938, S. 4.

Die Insektenseele kehrt zurück. I. In: Orient, Haifa, 3. Jg.,
Nr. 15, 1942, S. 2–5; *II*. In: Orient, 3. Jg., Nr. 16, 1942,
S. 3–5; *III*. In: Orient, 3. Jg., Nr. 17, 1942, S. 4–7.

Rathenau. In: Die Weltbühne, Charlottenburg, 18. Jg.,
Nr. 31, 1922, S. 109–110.

Lenin und Wilson. In: Jüdische Rundschau, Berlin, 29.
Jg., Nr. 12, 1924, S. 77–78.

Der Schriftsteller Spinoza. In: Spinoza-Festschrift. Zum
300. Geburtstag Benedict Spinozas (1632–1932). Hrsg.
von Siegfried Hessing. Heidelberg 1933, S. 218–220.

Arlosoroff-Gedenkwort. Typoskript im Arnold-Zweig-Archiv der Akademie der Künste zu Berlin.

Eine Osereth. In: Jüdischer Almanach auf das Jahr 5697
(= 1936/37). Prag. »Selbstwehr«, Jüdisches Volksblatt,
1937, S. 146–149.

Merkwürdiges Phänomen: Adolf Eichmann. In: Berliner
Zeitung, Berlin, 30. April 1961, S. 6.

Das Zeugnis: »Jiskor«. Rezension zu: »Jiskor. Ein Buch
des Gedenkens an gefallene Wächter und Arbeiter im
Lande Israel«. In: Der Jude, Berlin, Wien, 3. Jg., Nr. 5,
1918/19, S. 244–246.

Ruf zur rechten Zeit. In: Der Jude, Berlin, Wien, 3. Jg.,
Nr. 12, 1918/19, S. 584–586.

Eine verschollene Schrift gegen den Antisemitismus. In:
Israelitisches Wochenblatt für die Schweiz, Zürich,
23. Jg., Nr. 36, 1923, S. 6–7.

Zu dieser Ausgabe

Die Wiedergabe der Texte folgt den angegebenen Abdruk-ken bzw. Manuskripten. Bis auf wenige Ausnahmen konn-ten Erstpublikationen zugrunde gelegt werden.

Orthographie und Interpunktion wurden – unter Wah-rung charakteristischer Eigenheiten – den geltenden Re-geln angeglichen. Die Schreibung von Namen und Begrif-fen wurde beibehalten, nur entstellende Druck- bzw. Schreibfehler wurden stillschweigend korrigiert. Gering-fügige Eingriffe in den Text sind kenntlich gemacht.

Wir danken den Mitarbeitern der Archive der Akademie der Künste zu Berlin, insbesondere Frau Ilse Lange, der früheren Leiterin des Zweig-Archivs, und Frau Oda Stabs, deren Vorarbeiten für die Essay-Bände der geplanten neu-en Zweig-Ausgabe einen wichtigen Grundstock dieser Pu-blikation bilden.